科技创新与区域经济发展

KEJI CHUANGXIN YU QUYUJINGJI FAZHAN

江涛涛　马剑锋　赵明明◎著

图书在版编目（CIP）数据

科技创新与区域经济发展/江涛涛，马剑锋，赵明明著. —北京：经济管理出版社，2019.8
ISBN 978-7-5096-6868-9

Ⅰ.①科… Ⅱ.①江… ②马… ③赵… Ⅲ.①企业创新—关系—区域—经济发展—研究—中国 Ⅳ.①F279.23 ②F127

中国版本图书馆 CIP 数据核字（2019）第 181297 号

组稿编辑：高　娅
责任编辑：高　娅　梁植睿
责任印制：黄章平
责任校对：王淑卿

出版发行：经济管理出版社
　　　　　（北京市海淀区北蜂窝 8 号中雅大厦 A 座 11 层　100038）
网　　址：www.E-mp.com.cn
电　　话：(010) 51915602
印　　刷：北京玺诚印务有限公司
经　　销：新华书店
开　　本：720mm×1000mm /16
印　　张：13.75
字　　数：226 千字
版　　次：2019 年 11 月第 1 版　2019 年 11 月第 1 次印刷
书　　号：ISBN 978-7-5096-6868-9
定　　价：78.00 元

·版权所有　翻印必究·
凡购本社图书，如有印装错误，由本社读者服务部负责调换。
联系地址：北京阜外月坛北小街 2 号
电　话：(010) 68022974　　邮编：100836

前　言

在经济新常态背景下,我国经济发展和社会建设进入了新的阶段,党的十九大报告指出:中国特色社会主义进入新时代,必须建设现代化经济体系,推动经济发展质量变革、动力变革、效率变革。创新作为经济发展变革的新动力,是提高国家竞争力和综合国力的战略支撑,必须摆在国家发展全局的核心位置。"发展"是人类社会永恒不变的主题,创新则是"发展"的不竭动力,如何通过科技创新促进区域协调发展已经成为建设现代化经济体系战略目标的关键。因此,本书从基础理论和实践经验两方面进行研究,探讨科技创新是如何推动区域发展的,对突破资源环境瓶颈制约,推进实施创新驱动发展战略,加快创新型国家建设进程,保障我国社会经济可持续发展具有重要意义。

全书共分为7章:

第1章绪论。主要介绍了目前我国科技创新发展的新阶段,从科技创新资源投入、科技创新产出以及科技创新成果转化方面考察全国层面和区域层面科技创新发展现状和特点,进而根据上述分析,提出科技创新发展面临的问题和挑战。

第2章科技创新与区域经济。主要界定了创新与科技创新的内涵,进一步从国家科技创新体系、区域科技创新体系以及企业科技创新体系三方面阐述科技创新体系,基于PSR框架分析科技创新与区域经济发展之间的关系,深入探讨科技创新与区域经济的互动机理。

第3章科技创新要素与区域经济增长的关系研究。以江苏省常州市为研究对象,首先,了解常州科技创新要素发展的现状,主要是从资金、人力资本、技术三方面进行详细分析;其次,在现状分析的基础上,指出科技创新要素发展存在的问题;最后,通过构建科技创新要素与经济增长的关系模型,分别探讨资金、人力资本、技术对区域经济增长的影响。

第4章科技投入产出对区域经济发展质量的影响研究。创新已成为转变经济发展方式与提升经济发展质量的关键动力,科技投入产出作为科技创新的基础,是提升经济发展质量的强大后盾。因此,本章深入分析了科技投入产出对区域经济发展质量的影响程度,以期为提高区域经济发展质量提出相关的政策建议。

第5章科技创新与产业技术创新布局的优化研究。对产业空间布局、新兴产业布局以及高新技术产业布局状况进行详细分析,从内外部动力和耦合动力以及带动机制方面给出优化区域产业技术创新布局的发展思路,从而设计出区域产业技术创新规划图。

第6章科技创新对智慧城市建设的支撑作用及实现路径。创新是支撑智慧城市建设水平的强大后盾,因此,本章重点分析了常州智慧城市建设现状,深入探究科技创新对智慧城市建设的影响程度,并给出其实现路径。

第7章科技创新要素市场培育与发展体系建立。通过对国内外科技创新要素市场培育与发展的案例进行分析,总结国内外科技创新要素市场培育与发展的特征、经验及启示,构建科技创新要素市场培育与发展体系,为创新型城市建设提供参考。

本书的撰写有分工也有协作,从构思到定稿,经历了多次的讨论和修改,可谓集体劳动的结晶。执笔分工如下:第1章、第2章,江涛涛;第3章至第5章,马剑锋;第6章、第7章,赵明明。全书由江涛涛策划、统筹。本书从理论和实践层面对科技创新和区域发展的相互关系进行探索,以期能更好地推动我国科技创新和区域发展迈上新台阶。

近年来,我们得到了国家社会基金项目(项目编号:16BGL032)、江苏省教育科学"十三五"课题(项目编号:B-a/2018/01/02)和常州市软科学项目(项目编号:CR20182014、CR20170050、CR20160041、CR20150055)以及企事业单位委托项目等的资助,在科技创新理论与实践方面有较多的心得体会。本书的写作是在以上工作经历的基础上完成的。

感谢常州大学的佟金萍教授,在百忙中评阅了全书文稿,并提出了建设性的宝贵意见。感谢课题组的其他成员,钟昌宝教授、刘建刚副教授、秦腾博士、曹倩博士、陈国栋硕士、陈洁硕士、赵路路硕士、王慧硕士、田新硕士和单玉硕士等为书稿校对与出版付出的辛苦劳动。

本书在编写过程中参考的大量文献资料已尽可能地一一列出,但由于文献资料较多,疏漏之处在所难免,在此表示歉意,并向所有参考文献资料的作者表示由衷感谢。

  限于笔者水平,书中还存在许多不足与疏漏之处,恳请广大读者批评指正。

江涛涛
2019 年 6 月 24 日
于常州大学

目 录

第1章 绪 论/1

1.1 科技创新驱动发展新阶段/1
1.2 科技创新发展状况/3
    1.2.1 科技创新资源投入现状与特点/3
    1.2.2 科技创新产出现状与特点/8
    1.2.3 科技创新成果转化现状与特点/11
1.3 科技创新面临的问题和挑战/16
1.4 本书研究内容/18

第2章 科技创新与区域经济/20

2.1 创新与科技创新/20
    2.1.1 创新/20
    2.1.2 科技创新/24
2.2 科技创新体系/29
    2.2.1 国家科技创新体系/30
    2.2.2 区域科技创新体系/33
    2.2.3 企业科技创新体系/37
2.3 科技创新与区域经济的机理分析/39
    2.3.1 PSR框架概述/40
    2.3.2 PSR框架下科技创新与区域经济的关系/42

第3章 科技创新要素与区域经济增长的关系研究 /47

3.1 常州科技创新要素发展现状分析 /48
  3.1.1 资金要素的发展现状 /48
  3.1.2 人力资本要素的发展现状 /51
  3.1.3 技术要素的发展现状 /52

3.2 常州科技创新要素发展存在的问题 /57
  3.2.1 创新要素投入相对较小，与周边城市差距较大 /57
  3.2.2 创新要素流动受限，利用效率较低 /58
  3.2.3 科技资源分配不协调，创新要素发展不均衡 /59
  3.2.4 中介机构发展缓慢，组织能力低下 /59
  3.2.5 创新要素发展程序需改进，各项制度需不断完善 /60
  3.2.6 创新要素发展重视程度不高，且缺乏科学认知 /60

3.3 科技创新要素与经济增长的关系研究 /61
  3.3.1 科技创新要素与经济增长的关系模型构建 /62
  3.3.2 科技创新要素与经济增长的关系分析 /62

第4章 科技投入产出对区域经济发展质量的影响研究 /68

4.1 科技投入产出水平的测算 /68
  4.1.1 科技投入产出评价体系设计 /69
  4.1.2 科技投入产出水平测算分析 /72

4.2 区域经济发展质量水平的测算及分析 /75
  4.2.1 常州经济发展质量评价指标体系设计 /75
  4.2.2 常州经济发展质量指数衡量与分析 /78

4.3 科技投入产出与经济发展质量的耦合关系分析 /80
  4.3.1 科技投入产出与经济发展质量耦合模型构建 /80
  4.3.2 常州科技投入产出与经济发展耦合度及耦合协调度时序分析 /82

4.4 科技投入产出对区域经济发展质量的影响程度分析 /84
  4.4.1 理论模型和数据描述 /84

  4.4.2 实证结果及分析/86
4.5 提升常州经济发展质量的对策建议/88
  4.5.1 加大科技投入，提高区域创新能力/88
  4.5.2 坚持企业创新主体地位，实现创新升级发展/89
  4.5.3 整合社会资源，拓宽融资渠道/90
  4.5.4 调整产业发展结构，实现区域间协调发展/91
  4.5.5 加强科技人才队伍建设，完善人才培养体系/91

第5章 科技创新与产业技术创新布局的优化研究/93

5.1 产业技术创新布局的主要模式/93
5.2 常州市产业技术创新布局现状与问题/96
  5.2.1 产业空间布局状况/96
  5.2.2 新兴产业布局状况/97
  5.2.3 高新技术行业布局状况/100
  5.2.4 产业科技创新布局存在的问题/100
5.3 常州产业科技创新的区位熵分析/103
  5.3.1 区位熵法介绍/104
  5.3.2 常州高新技术企业分行业区位熵计算与分析/104
  5.3.3 常州高新技术企业分地区区位熵计算与分析/107
5.4 常州产业科技创新的效率分析/109
  5.4.1 研究方法介绍/109
  5.4.2 常州分行业产业科技创新效率分析/111
  5.4.3 常州分地区产业科技创新效率分析/114
5.5 优化常州产业科技创新布局的基本思路与规划图
  设计/122
  5.5.1 优化常州产业技术创新布局的原则/122
  5.5.2 优化常州产业技术创新布局的基本思路/123
  5.5.3 优化常州技术创新布局规划图设计/127

第6章 科技创新对智慧城市建设的支撑作用及实现路径/129

6.1 智慧城市的内涵/129
    6.1.1 智慧城市的定义及发展/129
    6.1.2 智慧城市的特征/131
    6.1.3 智慧城市的组成要素/132
    6.1.4 国内外智慧城市建设经验及启示/133

6.2 智慧常州建设的现状及存在问题/136
    6.2.1 智慧常州建设的现状分析/137
    6.2.2 智慧常州建设存在的问题/143

6.3 智慧常州建设水平的测算及分析/145
    6.3.1 智慧常州建设水平评价指标体系设计/145
    6.3.2 智慧常州建设水平的测算分析/149

6.4 技术创新支撑智慧常州建设的实证分析/151
    6.4.1 科技创新对智慧常州建设的影响机理/152
    6.4.2 理论模型和数据描述/153
    6.4.3 实证结果分析/154

6.5 强化科技创新支撑智慧常州建设水平的实现路径/156
    6.5.1 因地制宜,创新智慧城市建设发展模式/157
    6.5.2 推进智能技术基础设施建设,提升智慧城市公共服务质量/157
    6.5.3 优化智慧城市产业体系,推进"互联网+传统产业"的发展/159
    6.5.4 加强智慧城市相关的制度建设,完善智慧城市建设保障措施/159

第7章 科技创新要素市场培育与发展体系建立/161

7.1 国内外科技创新要素市场培育发展的经验与启示/161
    7.1.1 国外科技创新要素市场培育与发展经验/161
    7.1.2 国内科技创新要素市场现状——以重庆为例/171

    7.1.3　国内外科技创新要素市场培育发展对常州的启示/173
  7.2　科技创新要素市场的特征/178
  7.3　科技创新要素市场培育与发展需处理的关系/179
  7.4　科技创新要素市场体系的建立/181
    7.4.1　常州科技创新市场主体的培育/183
    7.4.2　常州科技创新市场培育的环境支持/184
    7.4.3　常州科技创新市场的运行机制/187
  7.5　科技创新要素市场培育与发展的政策建议/195
    7.5.1　加强常州科技创新要素市场体系建设/195
    7.5.2　促进常州科技创新要素市场培育与发展的具体措施/198

参考文献/202

第 1 章

绪 论

1.1 科技创新驱动发展新阶段

党的十八大明确提出要实施创新驱动发展战略,这是对国家未来经济发展动力机制的深刻总结,并再次重申了进入创新型国家行列的发展目标。党的十八届五中全会提出"创新、协调、绿色、开放、共享"五大发展理念,将创新置于五大发展理念之首,标志着创新发展将成为"十三五"时期我国区域经济发展实现战略性调整的关键驱动因素。创新是引领发展的第一动力,抓创新就是抓发展,谋创新就是谋未来。党中央将创新摆在国家发展全局的核心位置,高度重视科技创新,围绕实施创新驱动发展战略、加快推进以科技创新为核心的全面创新,提出一系列新精神、新要求,先后出台了《深化科技体制改革实施方案》《国家创新驱动发展战略纲要》和《国家中长期科学和技术发展规划纲要(2006—2020年)》等系列重要文件。

近年来,我国大众创业万众创新热潮不断兴起,呈现出聚焦生产领域、技术要素深度融合、成果转化更为活跃、与产业升级结合紧密、创新创业生态更加完善等趋势特征,创新创业与技术创新、效率变革、产业升级以及现代化经济体系建设结合得更为紧密,为促进经济增长、提高劳动生产率和全要素生产率提供了有力支撑。为推动"双创"升级发展,要求经济发展动能加快从单一要素数量投入转变为更多依靠创新驱动,从而形成创新动能，主要表现为以下三个方面：一是推动传统产业转型升级，推动高质量发展，要推动量大面广的传统产业升级，促进新技术与传统产业融合，让传统产业焕发新动力、释放新动能。二是加快新兴产业培育，深入实施创新驱动和"互联网+"等发展战略，发展高端装备、电子信息、生物医药等新兴产业，通过产业结构优化升级催生新技术、新动能、新活力。三是促进成果顺畅转化，搭建成果转化平台，畅通科技成果与市场对接渠道，健全科技资源开放共享机制，鼓励科研人员面向企业开展技术开发、技术咨询、技术培训等，实现科技创新与企业创新创业深度融合。

自1978年改革开放以来，我国采用了投资拉动和外向型经济拉动及资源环境为代价作为区域发展的主要驱动力。历经20年的经济高速增长，进入21世纪以来，区域协调发展问题开始凸显，与之相关的区域发展问题开始受到关注，国家三次五年规划都积极倡导科技创新驱动发展的转型，但实施力度和取得的效果并不十分显著，客观判断，经济发展并未真正实现转型。2001~2010年，我国经济发展存在路径依赖，年投资增长率一直保持在20%以上，2011年固定资产投资高达30.58亿元，进出口贸易额年均增长16%左右，以投资和外向拉动及环境为代价的经济驱动方式继续支撑经济保持高速增长，GDP增长率保持在两位数，2011年之后，我国经济增长率下行到7%~8%，经济若不实现转型发展，不仅经济增速下滑难以阻止，更重要的是经济增长质量和经济发展潜力受到严重威胁，难以实现现代化发展目标。"十二五"以来，我国科技创新步入以跟踪为主转向跟踪和并跑、领跑并存的新阶段，正处于从量的积累向质的飞跃、从点的突破向系统能力提升的重要时期，在国家发展全局中的核心位置更加凸显，在全球创新版图中的位势进一步提升，已成为具有重要影响力的科技大国。2015年，国家综合创新能力世界排名第18位，科技进步贡献率达55.3%，研究与试验发展经费投入强度2.1%，国际科技论文被引次数世界排名第4位，科技创新能力持续提升，战略技术不断突破，基础研究国际影响力大幅增强。同时，也要清楚意识到，与进入创新型国家行列和建设世界科技强国的要求相比，我国科技创新还存在一些薄弱环节和深层次问题，主要表现在：科技基础仍然薄弱，产业仍处于全球价值链中低端，高层次领军人才和高技能人才十分缺乏，激励创新的环境亟待完善，政策措施落实力度需要进一步加强。

第1章 绪 论

经济转型发展成为当务之急，按照经济发展阶段理论，我国应从生产要素驱动、投资驱动阶段转变为创新驱动阶段。党的十九大报告指出：我国经济已由高速增长阶段转向高质量发展阶段。高质量发展必须以创新为支撑，推进供给侧结构性改革，促进经济提质增效、转型升级，需要依靠科技创新培育发展新动力；协调推进新型工业化、信息化、城镇化、农业现代化和绿色化，建设生态文明，需要依靠科技创新突破资源环境瓶颈制约；应对人口老龄化、消除贫困、增强人民健康素质、创新社会治理，需要依靠科技创新支撑民生改善；落实总体国家安全观，维护国家安全和战略利益，需要依靠科技创新提供强大保障。

总的来看，全球新一轮科技革命和产业变革蓄势待发，科技创新成为各国实现经济再平衡、打造国家竞争新优势的核心，我国正处于科技创新发展的重要战略机遇期，必须牢牢把握机遇，主动顺应和引领时代潮流，把科技创新摆在关键位置，优化科技事业发展总体布局，让创新成为国家意志和全社会的共同行动，开启建设世界科技强国的新征程。

1.2 科技创新发展状况

科学评价科技创新发展现状，剖析其发展面临的问题和挑战，才能从根本上了解中国科技创新的发展趋势和变化规律，揭示科技创新支撑区域经济转型发展所发挥的作用，才能找到最有效利用和配置资源的管理方法和管理手段，加快我国经济发展由投资和外向型驱动转向科技创新和内需拉动转型发展，实现我国社会经济的可持续发展。

1.2.1 科技创新资源投入现状与特点

（1）我国 R&D 经费投入强度和人员投入呈上升趋势。R&D 经费和人员作为重要的创新资源，反映了国家或地区对创新活动的支持力度和创新人才资源的储备状况。伴随着 R&D 经费、R&D 人员的高速增长，中国已逐步成为创新资源投入大国。如图 1-1 所示，2017 年中国 R&D 经费达到 17606.1 亿元，比 2016 年增长 12.3%，增长速度较 2016 年提高了 1.7 个百分点,仅次于美国位居世界第二;R&D 经费投入强度再创历史新高,达到了 2.13%,较 2016 年提高了 0.02 个百分点,投入强度已达到中等发达国家水平,但 R&D 经费投入强度水平还处于低水平。

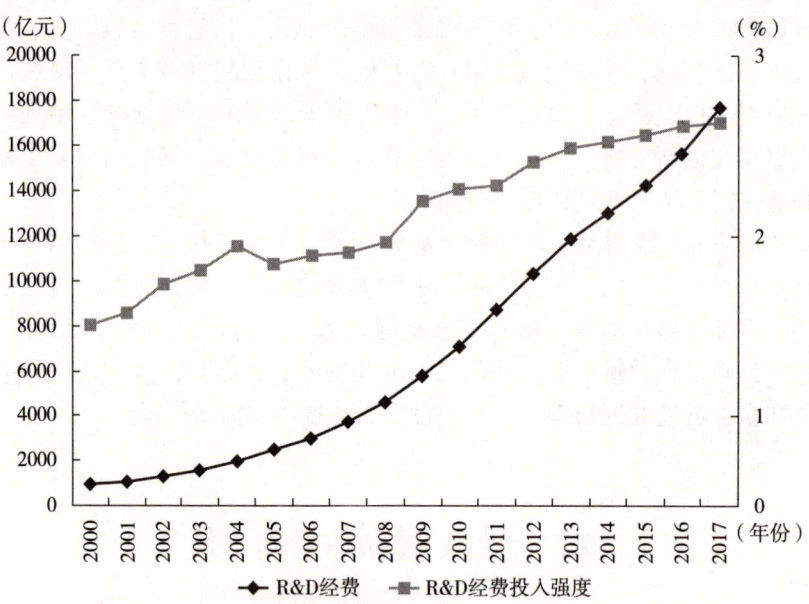

图 1-1　2000~2017 年中国 R&D 经费投入及投入强度状况

资料来源:《中国统计年鉴》(2001~2018 年)。

我国 R&D 经费快速增长的同时,R&D 人员规模也不断壮大。如图 1-2 所示,2017 年达到 403.4 万人,较 2000 年增长了 311.2 万人,增长幅度较大,中国已由人口大国逐步转变为科技人力资源大国。

(2)试验发展经费支出最多,且以企业支出为主。R&D 经费支出项目主要包括基础研究、应用研究、试验发展三大部分。2017 年,试验发展经费支出高达 14781.43 亿元,应用研究支出为 1849.21 亿元,基础研究支出为 975.49 亿元,与 2000 年相比,各项经费支出均呈大幅增长,其中,试验发展经费支出增长幅度最大,基础研究和应用发展支出也保持增长趋势,增幅较小。总的来看(见图 1-3),基础研究支出费用最少,应用研究支出位于第二位,经费支出占比不高,试验发展研究的经费支出最高。

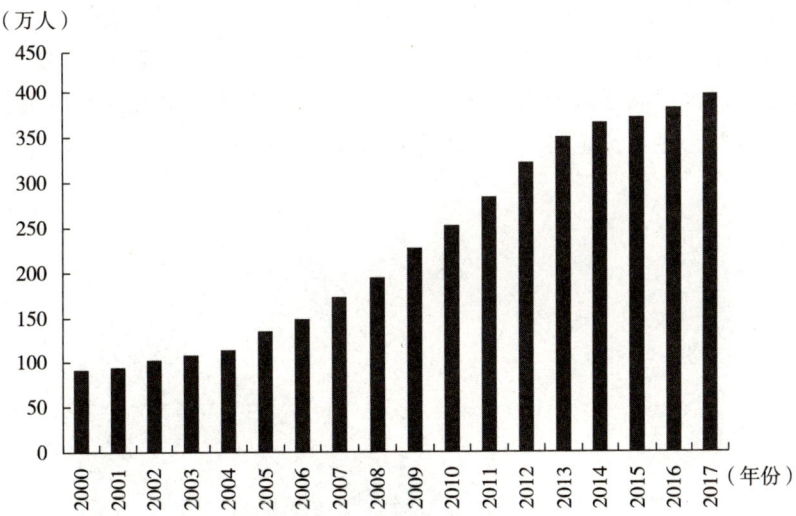

图 1-2　2000~2017 年中国 R&D 人员投入状况

资料来源：《中国统计年鉴》(2001~2018 年)。

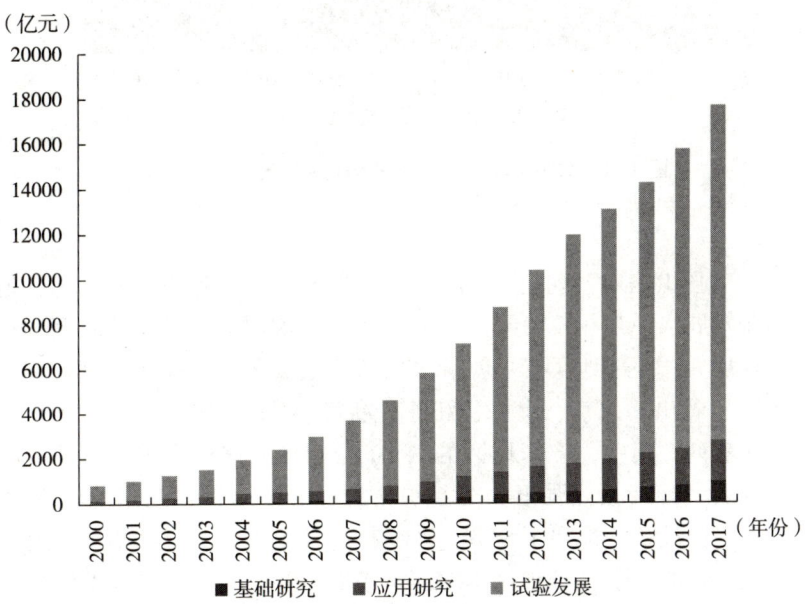

图 1-3　2000~2017 年中国 R&D 经费支出结构状况

资料来源：《中国统计年鉴》(2001~2018 年)。

R&D 经费支出主体主要包括政府和企业。如图 1-4 所示，2017 年企业资金达到了 13464.94 亿元，政府资金仅有 3487.45 亿元，2006~2017 年企业资金支出远远高于政府资金支出，且企业资金增长幅度远大于政府资金投入，因此，企业资金是 R&D 经费支出的主要来源。

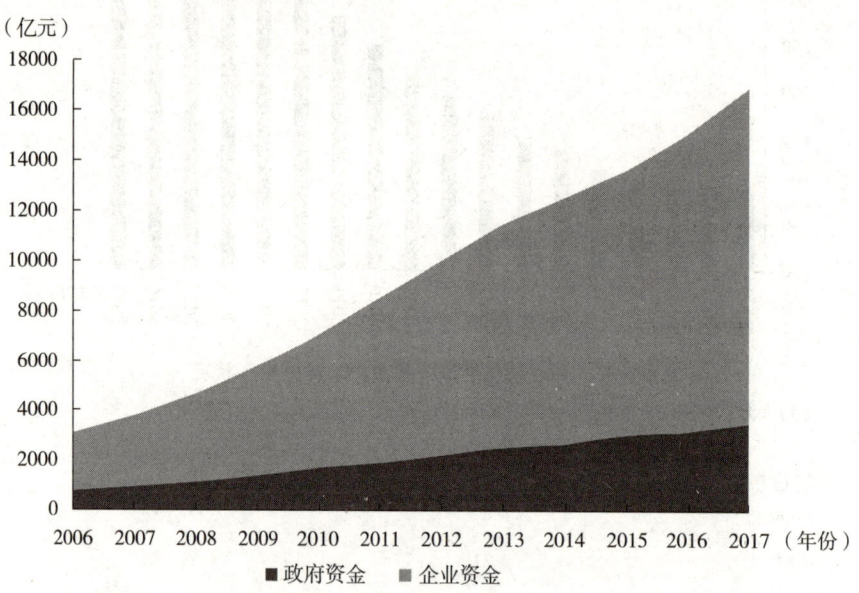

图 1-4　2006~2017 年中国 R&D 经费支出主体状况

资料来源：《中国统计年鉴》（2007~2018 年）。

（3）我国 R&D 经费投入和人员投入在区域上具有明显差异。各地区技术创新发展水平存在较大差异，东部地区技术创新水平总体较高，投入力度逐渐加大，西部地区技术创新水平处于较低层次，投入强度较弱。由表 1-1 可以看出，北京、上海、江苏、浙江、广东五个地区的 R&D 经费投入排在前列，其中，广东地区的 R&D 经费投入排在全国第一位，达到 2343.6 亿元，经费投入强度为 2.61%，超过全国水平；北京地区的 R&D 经费投入强度最高，达到 5.64%，远远超过其他地区，上海地区次之。海南、西藏、青海、宁夏等地区 R&D 经费投入相对较低，在技术创新方面的研发投入力度也相对较少，技术创新发展进程缓慢。

表 1-1   2017年各地区R&D经费及投入强度状况

地区	R&D经费（亿元）	R&D经费投入强度（%）	地区	R&D经费（亿元）	R&D经费投入强度（%）
北京	1579.7	5.64	湖北	700.6	1.97
天津	458.7	2.47	湖南	568.5	1.68
河北	452	1.33	广东	2343.6	2.61
山西	148.2	0.95	广西	142.2	0.77
内蒙古	132.3	0.82	海南	23.1	0.52
辽宁	429.9	1.84	重庆	364.6	1.88
吉林	128	0.86	四川	637.8	1.72
黑龙江	146.6	0.92	贵州	95.9	0.71
上海	1205.2	3.93	云南	157.8	0.96
江苏	2260.1	2.63	西藏	2.9	0.22
浙江	1266.3	2.45	陕西	460.9	2.1
安徽	564.9	2.09	甘肃	88.4	1.19
福建	543.1	1.69	青海	17.9	0.68
江西	255.8	1.28	宁夏	38.9	1.13
山东	1753	2.41	新疆	57	0.52
河南	582.1	1.31			

资料来源：《中国统计年鉴》（2018年）。

不同区域的规模以上工业企业R&D人员全时当量存在较大差异，广东省参与研发的人员投入最高，达到了457342人年，其次是江苏省，为455468人年，主要原因在于：一是广东省和江苏省规模以上的工业企业较多，因此对于人才需求较其他省份而言也多；二是在科研经费投入力度较大，以及对于人才引进政策的制定和推广落实，确保了研发人员的利益。浙江省的规模以上工业企业R&D人员全时当量为333646人年，居于第三位。西藏地区仅有202人年，区域之间差距比较大。总的来说，如图1-5所示，广东、江苏、浙江、福建等东部地区的规模以上工业企业R&D人员全时当量排在前列，内蒙古、广西、贵州、云南等西部地区的规模以上工业企业R&D人员全时当量均较少，中部地区基本位于中间水平。总的来说，各地区对高层次科技创新人才的需求都十分迫切。

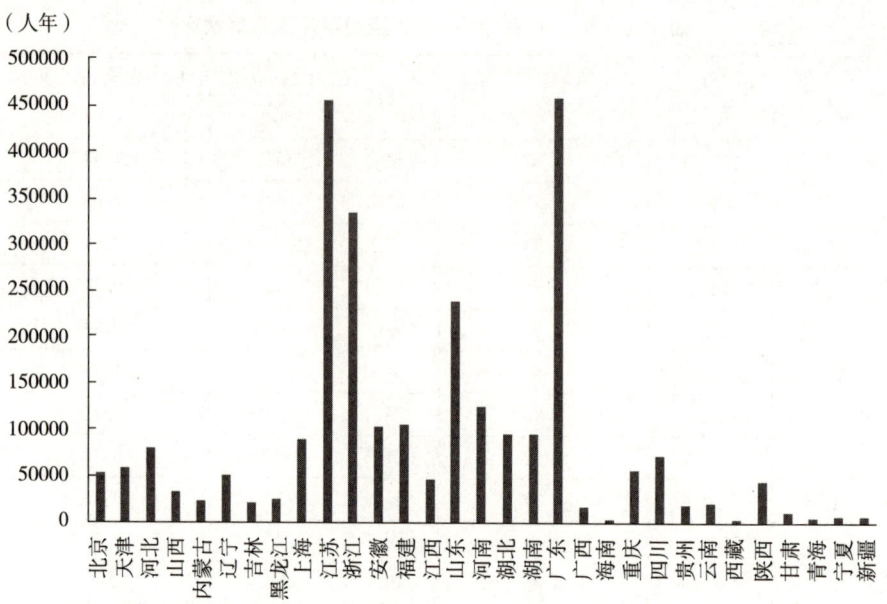

图1-5　2017年中国分地区规模以上工业企业R&D人员全时当量

资料来源：《中国统计年鉴》（2018年）。

1.2.2　科技创新产出现状与特点

（1）论文发表数量递增，发明专利申请和授权数增速加快。科技论文是反映国家原始创新能力的重要指标，发明专利申请量和授权量则直接地测度了创新活跃程度和技术创新水平。随着中国科学研究实力的不断上升，中国部分学科的论文数量已经位居世界前列，如图1-6所示，2017年中国科技论文发表数量达到了170万篇，2006~2017年呈逐年递增的发展趋势，中国论文质量提升速度在加快，科研人员实力在不断提升。2017年，高等学校发表科技论文130.8万篇，其中，国外发表39万篇，高校依旧是中国高影响力科技论文的产出"大户"。

随着专利战略的实施，中国发明专利申请、授权量增速加快。如图1-7所示，2017年，中国发明专利申请量达到138.4万件，发明专利授权量达到42万件。2006~2017年，中国发明专利申请量和授权量年均增速分别达到22.8%和24.5%，知识产权创造能力进一步增强。

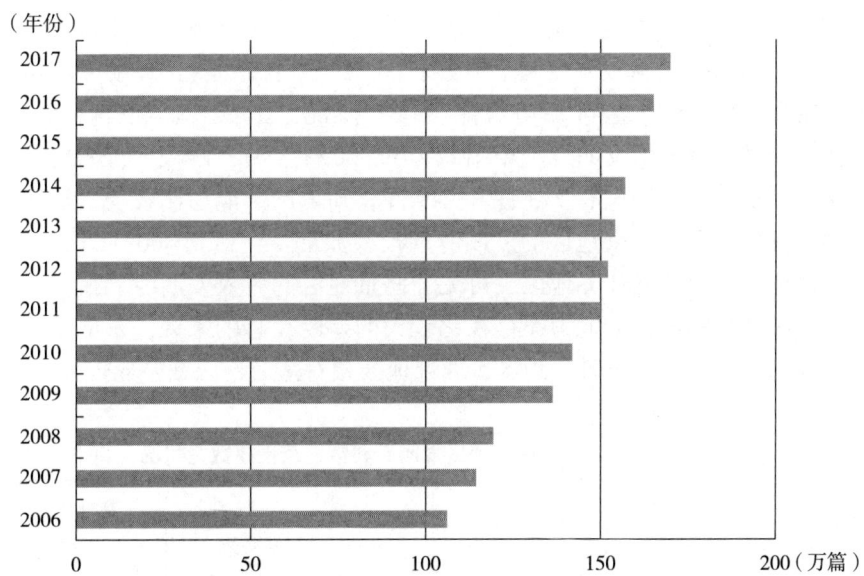

图1-6　2000~2017年中国科技论文发表状况

资料来源:《中国统计年鉴》(2001~2018年)。

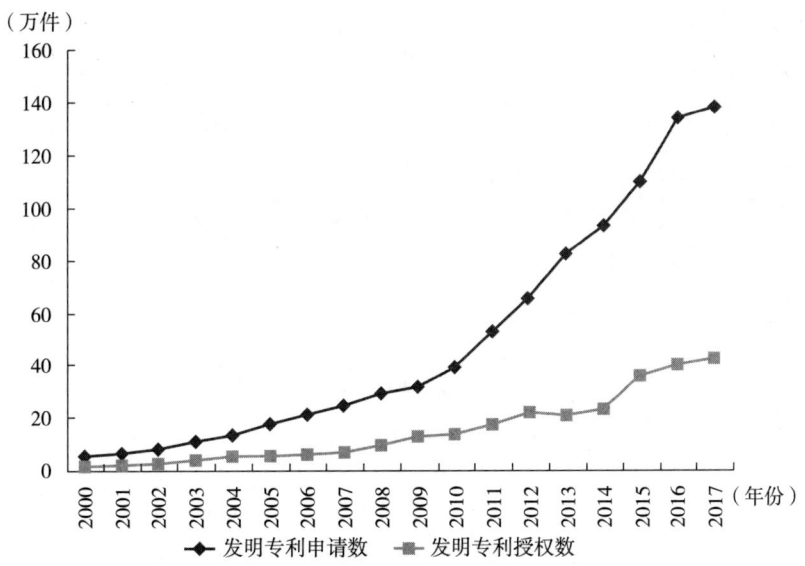

图1-7　2000~2017年中国发明专利申请及授权状况

资料来源:《中国统计年鉴》(2001~2018年)。

（2）区域发明专利申请和授权数量相差甚远，创新能力差距过大。由表1-2可以看出，从发明专利申请数来看，2017年江苏地区发明专利申请数排在全国第一位，达到187005件，广东地区次之，为182639件；北京、浙江、安徽三地区的发明专利申请数为95000件左右；西藏、青海地区的发明专利申请数分别仅有273件和949件，知识产出能力比较弱。从发明专利授权数来看，北京地区的发明专利授权数最多，达到46091件，第二是广东地区，第三是江苏地区，可见，北京地区的有效发明专利最多。我国不同区域之间的创新能力还存在比较大的差距，总的来说，东部地区整体的知识产出远远超过其他地区，西部地区相对落后，区域差异较大。

表1-2　2017年中国各地区发明专利申请及授权数量状况　　单位：件

地区	发明专利申请数	发明专利授权数	地区	发明专利申请数	发明专利授权数
北京	99167	46091	湖北	51569	10880
天津	25652	5844	湖南	31365	7909
河北	13982	4927	广东	182639	45740
山西	7379	2382	广西	37976	4553
内蒙古	2845	848	海南	1627	373
辽宁	20500	7708	重庆	19297	6138
吉林	7780	3057	四川	64642	11367
黑龙江	10607	4947	贵州	13885	1875
上海	54630	20681	云南	7801	2259
江苏	187005	41518	西藏	273	42
浙江	98975	28742	陕西	46607	8774
安徽	93527	12440	甘肃	5785	1340
福建	26456	8718	青海	949	240
江西	11507	2238	宁夏	2561	657
山东	67772	19090	新疆	3207	950
河南	35625	7914			

资料来源：《中国统计年鉴》（2018年）。

专利数量通常是反映一个地区创新能力的重要指标，而影响区域创新能力的因素通常也包括研发资本投入、人力资本投入、市场环境等，同时来自政府的推动以及政策性因素均会对地区创新能力产生较大影响。因此，在经济新常态的发展背景下，要对不同地区的创新能力培养给予更多的关注和重视。

1.2.3 科技创新成果转化现状与特点

（1）科技成果转化政策逐渐完善，政策有待进一步落实。科技成果转化是应用技术转变为直接产生经济效益的现实生产力的重要环节。自改革开放以来，党和国家为促进科技成果转化出台了一系列的政策法规，带动了从中央到地方的各级政府及其职能部门的积极响应，纷纷颁布了促进科技成果转移转化的实施细则与行动方案，已逐渐形成一个具有中国特色的政策体系（见表1-3）。

表1-3 科技成果转化相关政策①

效力级别	政策名称
法律	《中华人民共和国促进科技成果转化法》（1996） 《中华人民共和国促进科技成果转化法》（2015）
行政法规	《关于促进科技成果转化的若干规定》（1999） 《国家中长期科学和技术发展规划纲要（2006~2020年）》（2006） 《国家自主创新基础能力建设"十一五"规划》（2007） 《关于促进自主创新成果产业化的若干政策》（2008） 《国务院关于加快培育和发展战略性新兴产业的决定》（2010） 《关于加强战略性新兴产业知识产权工作的若干意见》（2012） 《"十二五"国家自主创新能力建设规划》（2013） 《深入实施国家知识产权战略行动计划（2014~2020年）》（2014） 《深化科技体制改革实施方案》（2015） 《国务院关于印发"十三五"国家科技创新规划的通知》（2016） 《国务院办公厅关于深化产教融合的若干意见》（2017）

---

① 科技政策研究，https://www.sohu.com/a/236830839_468680.

续表

效力级别	政策名称
部门规章	《关于加强农业科研单位科技成果转化工作的意见》(1992) 《科技部、财政部农业科技成果转化资金项目管理暂行办法》(2001) 《农业科技成果转化资金项目监理和验收办法》(2002) 《加强铁路科技成果管理促进科技成果转化有关规定》(2009) 《国家科技成果转化引导基金管理暂行办法》(2011) 《2016年国家高新技术企业认定管理办法》(2016) 《促进高等学校科技成果转移转化行动计划》(2016) 《交通运输部促进科技成果转化暂行办法》(2017) 《国家林业局促进成果转移转化行动方案》(2017) 《振兴东北科技成果转移转化专项行动实施方案》(2018) 《高等学校科技成果转化和技术转移基地认定暂行办法》(2018)
地方性法规	《江苏省促进科技成果转化条例》(2010) 《北京市促进科技成果转移转化行动方案》(2016) 《天津市促进科技成果转化条例》(2016) 《广东省促进科技成果转化条例》(2016) 《黑龙江省促进科技成果转化条例》(2016) 《福建省促进科技成果转化条例》(2017) 《贵州省促进科技成果转化条例》(2017) 《上海市促进科技成果转化条例》(2017) 《天津市促进科技成果转化条例》(2017) 《浙江省促进科技成果转化条例》(2017)
地方政府规章	《海南省科技成果转化奖励办法》(1999) 《海南省科技成果转化奖励基金管理办法》(1999) 《重庆市科技成果转化管理决策人奖励实施办法》(2000) 《重庆市人民政府关于印发重庆市重大科技成果转化项目认定办法》(2000)
地方规范文件	《浙江省人民政府办公厅关于进一步加强技术市场体系建设促进科技成果转化产业化的意见》(2015) 《北京市促进科技成果转移转化行动方案》(2016) 《吉林省促进科技成果转移转化实施方案》(2016) 《河北省促进科技成果转移转化行动计划(2016~2020)》(2016) 《江苏省促进科技成果转移转化行动方案》(2016) 《山西省促进科技成果转化若干规定》(2017) 《天津市技术转移体系建设方案》(2017) 《上海市促进科技成果转移转化行动方案(2017~2020)》(2017) 《苏南国家科技成果转移转化示范区建设实施方案》(2017) 《安徽省促进科技成果转化实施细则》(2017) 《江西省促进科技成果转移转化行动方案(2017~2020)》(2017) 《辽宁省实施科技成果转移转化三年行动计划(2018~2020)》(2018)

第1章 绪 论

科技成果能否有效转化，取决于相关政策法规能否有效地贯彻落实。目前，从中央到地方都注重出台政策，但是政策出台之后，如何普及政策还没有形成有效机制，仍有不少科研院所、科技企业、高校还没有实质性地推进科技成果转化，原因就在于科技成果转化政策普及与落实不到位。

（2）技术市场成交额不断提升，区域科技成果转化率差距较大。技术市场作为科技成果交易的场所，是科学技术在商品经济高度发展阶段的产物，其发达程度代表了技术的市场化能力，是科技成果转化为现实生产力的"助推器"。

由图1-8可以看出，2006~2017年我国技术市场成交额呈现逐年递增的发展趋势，从2006年的1818.18亿元增长至2017年的13424.22亿元，年均增长率为19.93%，可见，科技成果的应用能力在不断提升。

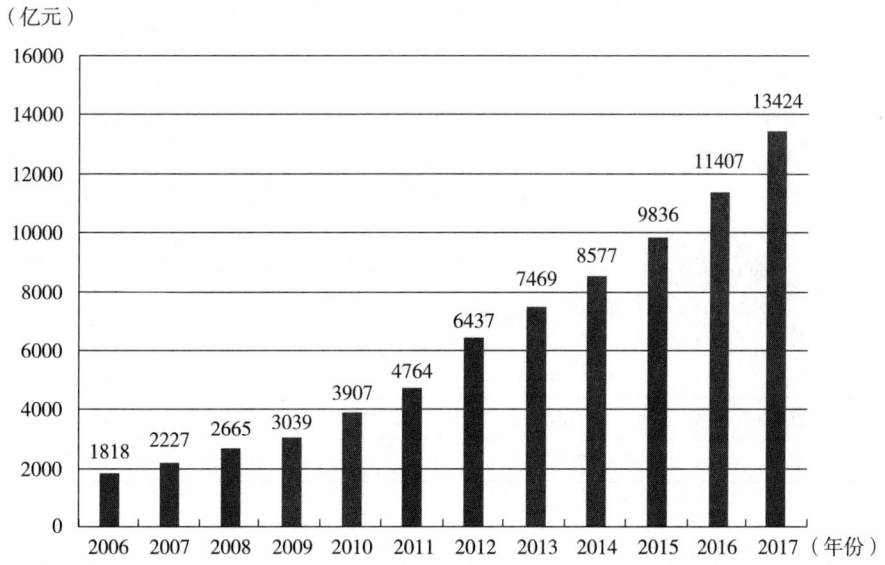

图1-8 2006~2017年我国技术市场成交额状况

资料来源：《中国统计年鉴》（2007~2018年）。

如表1-4和图1-9所示，2017年北京地区技术市场成交额最高，达到44868872万元，远超过其他地区；其次是湖北地区，达到10330773万元；广东地区居于第三位，达到9370755万元，陕西地区为9209395万元，上海和江苏地区紧跟其后，技术成交额均分别达到了8106177万元和

7784223万元。宁夏、新疆、西藏等西部地区的技术成交额较低，其中，西藏地区仅达到440万元，科技创新发展步伐缓慢。总体而言，东部地区科技创新实力总体上要高于西部地区，东部地区技术成果转化率高于西部地区。

表1-4 2017年中国各地区技术市场成交额状况　　单位：万元

地区	技术市场成交额	地区	技术市场成交额
北京	44868872	湖北	10330773
天津	5514411	湖南	2031915
河北	889245	广东	9370755
山西	941471	广西	394228
内蒙古	196087	海南	41079
辽宁	3858317	重庆	513581
吉林	2199199	四川	4058307
黑龙江	1467121	贵州	807409
上海	8106177	云南	847625
江苏	7784223	西藏	440
浙江	3247310	陕西	9209395
安徽	2495697	甘肃	1629587
福建	754634	青海	677186
江西	962096	宁夏	66679
山东	5116448	新疆	57554
河南	768528		

（3）知识技术密集型产业发展规模扩大，产业结构逐渐优化。2017年，我国规模以上工业战略性新兴产业增加值比2016年增长11.0%，高技术制造业增加值增长13.4%，占规模以上工业增加值的比重为12.7%，高技术产业投资额达到了42912亿元，比2016年增长15.9%。2017年，中国高新技术市场成交额达到13424亿元，较2016年增加2017亿元，呈逐年递增的发展趋势。中国高新技术发展势头迅猛，以信息产业、电子通信、计算机及办公设备等制造业为主的高新技术产业发展前景良好。如图1-10所示，2017年新产品（高技术产业）销售收入达到53547亿元，其

中，电子及通信设备制造业的新产品销售收入最多，达到 35984 亿元，科技创新正不断促进产业优化升级和经济结构调整。

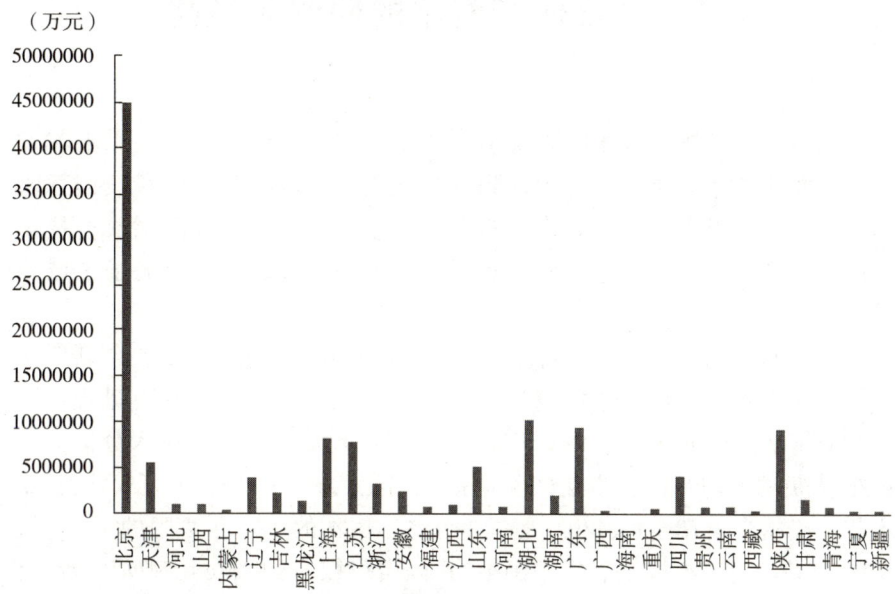

图 1-9　2017 年中国各区域技术市场成交额状况

资料来源：《中国统计年鉴》（2018 年）。

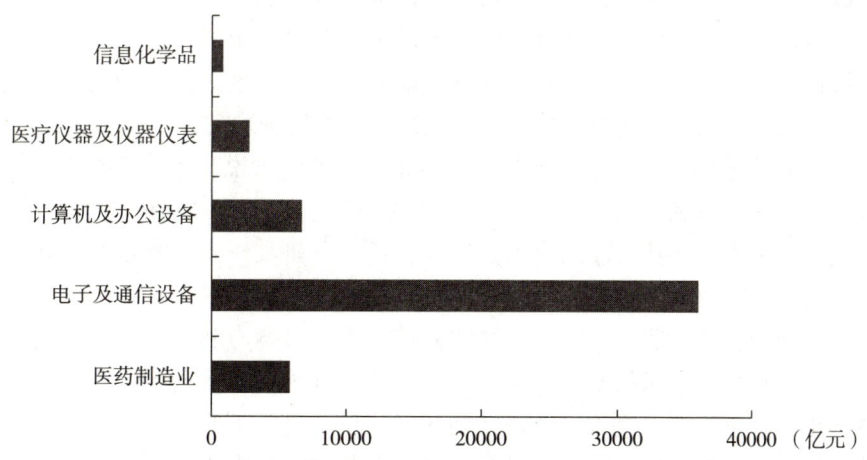

图 1-10　2017 年高新技术产业（制造业）新产品销售收入状况

资料来源：《中国统计年鉴》（2018 年）。

1.3 科技创新面临的问题和挑战

虽然我国科技创新发展取得了一些重要成就，但科技发展水平与发达国家相比还相对滞后，且未达到现代化建设要求，各地区科技创新能力有待进一步提高，主要表现为科技创新生态有待完善、高层次科技人才匮乏、技术成果转化存在较大障碍、自主创新战略实施忽略了区域差异性。

（1）科技创新生态有待完善。国家创新实力和效率的高低与创新资源投入息息相关，我国科技研发投入总量不足与结构不优，其中基础理论研究和应用基础研究领域经费严重不足，国家重大科技计划投入分散，且R&D人员的人均经费水平与发达国家存在巨大差距，2015年为6万美元/人年，仅相当于瑞士的1/6、美国的1/5、日本的1/4和法国的1/3。从R&D经费的内部结构来看，中国R&D经费中仅有约25%用于人员费用，而发达国家人员费占R&D经费的比例通常保持在40%~60%，严重干扰科研人员的积极性与创新效果。我国对于知识产权保护力度不够，产品和技术被侵权的现象普遍存在，全社会尊重、运用和保护知识产权的意识有待进一步提升。现行科技创新企业的财税政策、科研费用的加计扣除政策以及科技金融服务政策，对科技创新支持缺乏应有的力度。企业的税负严重偏高，大大降低了企业营利能力，企业缺乏足够的研发资金。

（2）高层次科技创新人才匮乏。对于科技创新来说，起关键作用的是人力资本的素质和能力。目前，世界各国围绕科技创新进行的技术竞争，从根本上来说是科技人才的竞争。现今，我国科研工作人员质量与发达国家之间的差距较大，科技创新人才队伍素质有待进一步提高，尤其是高层次的科技创新人才非常匮乏，在科技领域有重大影响力和国际知名度的专家、学者较少，学术技术造诣不突出。具体表现为：缺乏创新性的企业领袖，相当数量的企业决策者对科技创新的认识不足，不愿意投资长期见效并有利于提升企业创新能力的项目，缺乏专利技术开发人才，尤其是民营企业、中小企业，由于企业自身实力有限，难以吸引到高层次科技人才。我国现行的教育体制形成了知识型传统教育方式，忽视了个人创造性能力的培养，缺乏造就创新人才的认知范围和心理条件，束缚了人们的创新精神。

（3）技术成果转化存在较大障碍。伴随着科技发展的经验表明，新兴产业的发展都是基于原始型创新的成果所形成的生产力，市场竞争实际上是技术之争、专利之争和标准之争。但是我国技术的发展仍以跟踪技术为主，少有创新出现，科技成果转化为生产力不足，我国虽然已经成为世界第一制造大国，但是还很少能创造出类似于苹果这样世界级的创新产品。这不仅制约了我国新兴产业的发展，制约了产业结构升级，也制约了实现扩大内需的国家目标。要想促进科技创新发展，不仅在于加大研发投入和增加科技产出，更在于科技成果的产业化和市场化能够成为推动经济社会发展的动力。我国科技创新成果，包括专利和论文的数量在世界排名居于前列，但对经济社会发展的贡献率及产业转化率都不理想。据统计，我国的科技贡献率仅为55%左右，低于一般发达国家的70%、美国的80%及以色列的90%，科技成果的转化率仅为20%左右，远低于发达国家的60%~80%，很多科研成果都束之高阁并未转化为现实生产力，这与我国持续增加的研发投入形成鲜明对比。主要是因为我国科研评价体系不合理，片面追求论文发表数量、发表期刊等级及专利申请等指标，导致科研项目成果与市场需求脱节，科研成果无条件、无能力转化为现实生产力。因此，导致众多企业缺乏核心技术，在关键技术和关键零部件上过度依赖国外装备的直接引进，真正具有国际竞争力的科技创新型企业不多，大量企业偏重于对国外技术的模仿，产品附加值低，缺乏市场竞争力。

（4）自主创新战略实施忽略了区域差异性。我国各地区社会经济发展水平、工业化和城镇化发展阶段相差较大，科技创新对于不同经济发展时期呈现引进、消化吸收、集成创新、原始创新等不同的特征，对于各地区而言要求其具备相应的创新资源和创新能力。因此，对于国家制定的科技创新政策和贯彻实施的组织模式不能"一刀切"，各地区都引进人才，都建设创新中心，都做孵化器，但是缺乏创新成果，不仅浪费了创新资源，而且也会阻碍创新型国家建设的步伐，因此，各地区应当在国家统筹发展的前提下，因地制宜，制定符合本地区创新发展的相关政策，采用推动本地区创新发展的组织模式，优化资源配置，实现创新驱动发展，为建设创新型国家添砖加瓦。

1.4 本书研究内容

新时期，科技创新是实现我国现代化建设目标的核心内容，是驱动区域发展的关键动力，资源短缺、环境污染、生态破坏、产业结构低等诸多因素决定了区域发展必须依靠创新驱动。因此，本书从探讨创新发展的基本理论和互动机理出发，明确科技创新与区域发展二者之间的关系，重点考察科技投入产出对区域经济发展质量的影响程度，给出区域产业技术创新布局优化方针，进一步分析现有科技创新环境对智慧城市建设的支撑作用，进而构建出科技创新要素市场培育与发展体系，实现资源有效配置。因此，本书第2章至第7章的主要内容如下：

第2章科技创新与区域经济。主要界定了创新与科技创新的内涵，进一步从国家科技创新体系、区域科技创新体系以及企业科技创新体系三方面阐述科技创新体系；在此基础上，基于PSR框架分析科技创新与区域经济发展之间的关系，深入探讨科技创新与区域经济的互动机理。

第3章科技创新要素与区域经济增长的关系研究。以江苏常州为研究对象，首先，了解常州科技创新要素发展的现状，主要从资金、人力资本、技术三要素进行详细分析；其次，在现状分析的基础上，指出科技创新要素发展存在的问题；最后，通过构建科技创新要素与经济增长的关系模型，分别探讨资金、人力资本、技术对区域经济增长的影响。

第4章科技投入产出对区域经济发展质量的影响研究。创新已成为转变经济发展方式与提升经济发展质量的关键动力，科技投入产出作为科技创新的基础，是提升经济发展质量的强力后盾。因此，本章在分析区域科技投入产出与经济发展质量现状的基础上，测算了科技投入产出水平和经济发展质量水平，进而探讨二者之间的耦合关系，深入分析科技投入产出对区域经济发展质量的影响程度，以期为提高区域经济发展质量提出相关的政策建议。

第5章科技创新与产业技术创新布局的优化研究。对产业空间布局、新兴产业布局以及高新技术产业布局状况进行详细分析，发现区域产业技术创新布局存在的问题，进一步从产业集聚和产业技术创新效率水平两方面评估区域产业技术创新布局状况，从内外部动力和耦合动力以及带动机制方面给出优化区域产业技术创新布局的发展思路，从而设计出区域产业技术创新规划图。

第6章科技创新对智慧城市建设的支撑作用及实现路径。创新是支撑智慧城市建设水平的强力后盾，因此，在分析区域科技创新与智慧城市建设水平现状的基础上，测算了智慧城市建设水平，进而构建科技创新与智慧常州建设水平的计量模型，深入探究科技创新对智慧常州建设的影响程度，并给出其实现路径。

第7章科技创新要素市场培育与发展体系建立。通过对国内外科技创新要素市场培育与发展的案例进行分析，总结国内外科技创新要素市场培育与发展的特征、经验及启示，构建科技创新要素市场培育与发展体系，为创新型城市建设提供参考。

第 2 章

科技创新与区域经济

进入中国特色社会主义新时代时期，我国经济从注重数量发展转向注重高质量发展，创新作为经济发展的第一动力，是转变我国经济发展方式和结构的动力，而科学创新作为创新的主体，也是增强我国综合国力的重要因素。科技创新作为提高社会生产力和综合国力的重要动力，已经被摆在了国家发展全局的核心位置，区域经济的发展自然也应当将科技创新作为促进发展的主要手段。然而，什么是科技创新？科技创新与区域经济发展之间具有什么关系？本章首先对创新和科技创新理论的发展进行了阐述，然后从宏观、中观和微观的角度对科技创新体系进行了分析，最后基于PSR框架对科技创新与区域经济发展之间的机理进行了分析，以明确科技创新与区域经济之间的关系。

2.1 创新与科技创新

2.1.1 创新

在中国社会历史的发展过程中，从古代、近代至现代时期，每一个历史时代的发展同样都伴随着知识、技术、经济等的进步，而这些进步归根结底正是人类创新活动的结果。早在三国时期，《魏书》中已经出现"革弊创新者，先皇之志也"，"创新"一词已经成为官方体制变革的一种表达。自此之后，创新作为一种体制变革的表达越来越多地出现于历朝史书记载中。隋唐时期，创新在史书中出现得更加频繁，创新对象范围也开始扩大，《北史》中"创新改旧，咸得其要害"指的是军事设施设备的更新改旧，《斛斯征转》中"稽诸典故，创新改旧"则指礼乐方面的更新。到了宋元时期，创新对象范围进一步扩大，除了指代体制、军事、礼乐的更新，还用来指代建筑、艺术的更新发展，《上执政书》中"勿许创新，斯亦与民阜财之端也"更是将创新指代为经济措施的更新。及至明清时期，创新所指代的对象趋于稳定，但是"创新"一词的含义不再只是褒义，出现了"何必思及分外创新立异"的贬义含义。综上所述，根据中国古代历史时期的发展变化，围绕着"创新"一词的指代对象，每个朝代根据不同的情况对创新内容和对象进行了扩展，但是创新的内容从本质上仍然是对旧事物的改造和更新。

进入现代社会后，世界各国都越发重视创新在国家发展中的重要作用，美国早在1979年便通过了《国家1979技术创新法》，利用政府资助推动国家创新的发展，欧盟也在1995年便发布了《创新绿皮书》以推动欧洲各国的创新发展。中国政府在改革开放后加强了对创新的重视，并于1995年5月全国科学技术大会上通过了《中共中央 国务院关于加速科技进步的决定》，以此为指导大力发展国家科学技术，建设国家创新体系。2006年全国科学技术大会上，党中央政府明确提出要加强自主创新能力，并部署实施了《国家中长期科学和技术发展规划纲要（2006—2020）》，力争进入创新型国家行列。2014年在夏季达沃斯论坛第八届年会上，李克强总理提出了"大众创业、万众创新"的号召，将创新与企业创新进行融合发展，随后在2015年《政府工作报告》再次强调了"双创"的重要性，近两年关于"双创"的政策近30条。在国务院办公厅《关于发展众创空间推进大众创新创业的指导意见》中，明确指出要在全国范围内加快构建众创空间、降低创新创业门槛、鼓励科技人员和大学生创业等八个重点任务。随着我国经济发展方式的转变，国务院于2018年9月发布了关于打造"双创"升级版的意见，加快创新驱动发展战略的落实，推动建设创新型国家。习近平总书记在2019年5月发表的《深入理解新发展理念》文章中，更是将创新比作经济发展的"牛鼻子"，将创新作为发展的基点和新动力，塑造更多具有先发优势的引领性发展，进一步推动创新创业的落实。

在人类社会经济发展的过程中，创新一直是推动进步的重要力量，世界各国对于创新理论的发展都做出了重要的贡献。从创新理论定义研究的角度，创新（Innovation）一词最早出现在经济学家熊彼特（J. A. Suhumpeter）的《经济发展理论》（1912）一书中，熊彼特在书中明确阐述了创新的定义，认为"创新是一种新的组合，是一种新的生产函数"。但是，熊彼特对于创新的定义十分广泛，并未将一般意义上的创新与经济学的创新所区分开来。因此，美国管理学 Peter F. Drucker（1985）在熊彼特创新理论的基础上将创新与管理学、经济学相联系，将创新定义为"改变资源的产出"或者"通过改变产品和服务，为客户提供价值和满意度"。随后，美国学者 E. M. Roger 将创新归类为新方法、新实践和新物体，这种新方法、新实践和新物体只有被个人或者团体采用后才能成为创新，并且将创新等同于技术创新进行了扩散过程分析。此时，创新理论的发展多停留于线性创新理论阶段，如图 2-1 所示。

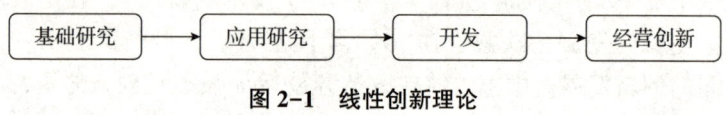

图 2-1　线性创新理论

进入 20 世纪 80 年代后，创新理论的发展逐步与系统论相结合，实现了创新的整体性和跨学科性。Freeman 在研究中便将日本 20 世纪 80 年代经济发展归功于国家创新系统的发展，创新系统也成为国家经济政策决策的专门术语。董凯军根据创新的内容从系统角度构建了创新系统模式，如图 2-2 所示。

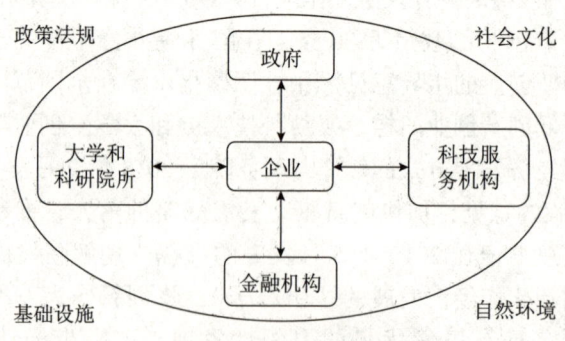

图 2-2　创新系统模式

因此，创新理论的发展是扩展和延伸的过程，不应将创新仅仅局限于技术或者知识的某一方面，创新是一个综合的理论。结合熊彼特创新理论，创新具有以下几个特征：

（1）创新是推动经济发展的根本动力。在熊彼特创新理论发展中，发展是经济循环流转过程的中断，也就是实现了创新，创新是发展的本质规定，发展实现了经济的创新，从本质上促进了经济的发展。创新能力是一个国家综合实力的重要体现，而且创新所涉及的范围也十分广阔，它不仅可以从市场上促进经济的发展，也可以从社会环境（创新氛围等）、生态环境（创新生态系统等）以及国家政策制度（制度创新）上为市场主体创造创新环境，推动经济的健康发展。

（2）创新是不断消灭旧事物的过程。创新是把"新组合"引入生产体系，在市场上竞争的经济环境中，创新是新组合通过竞争不断消灭旧组合的过程。在完全市场竞争的条件下，原有的组合因无法适应现有的市场竞争而被淘汰，新组合便是在旧组合消灭的过程中逐渐产生的。而且，随着经济水平的快速增长和经济实体的扩大，创新往往会成为经济实体内在的一种自我更新。

（3）创新是根本性、革命性的变化。创新是一种从根本上改变事物的变化，会对事物原来的发展方向产生重大影响，甚至颠覆原有的体制机制。熊彼特创新理论认为"只有革命性变化的发生，才是我们所要涉及的问题，就是在一种非常狭窄和正式的意义上的经济发展的问题"。从这句话可以看出，创新是经济发展理论中十分狭窄的问题，是革命性变化的发生。

（4）创新是新组合内在产生的。创新并非凭空产生的，新组合是在旧组合的基础上产生的，创新是在新组合产生的过程中实现的，是新组合内在产生的。创新中的新组合必须从旧组合中获得生产所必需的某种生产手段，而新组合的实现也意味着对经济体系中的生产手段的供应做不同的使用，因此，创新是新组合生产过程中内在产生的。

（5）创新的主体是企业家。企业家以其具有的远见和冒险精神从事创新冒险活动，企业家是企业的核心，是创新的主体。在熊彼特创新理论中，新组合的产生便是企业，而实现新组合的职业便是企业家。企业家的核心职能便是新组合能否被顺利执行，即新组合只有被执行和实现，企业家的职能才能得到实现。

根据创新理论及所具有的五个特征,创新可以总结为:创新包含技术创新、制度创新、知识创新等,其本质上都是企业家为了获取更大的利润,在原有旧组合基础上不断淘汰旧组合产生新组合的过程,而这种新组合的产生会经过市场的竞争进而推动经济的发展。

2.1.2 科技创新

(1) 科技创新的含义及特征。科技创新是引领社会发展的第一动力,是实现创新型国家的核心力量。我国在1956年便已经将科技创新提升到国家层面,无论是在政策还是实际行动上都给予科技创新以重视和支持。从政策上看,国务院在1956年5月增设了国家技术委员会,专门为科技发展的宏观战略提供政策建议,以确保科技创新在我国经济发展中的重要位置;从科技创新投入上看,我国近20年间的科技经费呈逐年增加的趋势,从1998年的1128.5亿元增长至2017年的17606.1亿元,上涨了15.6个百分比。党的十八大以来,国家更是将科技创新提升为国家全面创新和实施创新驱动发展战略的核心位置,共发布了80多个重要的科技创新政策法规文件,为发挥科技创新的引领作用指明了前进的方向。

科技创新的科技是科学技术的简称,科学技术又可分为科学与技术两个部分,这两个部分之间既相互区别又相互联系。对于科学的解释,1999年的《辞海》将其定义为"运用范畴、定理、定律等思维形式反映世界各种现象的本质的规律的知识体系",是一种反映自然以及社会等的知识体系。从定义可以看出,科学是对客观存在事物的反映,是经过实践和经验验证过的,并非凭空捏造的。技术则是在人类认识世界的过程中根据实践经验和科学知识而创造出的各种方法的总和,它来源于人类生活的需要,是人类在实践和知识的发展过程中产生的。

科学与技术作为另一个不同的领域既相互区别又相互联系。两者的区别主要体现在以下几个方面:①科学与技术的构成要素不同。科学主要包括科学事实、科学假说、科学定律以及科学理论四个部分,而技术主要包括经验、理论、方法、机器等,两者构成要素上大不相同。②科学与技术的目的不同。科学的产生是为放映世界的现象、本质及其规律,告诉了我们"是什么",技术则是在科学知识的基础上对客观事物进行利用和改造,告诉我们的是"怎么办"的问题。③科学与技术的实践过程不相同。科学发展的过程中不具有预测性，是利用已有的知识探索未知的知识，而技术是在科学知识的指导下进行实践活动，具有明确的步骤和目标，计划性较强。两者虽然在多个方面都具有不同之处，但是两者在发展的过程中确实是相互促进、相互配合的关系。首先，科学是技术发展过程中的理论基础，可以给予技术创造者不同的灵感和方法，现代技术的产生便是在自然科学发展的推动中产生的。其次，技术对于科学的发展也发挥着十分重要的作用，一方面，技术的方法和手段可以帮助人们更好地认识和理解科学知识，另一方面，现代技术的发展刺激科学知识的发展并表明了科学发展的目标。

科技创新便是科技上的创新，是科学与技术上的创新。科学创新是指经过对思维、定理等进行科学研究而获得的可以反映自然社会的新的知识体系。技术创新则是以提高企业利润为目的，对各种生产要素进行技术上的研究开发与改进，从而生产出市场需要的新的生产要素、制度体系或商品服务并最终应用于市场的一系列动态过程。科技创新是在科学与技术创新的基础上对于两者的综合，即从新知识体系的产生、新生产要素的研发改进、新生产要素的形成再到新产品或者服务的市场应用的一系列动态过程，是科技创新与技术创新的统一和优化。

科技创新的类型多种多样，根据科技创新内容的不同可以将其划分为知识创新、技术创新和管理创新。知识创新是通过创造、交流等形式将新的思维或者思想与现代经济的活动相融合，进而促进企业发展和进步的一种手段，最早是由美国的战略专家艾米顿所提出的；技术创新便是在熊彼特对创新进行定义后所发展起来的，是对企业生产要素研发、重组和推入市场的创新过程；管理创新所涉及的内容也十分广泛，包括企业中的财务管理创新、人力资源创新、档案管理创新等多个内容，是对企业管理过程中每一细分部分的优化。除此之外，根据科技创新的类型，也可以将其划分为自主创新和依附创新。自主创新是在本组织独立进行研究开发，在形成核心技术知识的基础上来实现产品价值的综合过程，主要包括原始创新、集成创新和引进技术再创新。依附创新是在前人创新的基础上进行相关创新研究，吸取成功或者失败的经验，经过研究和分析形成自身具有竞争力的产品。相对于自主创新而言，依附创新的失败率更低、风险更小。

因此，科技创新是科学知识与技术的综合创新，是一个城市、一个地区甚至一个国家的重要发展要素，它在发展过程中具有以下几个特征：

1）科技创新的主体具有多样性。科技创新与技术创新明显的一个区别便是主体不同，技术创新主体主要是以营利为目的的企业，而科技创新主体则不仅限于企业。科技创新在发展的过程中涉及政府、企业、科研机构、学校、社会公众等多个主体。对于政府而言，科技创新是促进政府提高行政效率、促进区域经济发展的重要因素。企业则可以通过科技创新开发新的、符合市场需求的产品，为自身创造出更多的利润。科研机构和学校作为科技创新的主要发源地之一，聚集着大量的高新技术人才，是科技创新思想聚集地。科技创新是来源于社会实践且反映社会自然的，社会公众通过各种各样的方式为科技创新提供了思想源泉。

2）科技创新的范围具有广泛性。科技创新是一项全世界都在进行的活动，大到国家，小到城市、产业、企业，每个个体都在进行着科技创新的活动。对于国家而言，科技创新可以带动国家经济、文化、军事、政治等的发展，是提升国家综合国力的重要途径，有利于国家提高国际地位；对于城市而言，通过大力发展发展科技生产力，将城市生活与科技创新相结合，可以极大地提高城市的交通系统、政务效率、经济发展以及社会公众感等；对于企业而言，科技创新可以推动企业结构优化和产品的更新换代，企业拒绝科技创新，便难以在竞争激烈的市场上保持优势地位，它是企业保持市场竞争力和生命力的重要手段。

3）科技创新是一个动态化的过程。科技创新的一个完整过程包括知识获取、科技研发、科技应用三个阶段，目前也有学者将高新技术产业化加入了科技创新的过程，将其划分为四个阶段（见图2-3）。知识获取便是通过各种思维、定理、规律等进行知识创新，这一阶段主要依靠具备相关知识储备的高校和科研机构内的专家和科学家。当获取了足够的知识创新信息时，便可以着手进行科技的研发，新技术的研发可以通过与高校及科研机构的专家科学家合作，也可以自行建立研发机构对新知识进行技术上的成果转化。新的科技产生之后，能否应用到实践中并对实践产生一定的影响是衡量其成功与否的重要标志。在这一阶段，首先要对科技创新结果进行一定的测试和改良，然后再通过技术转让将技术成果转让给政府、企业或者个人，也可以由科技创造人员直接使用进行创业。

第2章 科技创新与区域经济

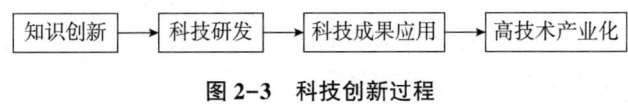

图 2-3 科技创新过程

4) 科技创新的结果具有创造性。创新是一种新的发明,是一种新的生产要素组合,是之前从未出现和使用过的,是具有变革性、创造性的活动,科技创新自然也具备了创新的特征。科技创新的第一个阶段便是新知识的获取及知识创新,而后的科技研发自然也是具有创新性的。由于科技创新过程的复杂性和严密性,而且需要冲破现有知识体系的限制,因此,成功的科技创新需要创新性的思维和多学科知识的储备以及勇于突破现有知识体系框架的勇气,科技创新的程度和水平越高,超越原有知识体系的程度也就越大。

(2) 科技创新要素。科技创新的发展是在一定区域内各种要素相配合的结果,是一种"新组合"的产生,明确科技创新要素的构成是集聚科技创新要素的第一步骤。"十二五"规划提出要加快多层次资本市场体系建设,健全土地、资本、劳动力、技术、信息等要素市场,促进区域要素的聚集和流动。党的十八大强调要通过创新驱动发展战略来加快完善社会主义市场经济体制和转变经济发展方式,而创新驱动发展战略的实现首先要加快创新要素的发展,因此在党的十八届三中全会便提出建立要素自由流动、平等交换的现代市场体系,这表明我国社会主义市场经济发展的重点已经由商品市场建设转移到要素市场建设。在2017年《国务院办公厅关于促进开发区改革和创新发展的若干意见》中,表明开发区的发展要依靠创新驱动,推动开发区内科技创新制度的建设,吸引更多创新要素集聚。创新要素的具备是实现创新发展的重要条件,科技创新作为促进创新发展的核心,明确其要素可以对科技创新要素进行孵化、集聚与优化配置,充分发挥科技创新内创新要素对经济增长的促进作用。现如今,我国已经深入实施创新驱动发展战略,科技创新作为实现创新驱动发展战略的核心,加快科技创新要素的集聚已经成为各省转变经济发展方式、优化产业结构的重要一步,也是为"创新创业"提供良好环境的基础。

科技创新是由科学创新和技术创新所组成的一个复合体,它包含政府、高校、科研机构、企业、社会公众、中介机构等多个主体,还涵盖了人才、资金、技术、基础设施、创新氛围等多种要素。从科技创新构成要素的本质出发，科技创新的要素可以分为人才要素、资金要素、技术要素，这是进行科技创新所必需的要素。

1）人才要素。科技创新是以人才为主导的。人才是科技创新的基础和灵魂，没有人才就没有技术，没有人才就没有创新。习近平总书记在多个会议上都重点强调了"发展是第一要务，人才是第一资源，创新是第一动力"，我国也在2008年将原人事局和劳动、社会保障局合并为人力资源和社会保障局，将人力资源的发展上升到国家层次，确保我国人力资源管理的优化。人才要素的发展不仅需要国家政府的支持，也需要高校和科研院所的培养。高校和科研院所既是培养高级专门人才的地方，也是高层次专门人才聚集的地方，高校和科研院所对于高层次人才和学术创新团队的培养，是建设创新型人才、促进科技创新的重要力量。

2）资金要素。如果说人力要素是科技创新的基础和灵魂，那么充足的资金便是科技创新顺利进行的保障。科技创新是一个动态化的过程，从初始的知识创新到最后科技创新成果的应用，都需要人力资源、物质资源、技术设备等的支持，所有的资源整合都需要资金给予一定的支持才可以顺利实现。2017年，我国R&D经费投入超1.76亿元，较2016年增长了12.3个百分点，我国对于科技创新资金投入的增加，一方面体现了我国对于科技创新、构建创新型国家的重视，另一方面也从资金上保障了科技创新的顺利开展。除此之外，资金要素的培育和发展对于科技创新也具有重要影响，高效的资金要素市场可以吸引跨国公司和国内外大企业集团，进而为科技创新提供更多的人力要素和技术要素。

3）技术要素。科技创新是科学知识创新与技术创新的综合，技术要素是推动科技创新进程的手段和方法，技术既可以是机械设备，也可以是无形的知识和经验。经济是市场的经济，市场是随着时代的变化而不断变化的。随着科学技术的快速进步，技术产品的更新周期越来越短，为了适应快速变化的市场和缩短产品的更新周期，科技创新主体必须将技术要素提升到重要位置，推进内部高新技术的发展，提高产品的技术含量。技术市场的建立是促进技术发展的一个重要因素，技术需求、技术供给、技术流通等的有效建立可以帮助技术市场建立和健康快速发展。

2.2 科技创新体系

科技创新体系是在系统论的基础上发展而来的,我国最先从事科技创新体系研究的学者是伟大的科学家钱学森先生。1979年,钱学森在《科学学、科学技术体系学、马克思主义哲学》一文中提出:要将恩格斯所提出的"伟大的、整体的、联系的科学"进行整合,这个整合包括自然科学、科学的社会科学以及工程技术,并研究这些内容的组成部分、部分与部分之间的关联以及它们的运动和变化,这便是建立科学技术创新体系。由于科技创新体系是在系统的基础上建立的,因此,科技创新体系具备了系统的基本特征,即整体性、相关性、环境适应性、目的性和动态性五个基本特征。

整体性是指科技创新体系是由区域内不同要素相互组成的统一体。相关性则表现为科技创新体系内各个要素之间是相互联系的,存在着相互依赖、相互制约、相互促进的关系。环境适应性即科技创新体系与外部环境之间是相互依存的,环境的变化会影响科技创新体系功效的发挥,因此,必须随着区域内外环境的变化进行适应性调节以适应新生环境的变化。任何体系的产生都是为了迎合一定的结果,科技创新体系也不例外,例如,我国科技创新体系是为了加快建设创新型国家,增强我国综合国力,提升人民幸福感;而企业科技创新体系则是为了在激烈的市场竞争中存活并实现企业利润最大化的目的。动态性即科技创新体系是内部政府、高校、科研机构、企业与中介机构之间进行信息互换、科技合作等动态活动的过程,并非静止不变的。

从科技创新体系的特征来看,科技创新体系是在一定区域范围内,各个相互配合、相互协调的主体要素之间为了一定的目的而进行物质或信息交流活动的过程。这个区域范围可以是一个国家,也可以是一个企业,科技创新便是在相应的区域范围内对区域经济系统(见图2-4)内的各种主体和要素进行协调,利用各种创新资源促进区域经济的发展。

区域经济系统是一个大范围的系统结构,不同范围内的科技创新具有不同的结构和特征,从区域的宏观、中观和微观角度,科技创新体系可以分为国家科技创新体系、区域科技创新体系和企业科技创新体系。

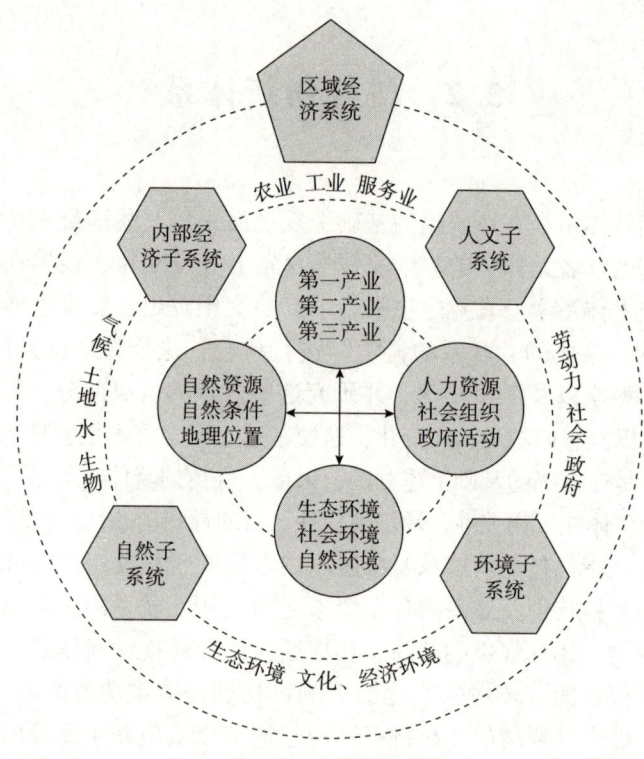

图 2-4 区域经济系统

2.2.1 国家科技创新体系

国家科技创新体系是由国家创新体系演变而来的，Freeman 最初在研究日本经济时认为仅依靠自由竞争的市场经济难以促进国家技术经济的发展，需要政府给予一定程度的干涉以保证资源的有效配置，而资源配置便是国家创新体系。随后，伦德瓦尔在前人研究的基础上，将国家创新系统定义为由国家层面上相互流动、扩散和使用的要素和机构所构成的系统，包括科技创新、制度创新、组织创新等，而这些要素和系统可以归结为企业、大学科研机构、教育部门和政府部门四个主体。国家科技创新体系来源于国家创新体系，是国家层面上科技创新体系的建设，是由科技知识创新和技术创新相关机构所组成的一个整体体系，通过国家内部政府、企业、高校以及科研机构等科技创新主体的创新活动,以推进经济的增长和发展。赵建生分析了 Freeman 的国家创新体系后在 2010 年构建了国家科技创新主体之间的相互关系,在赵建生国家创新系统的基础上,结合科技创新体系的特征和要素,可以构造出国家科技创新体系(见图 2-5)。在国家科技创新体系中,主要包括企业、政府部门、研究机构、教育培训机构以及创新支撑服务体系五个主体,这五个主体之间相互配合、相互影响,充分利用创新资源以促进创新经济的发展,由此形成了国家科技创新主体与创新资源之间的循环体系。

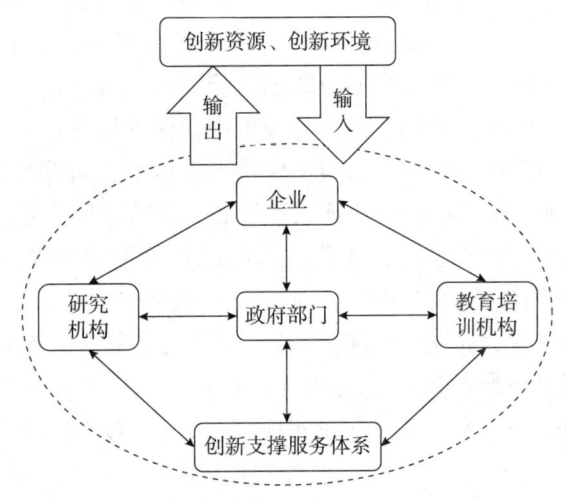

图 2-5 国家科技创新体系基本结构

从国家科技创新基本结构来看,国家科技创新体系具有以下几个特点:首先,国家科技创新体系的核心内容仍然是创新,而且是在国家层面上进行的创新,每一项创新制度和创新政策的发布都必须充分考虑国家整体的经济水平等各方面的发展现状,国家科技创新系统制度必须可以推动国家经济的发展和综合国力的提升。其次,从图 2-5 来看,国家科技创新体系的中心支撑是国家政府所制定的各种制度政策,政府可以作为主导力量直接对国家科技创新活动进行规划设计,也可以作为调节市场的一种手段为市场经济主体创造良好的创新氛围和创新环境。最后,国家科技创新体系的构建并非主观随意的,而是在对国家整体创新环境和创新资源的现实情况进行深入分析后,由各种专家学者根据国情而制定出来的,进而促进各种创新主体之间的相互协作。

　　科技创新是全体创新的核心，不同的国家具有不同的创新资源和创新环境，国家科技创新体系的建设是国家利用创新推动经济发展的重要基础，世界上多个国家都建立了完善高效的科技创新体系。①美国作为全球经济发展的第一强国，在知识创新与技术创新水平方面长期保持着领先优势。早在"二战"时期的"曼哈顿计划"中便已经开始了国家科技创新体系的建设，是世界上最早开始建设国家科技创新体系的国家，在长期发展过程中已经形成了以企业为主体、政府支持、民间资本参与（捐款、遗产税等）的独特国家科技创新体系。②瑞士作为一个仅拥有800多万人口的小国家，在2018年国家创新能力指数却居于世界第一，超过了美国、英国等绝大多数发达国家，是当之无愧的创新型国家。其自由开放的经济社会制度、简捷高效的政府干预、完善的知识产权保护制度、灵活且接受度大的市场是瑞士高效科技创新体系的主要特征，也因此培养和引进了大量的科技人才，推动了国家科技创新体系的发展。③日本作为亚洲唯一一个发达国家，在1959年便建立了科学技术会议主管国家科学技术体系的发展，在2007年日本内阁通过了《创新25》的计划，提出了面向2025年的创新目标和途径，推进"创新立国"的体制机制。日本从最初引进国外先进技术到自主研发技术再到如今的科技立国，形成了以政府构建为主，企业创新研发、科研院所知识创造、官产学人才流动支撑的完善科技创新体系。

　　综观世界上处于领先地位的创新型国家，每一个都根据自身情况建立了适合国家创新发展的科技创新体系。我国作为世界上最大的发展中国家，国家创新指数从2013年的第35位上升到2018年的第22位，也主要得益于我国对于科学技术创新的大力支持。在科技创新机构建设方面，国务院在2018年将原科学技术部与国家外国专家局重组为科学技术部，指导国家和地方政府进行科技体制改革、国家创新体系的建设，以促进科技创新更好地为经济社会服务。在科技创新战略方面，中科院于1997年提交了《应届知识经济时代，建设国家创新体系》的报告，推动国家创新体系的建设，2012年党的十八大明确提出要实施创新驱动发展战略，表明中国的未来要依靠科技创新驱动，激活各种科技创新活动。在促进企业科技创新方面，2015年《政府工作报告》提出推动"创新创业"，党的十九大明确提出建立以企业为主体的技术创新体系，都是为了鼓励我国企业进行科技创新，推动建设国家科技创新体系。随着我国经济的健康快速发展，国家科技创新体系也不断完善，但是仍然要继续推进创新，在学习先进创新型国家的基础上构建合适的、高效的国家科技创新体系。

2.2.2 区域科技创新体系

区域是一个复杂且广泛的概念，不同的学科对于区域有着不同的定义：地理学认为区域是地球表面的一个单元，政治学认为区域是国家进行管理的行政单元划分，经济学则认为区域是一个完整的经济单元。20世纪90年代，美国区域经济学家胡佛将区域定义为"区域是以描述、分析、管理、计划和制定政策为目的，可以按照其内在的性质功能进行划分的统一整体"。我国学者郝寿义在其《区域经济学》一书中也对区域进行了定义，认为区域是一个空间概念而且存在于一个国家之内，区域之间由于中央政策的不同而存在差异；在经济上，区域可以独立或者与其他区域合作进行经济活动。但是，从我国实际情况看，一般按照行政区域进行区域之间的划分，因此，以下"区域"主要以我国行政区域的划分为标准，即我国的省、市以及自治区等行政区域。

区域科技创新的理论来源于技术创新理论，区域科技创新不仅包括区域和技术创新的理论知识，也包含科学创新的相关知识。因此，区域科技创新是在一定的行政区域内，科技创新主体充分利用和协调区域内位置、技术、政策、创新氛围等资源以促进区域内各种生产要素之间的有效配置，优化升级区域内产业结构，进而促进区域内科技创新活动的活力，提高区域的竞争优势。区域科技创新系统是区域内政府、企业、高校以及科研机构之间相互竞争和合作而形成的，它具备了科技创体系和区域经济系统开放、复杂的特征，同时也承担着将高校和科研院所的科研成果转化为区域现实生产力、促进区域经济结构的优化以及提高区域经济和综合实力的重大任务。

区域科技创新系统是在 Freeman 国家创新系统理论上发展而来的，两者都是在地理区域范围内的创新系统，区域科技创新系统的范围相对于国家创新系统而言较小，一般指代某个省、市或者经济区的科技创新体系（见图2-6）。区域科技创新体系是在特定区域范围内，为了实现区域未来长期发展计划，创新主体及其要素之间相互协调配合而形成的创新网络。

一个高效的区域科技创新系统应具备以下几个特征：①区域科技创新体系的构建必须要考虑区域发展的长期性和可持续性，必须使区域长期发展计划和区域内资源、人口、生态、经济等环境相适应。②区域科技创新体系要与国家科技创新体系建设相配合，区域是国家内部的区域，两者发展的目标根本上一致，因此，区域科技创新体系的建设要以国家创新政策为导向，再结合区域内自身资源环境进行构建。③因地制宜。不同的区域具有不同的文化、资源、经济水平，区域科技创新体系的建设不能脱离实际，要根据本区域内实际发展情况进行构建。④区域科技创新系统是开放的，不是故步自封的。创新本身便是一个开放合作的体系，区域内的科技创新在充分利用自身资源的同时，也要加强与邻近区域、先进区域甚至国际先进科技主体之间的交流和合作。

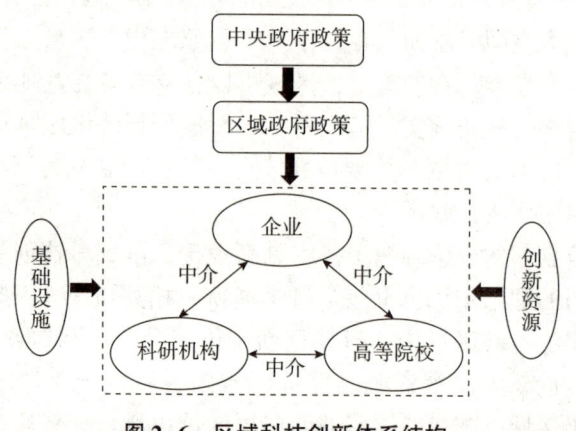

图 2-6　区域科技创新体系结构

从图 2-6 中的结构来看，区域科技创新主要包括区域内科技创新的执行机构、基础设施、创新资源、创新环境以及与其他区域甚至国家之间的互动往来。

（1）区域科技创新的执行机构包括政府、高校、科研机构、中介机构以及企业。政府是推动区域科技创新的政策力量，它可以将中央政府的各种政策文件进行上传下达，结合自身区域内现有资源和实际情况制定相关政策，引进或者推动科技创新的发展；高校和各种科研机构中的学者和专家具备着科技创新的专业知识和能力，是科技创新过程中知识创新和技术创新的重要源头；当科技创新中技术创新阶段完成之后，其创新成果的整理、分析、分类、评估便是由中介机构完成的。而企业作为区域科技创新的重要主体之一，是将科技创新成果转化为现实生产力和经济实力的重要一环。科技创新从初始阶段到结束阶段，都需要每个执行机构之间相互协调和配合，缺一不可。

（2）关于科技创新基础设施的相关研究，最早明确提出的是美国学者Porter和Stern，他们认为创新基础设施是影响一个国家创新能力的重要因素之一，相应地，科技创新基础设施的完备与否也是影响一个区域科技创新能力发展的重要因素。就软性基础设施而言，区域科技创新基础设施包括区域内的科技创新政策、科技税收优惠政策、知识产权以及专利技术制度、情报信息系统建立等；就硬件基础设施而言，包括区域内的教育基础设施建设、科技开发及成果转化基地建设、科技信息库建设、科技创新实验室建设等。

（3）区域科技创新资源就是区域内可以促进科技创新开发及成果应用的静态的、动态的、可见的或者不可见的各种资源，包括区域的地理位置、气候、水资源、土地资源、矿产资源等自然资源，也包括区域内人才、资金、技术、基础设施配置、信息等资源。在如今的市场竞争环境中，区域间的各种资源都是相互流动的，区域在进行科技创新时不仅要充分利用自身已经存在的各种资源优势，同时也要利用各种优势吸引科技高端人才以及资金等，为区域科技创新提供充足的发展资源。

（4）区域科技创新环境是指区域内科技创新的政策氛围、创新氛围等内部和外部的环境，主要包括区域内结构的构成、基础环境的建设、文化环境以及创新氛围的浓厚程度。区域结构所指的是区域科技创新执行机构之间的结构构成，基础环境的建设即区域科技创新的基础设施建设及区域自身的创新资源。文化可以反映区域内创新理论的精神风貌、心理状态、思维方式以及价值取向等，是影响科技创新发展的重要内在力量。创新氛围则是反映区域对科技创新的鼓励和支持程度，良好的创新氛围可以为区域科技创新吸引更多的人才、资金以及技术。

（5）科技创新体系与区域发展系统是一个巨大的开放系统，区域科技创新自然也是一个开放的系统。区域在进行科技创新时不能封闭自行，而要与相邻区域、其他区域之间进行合作和交流，要广泛地与先进省市或者先进国家进行科学技术上的及时交流，紧跟时代潮流，保持区域内科技创新在上游水平。

科技创新与区域经济发展

区域科技创新是区域创新发展的主要动力，也是推动区域经济发展和提高区域竞争能力的核心，构建一个合格的科技创新体系可以指导区域内部各要素之间的配合能力。从 2003 年开始，我国便每年分别从知识创造、知识获取、企业创新、创新环境与管理和创新绩效五个层面对各省市的创新能力进行综合评价，从 2018 年区域创新报告来看，位居前三名的分别为广东、北京、江苏，这三个城市在构建科技创新体系时根据自身区域内的不同特征构建了合理高效的科技创新体系，对于其他区域科技创新体系的建设具有重要的借鉴意义。

广东省科技创新体系：科技创新是广东发展经济和保持市场活力的关键，广东省从知识创新到科技成果转化都具备完善的体系。第一，为了加强科技创新人才队伍的建设，实施了一系列引进和培养人才计划（"珠江人才计划""扬帆计划"），以此吸引国内外一流的科学领军人才。第二，激发企业科技创新活力，在"政府引导、企业牵头、多方参与、独立运作"的原则下建立技术创新中心。第三，通过建设科技创新平台（国家重点实验室等）聚集了科技创新与发展的资源，同时通过优化科技创新环境，建立了完善的"政产学研金介"科技成果转化体系。

北京市科技创新体系：北京作为我国的首都、政治中心，充分发挥发挥首都优势，积极响应国家政策，紧抓国内国外科技创新资源，提高首都科技创新整体效能。北京自 2014 年确立了"全国科技创新中心"战略以来，在 2014 年至 2017 年 7 月共出台了 130 项政策以完善科技创新体系。在人才引进方面，北京市通过科技创新人才引进落户政策和补贴优惠政策等吸引国内外优质人才；在科技成果转化方面，通过"京科九条""京校十条"等政策加大高校和科研机构对科研成果的使用和处置；在激发企业科技创新活力上，一方面通过引导天使投资、创投机构支持科技创新企业的发展，另一方面利用政府投资补贴和税收优惠等政策降低企业科技创新成本。

江苏省科技创新体系：江苏省最初的科技创新体系是以政府为导向、企业为主体、产学研相结合的完整体系。随着科学技术的不断进步，为了顺应时代发展和我国建设创新型国家的号召，江苏省从政府政策和财政资金投入上引导企业由生产型转向创新型，建立了许多科技产业集聚（无锡"硅谷"、苏州"生物谷"等）以激发企业创新活力；完善政府、高校、企业、科研机构、社会之间的信息沟通机制，建立了公开透明的监管机制；深化行政审批制度改革，减少创新创业制度成本，培育良好的创新创业环境，激发社会创新创业活力。

2.2.3 企业科技创新体系

随着经济全球化的发展，企业之间的竞争已经转化为科技创新能力的竞争，企业能够构建合理有效的科技创新体系是企业能否在激烈的市场竞争中获胜的关键。这不仅得到了管理者的关注，也是政府的关注之处，我国2006年在确定建设创新型国家的同时，明确指出要将企业创新作为科技创新的主体，要以市场为导向构建与产学研相结合的创新体系。企业科技创新体系作为促进我国创新发展的推动力，是企业根据内外部环境（政府政策、高校科研机构、市场、文化等）对企业所具有的各种要素（人才、资金、技术资源等）进行配置，使企业的研发、生产、销售等达到预期的目标，提升企业的竞争能力（见图2-7）。它由企业内外部各种资源环境等相关要素组合而成，通过企业内部管理模式创新、技术创新、人才创新对各种资源进行优化配置和有效使用。

对于企业内部而言，企业日常经营的主要活动包括管理活动（决策、资源分配、文化建设、制度建设等）和实体活动（研究开发、生产制造、市场营销等），从企业活动内容的不同可以将其划分为管理模式创新、技术创新和人才创新。管理模式包括企业内部管理理念、管理工具、管理制

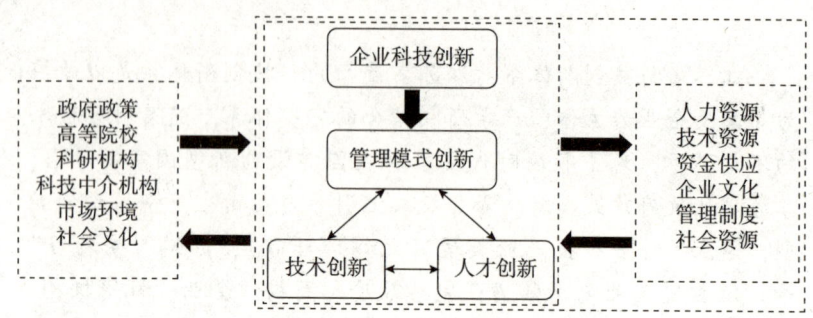

图 2-7 企业科技创新体系

度、管理方法等与管理相关的一系列内容，高效的管理模式可以帮助企业有效地配置内部人力资源、物质资源、信息资源等；技术创新则是企业在激烈的市场竞争环境中不断通过新技术、新产品研发以迎合市场主流需求，是将高校和科研机构的科研成果转化为现实生产力的重要步骤；人才创新即创新型人才的引进和培养，在知识经济时代，人才是企业技术创新的基础，优质创新人才的引进可以加快科技创新的进程。

对于企业外部而言，包括政府政策、高校与科研机构、中介机构，以及市场环境与所处区域内社会文化的氛围等要素。政府政策是引导企业科技创新方向的指向针，同时也是帮助和促进企业科技创新进程的"助力器"，政府创新政策的实施有助于改善企业科技创新的外部环境，激发企业的创新活力，有关财政税收等方面的政策则可以减轻企业科研负担。高校与科研机构集聚了大量的科研人才，是创新思想涌现的源头之一，企业通过与高校合作既可以加快科技产品的更新换代周期，又可以将科研成果应用于现实生产中，促进科研成果的转化。中介服务机构包括市场上的风险投资机构、信息服务机构、咨询服务机构等，这些机构通过专业的渠道可以帮助企业减少科技创新过程中信息收集、市场调查等的成本，降低企业科技创新风险的同时也提高了科技创新效率。市场在资源配置的过程中起着决定性作用，市场竞争是推动企业科技创新的动力，在一个充满竞争的市场环境和氛围中，企业通过科技创新可以缩短产品更新周期、提高产品综合性能，进而占据更多的市场份额。在一个完全没有竞争的市场环境中，企业缺乏竞争对手和市场压力，自然也不会进行创新。

企业内外部环境的变化是相互影响的，它们之间的各种要素不断进行着信息、技术、资金等的交流，其中任何一个因素的变化都会影响到企业科技创新体系整体功效的发挥。除此之外，企业科技创新体系建立后并非一成不变的，而是随着内外部环境的变化而在不断变化，是一个动态的体系。因此，企业必须要根据内外部环境的变化随时调整科技创新体系，增强科技创新体系的时效性。

在科技创新引领发展的时代，企业必须将科技创新作为内部的核心战略，提升企业自主创新能力，引领各部门落实科技战略规划、规范科技创新管理工作。华为作为我国土生土长的民族品牌，从创立初期到如今作为实力雄厚的科技型企业，非常重要的因素便是科技创新的驱动。从文化创新、体制创新和人才创新对华为的科技创新体系进行分析，可以更全面地了解企业科技创新体系的重要性。①文化创新。在初创时期，华为为了抓住机遇和有效利用资源，形成了独具特色的"狼性文化"；在华为初具企业精神后，1997年在任正非的带领下出台了《华为公司基本法》，使企业文化制度化；至今，华为已经形成了以客户为中心、以奋斗者为本、长期坚持艰苦奋斗、坚持自我批判的创新文化。②制度创新。华为初期在制度上主要学习西方先进企业的管理流程和体制，形成了中央平台的管控体系，《华为公司基本法》的制定也使企业制度明确化和制度化。随着华为规模的不断扩大和海外市场的推进，华为耗费巨资学习西方先进企业的管理经验和模式，并在此基础上形成了适合华为发展的管理制度。③人才创新。作为一个科技型企业，人才对于华为的长期发展起着至关重要的作用，华为不仅在人才招聘上有着一套严格的程度，在人才激励上也有着完善的制度。华为为了激发员工的创新能力，在企业内部实行岗位轮换制度，积极培养员工的奋斗精神，并且专门成立了荣誉部以奖励员工的创新行为。

2.3　科技创新与区域经济的机理分析

在科技引领发展的时代，科技创新既是促进区域经济发展的主要方式，也是激发区域内各种经济主体活力的动力。党的十八大以来，科技创新作为提高社会生产能力和综合国力的战略支撑，一直摆放在国家战略核心的位置，国家和区域未来的发展主要依靠于科技创新，科技创新与区域经济之间的联系越来越紧密，明确区域经济与科技创新之间的机理，是明确科技创新对于区域经济发展影响的第一步。

2.3.1 PSR 框架概述

PSR（Pressure-State-Response）是压力—状态—反映的简称，最初是加拿大统计学家 Rapport 和 Friend 在 1979 年所提出的，其主要研究的是在人类活动下环境的演进和变化问题。20 世纪八九十年代，经济合作与发展组织（OECD）和联合国环境规划署（UNEP）为了对世界环境状态做出评价而提出了其概念模型。PSR 框架主要包括压力、状态和反映三个部分，压力（Pressure）是指人类在活动过程中所引起的外部环境的变化，这里的外部环境不仅包括资源环境，还包括自然环境、社会环境以及生态环境等。状态（State）指由于压力使外部环境发生变化，导致外部环境形成了一种新的状态或趋势，这种状态或趋势可以通过相关的政府机构等反映给人类社会，促使人类对于当前状态做出反应。反映（Response）则指由于人类具有强大的主观能动性，可以根据外部环境新的变化趋势而产生新的活动来应对这种状态，即人类会采取一定的措施来改变目前的状态，进而重新产生压力（见图 2-8）。

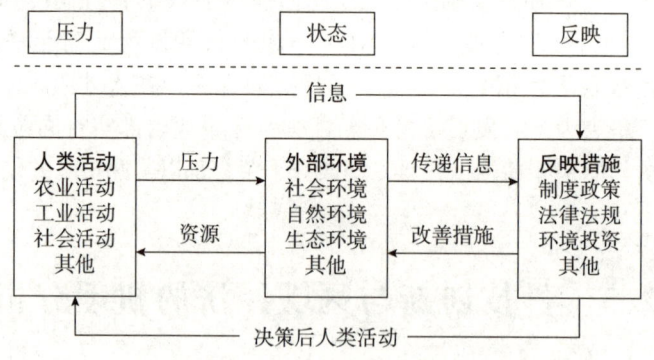

图 2-8　PSR（压力—状态—反映）框架

PSR 模型利用"压力—状态—反映"的思维逻辑，体现了人类活动与外部环境之间的相互作用关系。人类具有主观能动性和实践的能力，可以根据自身的活动从外部环境中获取其生存和发展的各种资源，与此同时，人类活动经过生产、制造、消费等环节向外部环境排放废弃资源，从而改变了自然资源储备和外部环境状态。然而，外部环境的状态对于人类的经济活动和福利又会产生反作用，这些状态可以通过各种形式反映给社会，进而社会通过经济政策、环境政策、立法手段或者意识的变化对这些变化做出相应的反应。PSR 模型系统地回答了"发生什么""为什么发生"以及"如何应对这些变化"的基本问题，有助于我们更清楚地理解人类活动与外部环境之间的关系。

PSR 框架虽然最初主要应用于生态环境领域，但是根据不同的情况可以对 PSR 框架进行细节调整来反映其他外部环境领域的情况。如联合国可持续发展委员会（UNCSD）采用驱动力—状态—响应（Driving Force-State-Response，DFSR）框架来反映社会、经济和制度领域的驱动力指标，并且解释了对可持续发展的正面和负面影响；欧洲环境局（EEA）使用的驱动力—压力—状态—影响—响应（Driving Force-Pressure-State-Impacts-Response，DPSIR）框架将环境状态和变化区分，更准确地描述了系统的复杂性和相互之间的因果关系。

PSR 框架中的指标主要包括三个部分的内容：第一，压力指标，包括人类在进行活动时对于外部环境的积极行为和消极行为，指明了人类活动对于外部环境所施加的压力，回答了"发生了什么"的问题。第二，状态指标，描述了外部环境在经过人类活动压力后所形成的状态，回答了"为什么发生，发生了什么变化"的问题。第三，反映指标，这一指标表明了人类对于外部环境问题的反应，描述人类在变化的外部环境下所采取的措施和办法，系统地回答了"人类如何应对以及如何做"的问题。压力指标反映的是为什么，即原因的问题，状态指标反映的是"是什么"，即结果问题，反映指标反映的是社会响应，PSR 框架指标总体而言体现了"原因—结果—社会响应"的逻辑体系，可以更好地反映人类活动与外部环境之间的逻辑关系。

在选取 PSR 框架指标在进行设计时有以下四个特点：第一，逻辑体系清晰，便于理解。PSR 的指标是按照压力、状态和反映进行选取的，可以充分反映几个层次之间的逻辑关系，而且人类活动对于外部环境的压力、外部环境压力下的状态以及人类对于环境变化所做出的反应之间形成了一个循环结构，有利于社会公众和政策制定者理解这几个层次之间的关系。第二，指标体系全面具体。PSR 指标的选取既包括了具有主观能动性的人类,又包括处于自然中的各种外部环境,同时还包含多种规制人类活动的制度、政策、法规等约束,而且各个环节之间相互关联。第三,指标体系有效地将自然科学与社会科学之间相互结合。PSR框架中的压力和状态指标属于自然科学的范畴,反映指标是人类改善外部环境状态的措施,应当属于社会科学的范围,然而反映指标中各种政策和法规等的具体内容又属于自然科学的范畴。由此可见,PSR框架的指标有机地将自然科学与社会科学相结合,有效地反映了自然与社会之间的关系。第四,结构简单方便。PSR模型的大结构只包括压力、状态和反映三个部分,结构简单方便,可以根据不同的现实状态增加或者删减其中的指标,使用简单快捷。

2.3.2 PSR框架下科技创新与区域经济的关系

区域科技创新系统是由科技创新系统和区域经济发展系统相互组合而形成的,同时也是人类在一定区域内的一系列科技创新活动,因此,区域科技创新的对象既包含区域内的科技创新,又包含区域的经济发展,是两者在区域内相互协调和配合而形成的。从区域科技创新的内容结构来看,区域科技创新的PSR分析框架是整个区域的经济发展系统为"状态"进行分析,以人类的科技创新活动为"压力"来分析人类活动对于区域内环境的压力情况,以社会的各种政策、制度、意识等对区域内压力和状态做出反应,将整个PSR分析框架的指标划分为了人类科技活动压力指标、区域创新环境指标以及社会反映指标三大类,结构如图2-9所示。

在区域科技创新的PSR分析框架中,由于区域内主体的各种创新活动(政府活动、高效活动、科研机构活动、企业活动、中介机构活动)需要区域内各种资源环境的支持,由此对区域创新环境产生了一定的需求,即"压力"。区域主体的创新活动对区域内经济、人文、自然、政策以及创新氛围都会产生影响,影响后的区域环境与之前相比便会产生或大或小的变化,这种变化便是外部环境受到人类活动影响而形成的"状态"。当这种"状态"经过各种方式反馈到区域社会系统中,社会公众或者政府便会根据变化情况制定一系列的政策措施,从而保证区域科技创新活动的有效进行。

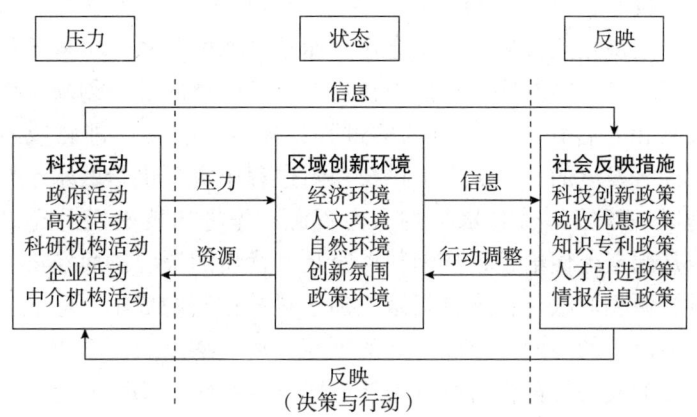

图 2-9　区域科技创新系统的 PSR 分析框架

在区域科技创新的 PSR 分析框架中,"压力"指标反映了区域内各种主体的创新活动对区域科技创新的影响,主要表现为创新活动所带来的生态环境问题、人力财力的匮乏、科技创新政策的阻碍以及创新氛围的不浓厚等阻碍科技创新进程的一些"压力",回答了"科技创新活动做了什么"的问题。这些"压力"指标通过不同的形式作用于区域创新环境,也对社会反映措施产生影响,并通过循环而作用于下一阶段区域主体的创新活动。

"状态"指标反映了区域科技创新在某段时间内的结构和状态,是在"压力"指标作用下而产生一定形态的变化,同时也是"反映"指标在进行措施调整所要达到的最终状态,回答了"发生了什么变化"的问题。科技创新活动的开展势必会对区域环境造成一定影响,这种影响主要表现为区域内经济、人文、自然、氛围以及创新环境的变化,区域科技创新最终的目的也是促进区域内经济的健康发展、人文环境的良好发展、自然环境的生态发展等。

"反映"指标反映了人们对于科技创新活动所造成的状态而采取的减轻或预防,以及对于"状态"所采取的方法、措施或手段,回答了"应该怎么做"的问题。"反映"是对"状态"的响应,也是对于科技创新活动的指导,更是促进科技创新活动与区域环境协调发展、共同进步的重要枢纽环节。

科技创新与区域经济发展

区域科技创新体系是科技创新体系和区域经济发展系统相结合的体系，两者之间是相互影响、相互合作、相互协调的关系。①科技创新的发展依赖于区域经济的发展。科技创新的发展是区域内各种创新主体之间利用各种要素相互合作、相互协调的过程，根本目的是促进区域经济的发展；区域经济发展的水平决定了科技创新过程中资源供给的水平，经济水平高的地区一般聚集着高水平的人力资源、先进的技术以及充足的资金等，可以从起点上便给予科技创新以充足、优质的资源，而经济水平低的地区各种资源相对缺乏，这也间接增加了科技创新的成本。除此之外，区域经济发展水平的不同会形成不同的创新环境，浓厚的创新氛围、政策的支持、金融的支持等都会对科技创新造成直接影响。②区域经济的发展依赖于科技创新。第一，区域经济增长依赖于科技创新。区域经济增长的基本要素是劳动力、资本和技术进步，其中，技术进步的发展依赖于科技创新，高校和科研机构的科技创新成果经企业和中介机构转化为现实生产力，从而促进区域经济的发展。第二，区域产业结构的优化依赖于科技创新。创新是新生产要素代替旧生产要素的过程，科技创新是对区域内生产条件、生产方式、生产组织等生产要素的重新组合，进而推动产业结构的调整升级，同样地，区域内产业结构优化的程度和方式取决于科技创新的程度和方式。第三，区域经济发展的质量和速度依赖于科技创新。科技创新带来的技术变化和生产方式的变化对于区域经济发展具有直接的影响，现如今我国进入中国特色社会主义新时代，经济发展由规模速度型向高质量效率型发展，也得益于我国对于科技创新的大力支持。

因此，PSR 分析框架下区域科技创新系统除了包括科技创新体系和区域经济系统这两个内容（见图 2-10），也要充分考虑科技创新体系与区域经济系统之间相互依赖、相互促进的联系。科技创新体系包含知识创新、科技研发以及科技成果应用三个部分，在科技创新活动的过程中，每一个环节都会对区域经济系统产生或大或小的影响，而这种影响便是 PSR 系统中的"压力"。当这些压力作用于经济、人文、自然、社会子系统时，便会对其产生影响并形成某种阻碍科技创新发展的消极"状态"。这些信息会通过各种形式反映到相关环境和机构，从而利用各种手段和方法以应对这种变化或状态，恢复科技创新进程。此时，人们根据"反映"的措施和手段重新进行科技创新活动，由此便形成了区域科技创新的"压力—状态—反映"系统。

第 2 章 科技创新与区域经济

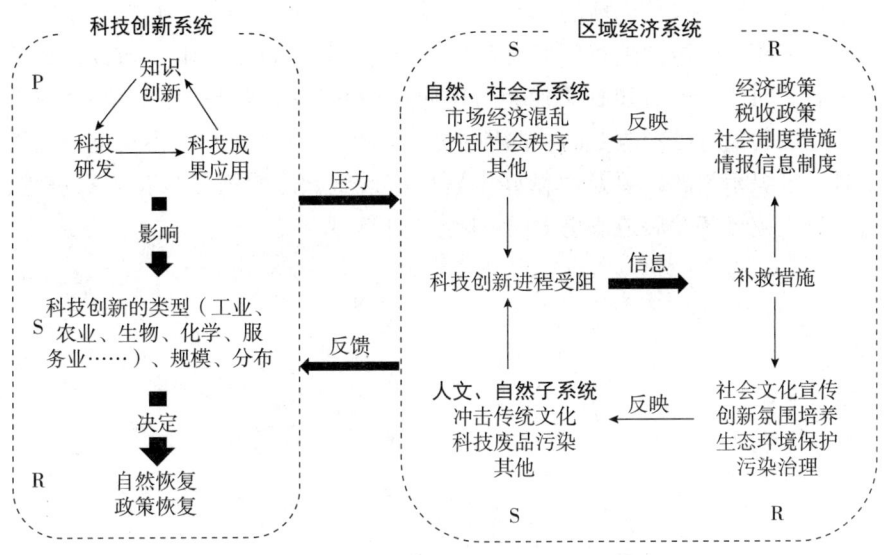

图 2-10 区域科技创新系统的 PSR 系统

科技创新系统的整个过程包括知识创新、科技研发以及科技成果应用三部分，在这个阶段，人们科技活动的类型、规模及其分布都会对区域内环境产生影响。人们进行科技创新活动主要通过以下方式影响区域内环境：

（1）对于人文、自然子系统的压力影响。生物、化学等产业在进行科技创新时会产生大量的化学类垃圾，这种垃圾不仅污染空气环境，还会对土地造成不可恢复的伤害，进而影响人类生活用水，这些污染在某种程度上只能依靠自然本身进行恢复。高新技术的发展给人类生活带来了很大的便利，但是也增加了人们对于一些电子产品的依赖性，而且电子产品所产生的辐射也会严重影响青少年的身体健康发展。

（2）对于社会经济子系统的压力影响。区域科技创新离不开区域内各种经济主体的活动，有些主体在活动时会违背社会发展制度和经济制度政策进行不正当的竞争，有些企业甚至会利用各种方法偷税漏税，这些行为违背了市场经济的规则，扰乱了市场秩序，不利于区域内经济的健康发展。当这些压力反映到区域各个子系统后所形成的状态严重影响了科技创新的进程，这时便需要社会和政府制定一些措施进行补救，其中，政府作为政策、制度的制定者和监督者发挥着重要的作用。

总之，区域科技创新的发展进程不可能是顺畅无阻的，必然会影响区域内甚至邻近区域的生态环境或者社会经济环境，进而影响区域经济的健康发展。因此，政府和有关社会机构应该做好科技创新的事前预测工作，而不是被动地对已经改变的外部环境进行治理，当"状态"不可避免地发生时，组织相关部门要及时做好事后反应措施，尽快恢复科技创新进程，避免对区域经济发展造成更大的影响。

第 3 章

科技创新要素与区域经济增长的关系研究

"十二五"规划提出要加快多层次资本市场体系建设，健全土地、资本、劳动力、技术、信息等要素市场，党的十八大强调要通过创新驱动发展战略来加快完善社会主义市场经济体制和转变经济发展方式，党的十八届三中全会提出建立要素自由流动、平等交换的现代市场体系，这表明我国社会主义市场经济发展的重点已经由商品市场建设转移到要素市场建设。科学合理地建立科技创新要素市场体系，可以对科技创新要素进行孵化、集聚与优化配置，充分发挥科技创新要素对经济增长的促进作用。

江苏常州位居长江之南、太湖之滨，处于长三角中心地带，与上海、南京两大都市等距相望，与苏州、无锡联袂成片，属于苏锡常经济圈，是近代民族工商业的发祥地之一，且在 20 世纪 80 年代初成为全国著名的工业城市。2017 年，常州市地区生产总值（GDP）达到了 6618.42 亿元，较 2016 年增长了 742.57 亿元，占江苏省 GDP 的 7.7%，其中第三产业增加值达到了 3362.7 亿元，占 GDP 比重达到了 50.8%，2015 年常州经济结构已经实现了由"二三一"向"三二一"的新格局转变。

近年来，常州科技投入力度不断加大，科技创新能力提升，科技产出成果显著。2016 年，完成专利申请 43860 件，其中发明专利 15349 件；专利授权 17790 件，其中发明专利授权 2865 件；万人发明专利拥有量 24 件。2016 年，新增高新技术企业 105 家，累计 1231 家；新增产学研合作项目 1066 项。大力引进科技人才，年末全市拥有高技能人才 26.7 万人，每万劳动者中高技能人才 949 人。

2016 年，平台建设提质加速，新增省级以上企业研发机构 56 家，累计建成"两站三中心"1249个,其中省级以上631个;新增孵化器、加速器15家,累计123家;新增孵化、加速面积超50万平方米,累计达850多万平方米;培育科技企业6300多家。积极推进江苏省智能装备产业技术创新中心及4家省产业研究院预备研究所建设,其中2家正式挂牌;完成30家市级重大公共研发机构的建设和提升。

全面推进示范区建设,编制完成示范区空间规划,"一核两区多园"的常州苏南国家自主创新示范区建设框架基本完成,并且获批建设江苏省西太湖高新区、江苏省中关村高新区,加快"中国以色列常州创新园"建设步伐,"常州国家科技领军人才创新驱动中心"效果显著,科教城省科技服务示范区特色鲜明,武进高新区及江南石墨烯研究所被列为科技部科技服务业区域和行业试点。总体来说,常州市经济发展状况整体良好,经济发展综合水平有所提高,经济社会呈现平稳健康发展的态势,科技创新发展步伐不断加快,创新能力显著提高,实现了"十三五"良好开局。

3.1 常州科技创新要素发展现状分析

3.1.1 资金要素的发展现状

古语有云:"兵马未动,粮草先行。"资金是进行创新活动的前提条件,也是创新活动持续开展的重要支撑。先进的设备、高端的人才、前沿的技术都需要资金去引进,没有充足的资金,创新活动是很难开展下去的。

(1) R&D经费支出不断扩大。R&D经费支出是衡量一个地区对科技研发的重视程度、地区的经济发展水平以及地区综合实力的重要指标。就国际上创新活动的经验来说,虽然不是所有成功的创新都有大量的R&D经费投入,但绝大部分都有大量的R&D经费投入。常州市要建设科技型城市、创新型城市,R&D经费支出必须要保持一个稳步的提升,这样才能确保创新活动持续进行。由图3-1可看出,常州市大中型工业企业的R&D经费支出总体上都呈现出逐年增长的趋势,2016年大中型工业企业的R&D经费支出达到了102.5亿元,年均增长率达到19.5%。

第3章 科技创新要素与区域经济增长的关系研究

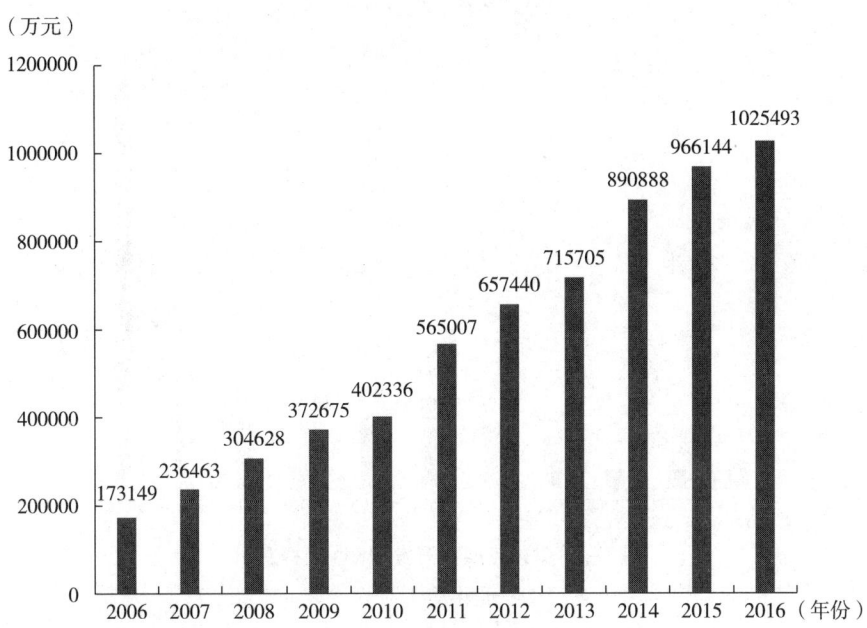

图 3-1 常州市大中型工业企业 R&D 经费支出

资料来源：《常州统计年鉴》（2007~2017 年）。

如图 3-2 所示，2006~2016 年常州市 R&D 经费支出呈现波动性变化趋势，2016 年科研开发 R&D 经费支出达到了 10.6 亿元，较 2015 年增加了 8.4 亿元，增幅较大，表明常州市加大了对科研投入力度，深入实施创新驱动发展战略。

（2）政府的资金支持不断增强。一个地区创新水平的提升，离不开当地政府在政策、资金等方面的大力支持，政府科技拨款就通常被用来表征政府对当地创新发展的资金支持。由图 3-3 可以看出，2006~2016 年，常州财政科技拨款数逐年增加，由 2006 年的 3.96 亿元增长到 2016 年的 28.9 亿元，增长了 7.3 倍，2010 年开始进入快速增长阶段，2013 年增加的绝对数额有所回落。其中，2012 年的政府科技拨款数额增幅最大，2013~2015 年政府科技拨款处于缓慢增长状态。如图 3-1 所示，常州政府科技拨款数额占地方财政支出比重呈现先下降后上升的变化趋势，2009~2013 年呈逐年递增发展趋势，2013~2015 年增幅略有下降，变化区间保持在 2.5%~3%。这说明政府正不断加大对科技的投入，以提升整座城市的创新水平。

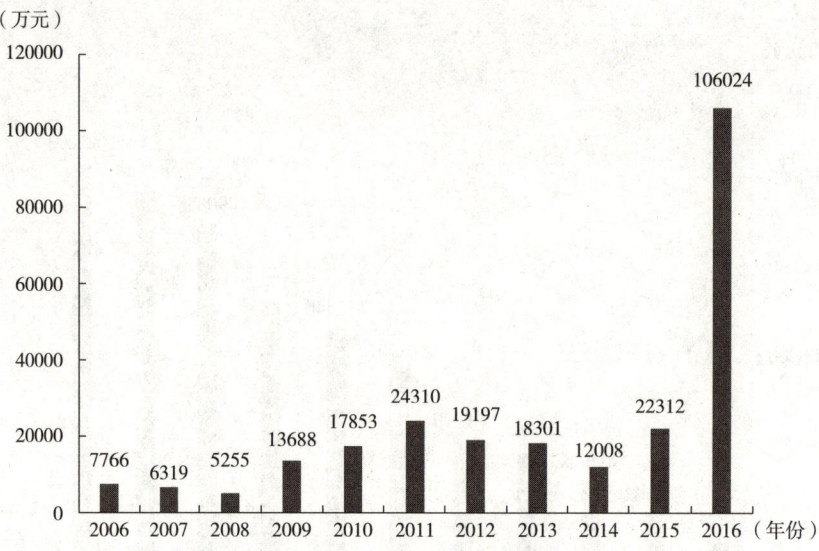

图 3-2 常州市科研开发 R&D 经费支出

资料来源：《常州统计年鉴》（2007~2017 年）。

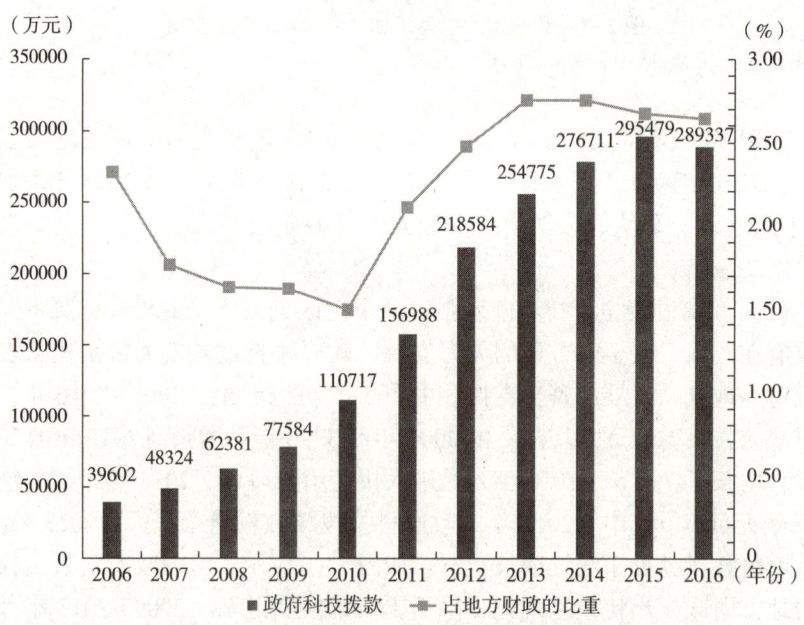

图 3-3 2006~2016 年常州政府科技拨款状况

资料来源：《常州统计年鉴》（2007~2017 年）。

2016年，常州市区科技拨款数额达到了25.5亿元，较2015年稍有下降，溧阳市政府科技拨款达到3.4亿元，较2015年增长了4017万元，政府拨款数额不断增加。2006~2015年常州各区科技拨款数额都呈现大幅增长，市区、溧阳和金坛的年均增长率分别为24.74%、35%、29.4%，其中，市区占全市政府拨款总额最大，增幅较稳定；溧阳市的增长速度最快，远高于全市平均水平，2013年增长幅度最大，但由于其在全市所占比重较小，溧阳市的增长并不能影响全市增长率的稳定性；金坛市科技拨款占全市比重略低于溧阳市，增长稍有不稳定，有两年为负增长（见表3-1）。

表3-1 2006~2016年常州分区政府科技拨款　　　　单位：万元

年份	政府科技拨款		
	市区	溧阳	金坛
2006	36275	2026	1301
2007	43763	2314	2247
2008	56232	3290	2859
2009	71417	3671	2496
2010	98579	6699	5439
2011	137994	10130	8864
2012	196429	15108	7047
2013	219208	24659	10908
2014	237514	27125	12072
2015	265292	30187	13236
2016	255133	34204	—

资料来源：《常州统计年鉴》（2007~2017年）。

3.1.2 人力资本要素的发展现状

人才是开展创新活动的根本，是最宝贵的财富。大量创新型人才的参与对创新的成功有着至关重要的作用。

(1) 科研开发从业人员投入状况。科技活动人员是技术创新活动中最关键、最活跃的因素。如图3-4所示，2006~2011年科研人员从业人数呈现逐年增加的发展趋势，2011年达到了3741人，2011年以后科研人员从业人数呈逐年递减趋势，2016年仅有1592人，说明科研人员数存在流失现象。其中，2006~2016年R&D活动人员占科技活动人员比重逐年增加，但增长缓慢。

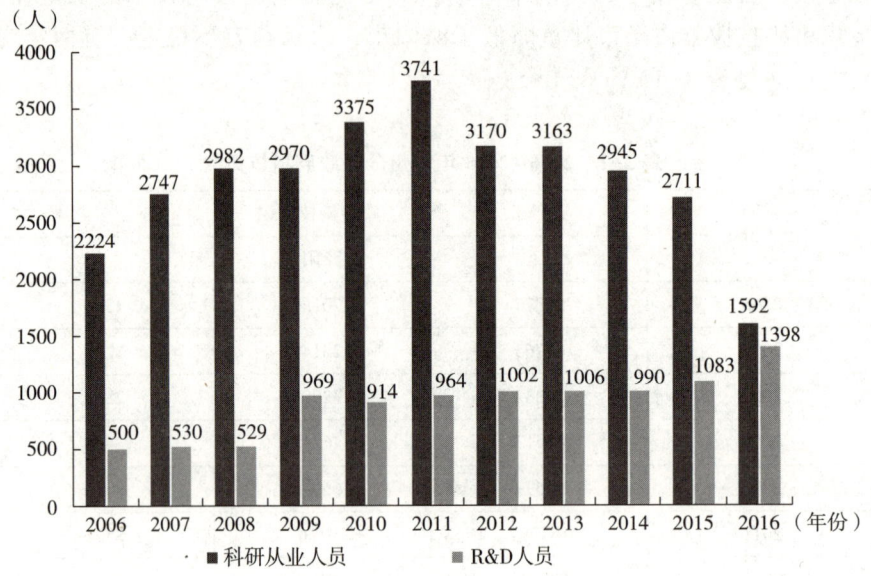

图3-4　2006~2016年常州科研开发从业人员状况

资料来源：《常州统计年鉴》（2007~2017年）。

（2）规模以上工业R&D人员数逐渐增加。R&D人员的投入数量可以反映出一个地区人力资本的富裕程度以及总体水平，一定程度上它也是一个地区发达程度的衡量指标。从图3-5可以看出，2006~2014年常州市大中型工业企业R&D人员呈现出逐年增长，2014年之后稍有下降，变动幅度较小。

3.1.3　技术要素的发展现状

技术是创新的灵魂。技术创新能力是一个城市综合能力的重要考量指

第3章 科技创新要素与区域经济增长的关系研究

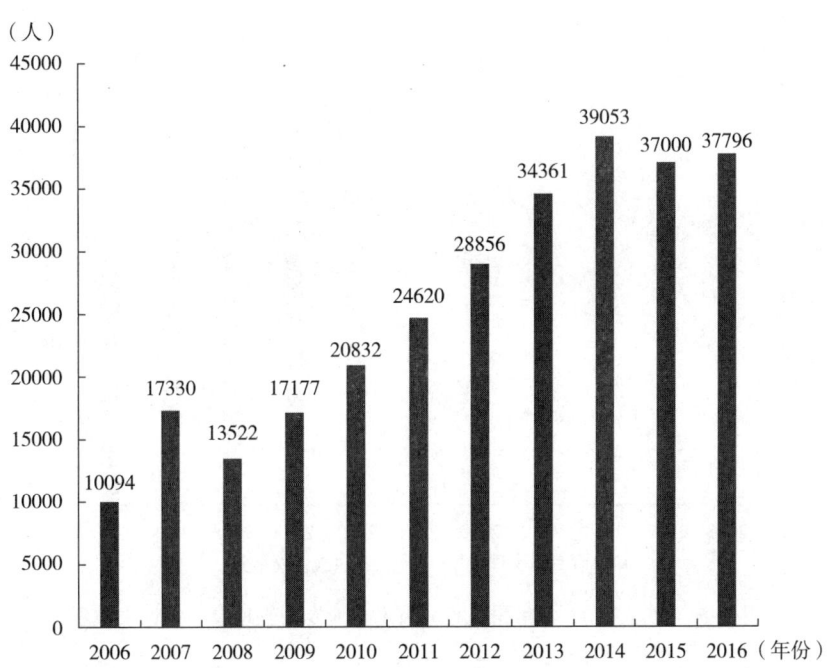

图 3-5 2006~2016 年常州市大中型工业企业 R&D 人员数状况

资料来源：《常州统计年鉴》（2007~2017 年）。

标，对一个城市工业化发展进程、资源、能源利用效率以及城市可持续发展都有着极为重要的意义。通常以技术研发能力、科研成果转化能力、产业化能力来衡量一个地区的技术发展水平。

（1）技术研发能力不断增强，科研成果不断涌现。2016 年，常州市高新技术企业专利申请量达 43860 项，较 2015 年的专利申请量 38559 项有较大增长，高新技术企业专利授权量达 17790 项，发表科技论文 296 篇，经费收入总额 663545 万元，同比增长 97%。由图 3-6 可以看出，2006~2016 年常州市的申请专利受理量总体呈现逐步上升的趋势。尤其是 2008~2013 年，申请专利受理量增加了 15671 项，平均每年增长高达 1.24 倍，科技论文数量方面，2007 年和 2011 年增长幅度较大，分别较上年增加 74 篇、69 篇，增长率分别为 98.6%、53.9%，虽然存在上下波动的现象，但是整体上还是呈上升趋势的。

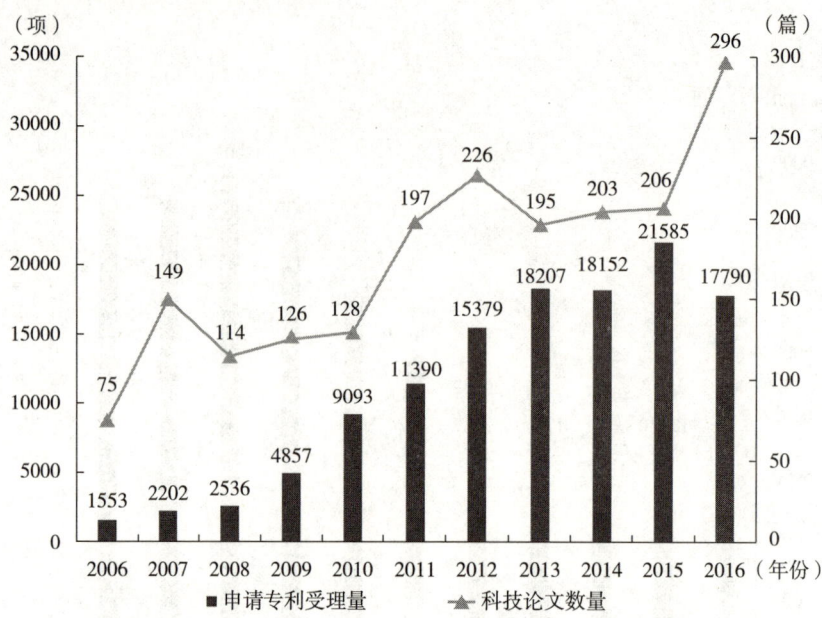

图 3-6 2006~2016 年常州市高新技术企业专利受理及科技论文数量

资料来源：《常州统计年鉴》（2007~2017 年）。

（2）科研成果转化能力逐渐提升。2006~2016 年，常州市技术市场合同成交金额增长幅度较大，由 2006 年的 8159 万元增长至 2016 年的 471258 万元，其中，2006~2010 年技术市场合同成交额增长幅度较小，2010 年之后，技术市场合同成交金额呈现逐年递增，2013 年达到了 464100 万元，2013 年之后呈小幅下降趋势，但随后又稳步上升（见图 3-7）。

（3）产业化能力不断增强。2006~2016 年，常州大中型企业的新产品产值呈逐年上升的发展趋势。2016 年，常州市大中型企业中有 2807 个新产品开发项目，出口新产品 4531495 件，新产品总计销售收入约 2018 亿元，较 2015 年增加 148 亿元（见图 3-8）。

2016 年，市区有开发新产品项目 2496 个，出口新产品 4454064 件，新产品销售收入总计 1848.84 亿元。总体来看，武进区的各项指标均相对较高，尤其是有 R&D 活动的企业数为 170 个，占全市有 R&D 活动的企业数的 42.08%；有科研机构企业数 185 个，占全市的 40.75%；新产品出口数额 224.37 亿元（见图 3-9），占全市新产品出口数额的 49.51%，这 3 个指标明显远远高于其余各区，这说明在大型工业企业研发活动方面，武进

第3章 科技创新要素与区域经济增长的关系研究

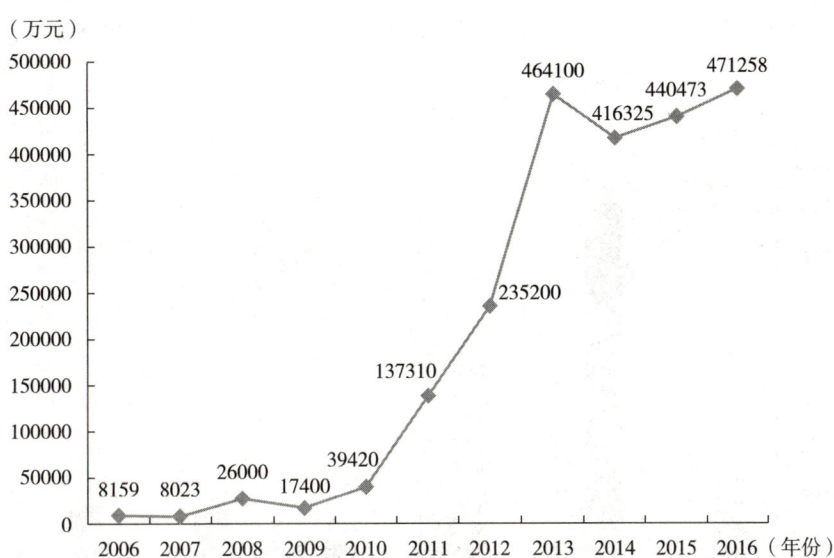

图3-7 2006~2016年常州技术市场合同成交额

资料来源:《常州统计年鉴》(2007~2017年)。

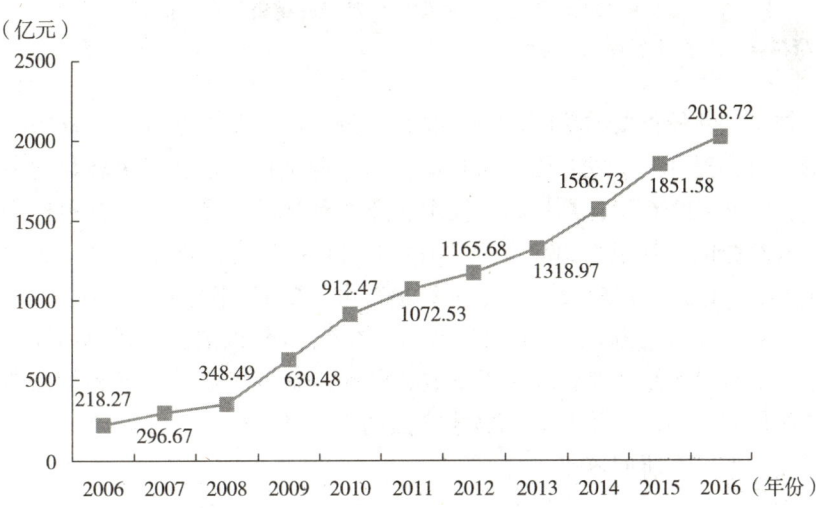

图3-8 2006~2016年大中型企业新产品产值

资料来源:《常州统计年鉴》(2007~2017年)。

区的科技产出成果方面要远远好于其余各区，走在常州前列，其次是新北区，其余地区在大型工业企业研发活动方面的科技产出成果水平势均力敌，差距不大，有待进一步提高。

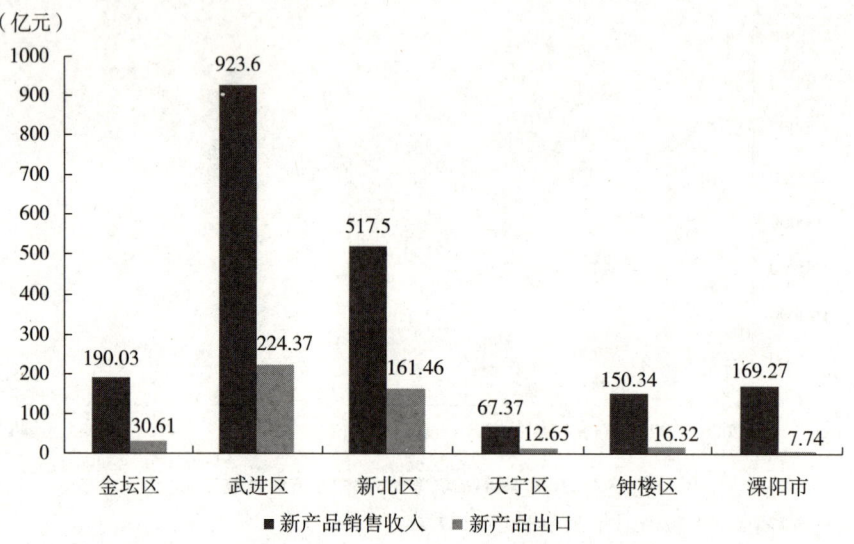

图 3-9　2016 年分区大中型企业新产品销售及出口情况

资料来源：《常州统计年鉴》（2017 年）。

技术创新最重要的功能应该是要在促进产能提升的基础上带动整个行业的发展，提升产业发展层次。高新技术企业是科技创新成果转化的关键主体，2006~2016 年，常州高新技术企业的新技术产品产值状况整体上是呈上升趋势的，其中，2007 年和 2014 年的新技术产品产值最高，分别达到 1057.35 亿元、1553.26 亿元，较 2006 年、2013 年分别增长 403.04 亿元、388.17 亿元。从图 3-10 可以看出，在 2010 年以前，常州市高新技术企业的新技术产品产值状况是上下波动的，2008 年的新技术产品产值最低为 505 亿元，2010 年之后，新技术产品的产值基本稳步上升，2015 年新技术产品产值又有所回落。

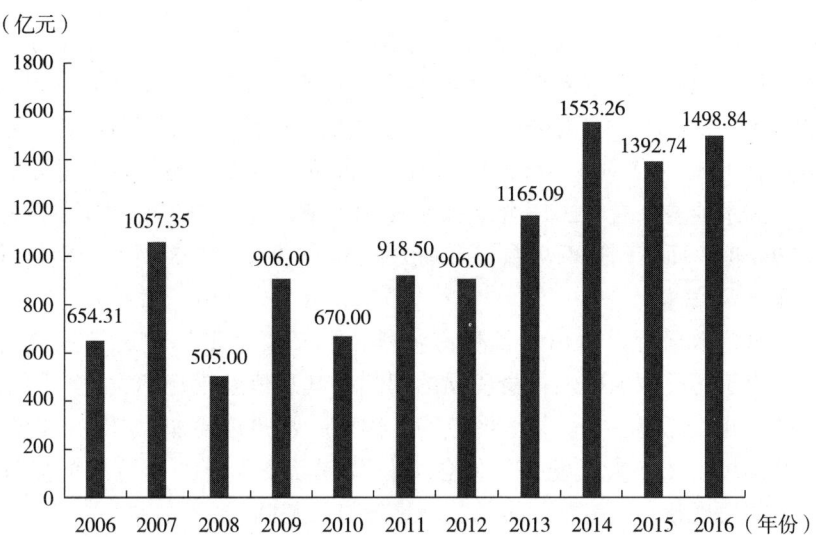

图 3-10　2006~2016 年常州市高新技术企业总产值

资料来源：《常州统计年鉴》（2007~2017 年）。

3.2　常州科技创新要素发展存在的问题

从科技创新要素发展现状的分析中可以看出，常州市科技创新要素虽然已经得到了迅速的发展，但同时也存在一些不容忽视的问题。

3.2.1　创新要素投入相对较小，与周边城市差距较大

科技创新要素的基础投入是比较重要的，其规模不仅代表着一个地区现在的创新水平，也影响着一个地区未来的创新水平。常州市主要科技创新要素在考察期内均经历了迅速的发展，各项指标都有了显著的提升，但与周边城市（比如同在苏锡常经济圈的苏州和无锡）比起来，其规模还是比较小的。

首先，从资金要素来看，2016 年常州市规模以上工业企业研发活动经

费内部支出 151.75 亿元，苏州 R&D 经费支出 361.5 亿元，是常州的 2.4 倍；大中型工业企业科技活动经费支出 102.55 亿元，仅是苏州市的 1/4。其次，从人力资本要素来看，2016 年常州市规模以上工业企业研发活动人员数达到了 60301 人，大中型工业企业 R&D 人员数也达到了 37793 人；苏州分别有 155163 人和 113112 人，可见，科技人员投入还有较大差距。最后，从技术要素来看，2016 年常州市专利申请量为 43860 项，专利授权量为 17790 项，而苏州这两项数据分别为 106700 项和 53528 项，分别是常州的 2.43 倍和 3 倍。

从这些数据可以看出，常州市各科技创新要素虽然经历了较快的发展，但由于历史原因以及自身发展的缺陷，其总体规模还不大，与同在长三角的苏州、无锡存在着较大的差距。因此，常州市要加大对科技创新要素的基础投入，扩大其规模，使各类科技创新要素有一个更好的发展环境，竞相发展壮大，为常州市的创新事业打好基础。

3.2.2 创新要素流动受限，利用效率较低

科技创新要素有一定的规模纵然是有益的，但如果不能使其自由流动、得到充分利用，造成要素闲置、资源浪费，那也是不科学的。在经济新常态下，必须充分利用资源以实现效益最大化。

常州市不仅在科技创新要素的总体规模上与周边城市存在较大的差距，科技创新要素的利用效率也比较低。比如，2016 年常州规模以上工业企业新产品销售收入为 2486.57 亿元，占产品销售收入比重的 17.6%，而无锡达到了 19.04%；工业企业新产品产值与新产品开发经费支出之比为 11.53%，南京则达到 12.65%；大中型工业企业有效发明专利数与大中型工业企业 R&D 人员数之比为 0.13（件/人），苏州则为 0.14；发明专利数与专利申请数之比为 28.39%，小于苏州的 41.44%。

这些数据都表明，常州市目前科技创新要素的利用效率较低，造成了科技创新要素资源的浪费。常州市科技创新要素发展起步较晚，再加上作为中型城市自身资源的短缺，导致科技创新要素发展的各类基础设施都不完备，要素的流动、分享机制不健全，并最终导致科技创新要素不能得到充分利用。所以只有克服各种障碍，提升科技创新要素的利用效率，常州市的科技创新之路才能越走越平坦。

3.2.3 科技资源分配不协调，创新要素发展不均衡

科技创新要素的发展应当是相互联系、相互促进式的均衡发展，这样所有科技创新要素才能协调、整合，从而提升创新能力。

本书通过考察常州市主要科技创新要素的发展情况，发现常州主要科技创新要素的发展并不均衡。首先，资金要素中，政府科技拨款、R&D 经费支出、大中型工业企业 R&D 经费支出、高新技术企业 R&D 经费支出的年均增长速度分别为 31.5%、14.8%、24.3%、19.3%；技术要素中，专利申请量、专利授权量、大中型工业企业新产品产值的年均增长速度分别为 35%、28.1%、23%；而在人力资本要素中，R&D 人员数、大中型工业企业 R&D 人员数、在校大学生人数的年均增长速度分别为 10%、16.6%、15.1%。从这些数据可以看出，常州市各科技创新要素之间的发展是不均衡的，其中，资金要素、技术要素的发展速度明显要快于人力资本要素。这与常州市的实际情况是相符的。首先，常州市地处苏南地区，在吸引外资方面能力出众，并且当地民营性质的中小企业众多，在吸引外资的同时也能依靠当地民营资本的积累。其次，常州市虽然地处教育水平很高、有良好人力资源基础的长三角地区，但受限于城市自身的发展情况，大量人才涌入了大城市，如上海、南京、苏州、杭州，这让常州市的人才引进显得比较困难。与此同时，各科技创新要素内部的发展也不均衡。比如资金要素方面，政府科技拨款的年均增长速度高达 31.5%，而 R&D 经费支出的年均增长速度只有 14.8%；技术要素方面，专利申请量的年均增长速度达到 35%，而大中型工业企业 R&D 项目数年均增长率仅为 17.0%。

上述情况都说明，常州市各科技创新要素之间以及科技创新要素内部的发展出现了失衡现象，而这种失衡的存在会抑制常州市创新事业的整体发展，所以常州市创新能力要提升，就必须令各要素之间以及要素内部实现均衡发展。

3.2.4 中介机构发展缓慢，组织能力低下

作为一种独特的科研中介机构，各级各类科技企业孵化器能够促进科

技创新要素集聚、科技成果转化以及科技型企业成长，对推动区域技术创新和提高企业竞争力有着重要的影响。中介机构的缺位，可能导致的一个重大问题就是科技创新要素之间的信息不对称。因此，各地区也十分重视对科技企业孵化器的建设，常州市孵化器个数至2016年已达123个，其中省级以上孵化器占到将近一半，在孵企业的总收入也达到1428962万元，从业人员数达到56509人。但这还是满足不了不断发展壮大的科技型企业的需求，只有不断建设完善科技企业孵化器，才能让科技创新要素不断集聚，得到优化配置，从而为整个城市科技创新水平的提升带来帮助。

3.2.5　创新要素发展程序需改进，各项制度需不断完善

完善的制度是维持一切活动健康有序运行的保证。常州市虽然出台了一些促进科技创新要素发展的政策，但是在实际施行过程中，还是产生了一些问题。资金要素方面，如政府拨款的分配、银行信贷的申请等都存在问题，尤其是一些中小企业，既得不到财政补贴，申请银行信贷又比较困难，另外还存在拨款迟缓等问题；人力资本要素方面，人才的引进机制与培养机制都不健全；技术要素方面，专利申请、授权以及高新技术产品认证的程序都需要不断改进。另外，各要素之间的联系与信息分享机制也需进一步完善。常州市必须要对科技创新要素的发展进行仔细透彻的考量，从而制定出更加完备的政策制度，为常州市创新实力的增强提供制度保障。

3.2.6　创新要素发展重视程度不高，且缺乏科学认知

常州市科技创新要素的发展虽然已取得了一些成绩，但在一些问题的认识与理解上还有待提高。

首先，科技创新要素发展的重要性没有受到足够的重视。虽然科技是第一生产力，创新是进步的源泉，但这并不能得到所有人的认同。有些人认为创新的成本太高、投资回收期太长、风险太大，并不知道创新成功后所带来的生产力是巨大的，对经济增长的推动作用是房地产这些传统行业远不能及的。因此，一些传统类型的企业尤其是中小企业，获得营利后，首先考虑的还是扩大生产规模，招收更多工人，并不会考虑拿出一些经费

去进行科技研究与开发。他们认为创新是一种无形的东西,可有可无,生产更多的有形产品才是最重要的。

其次,对科技创新要素发展的科学性缺乏认知。很多人认为科技创新要素发展就是简单的各类要素的机械增长,却不知道科技创新要素之间以及科技创新要素内部存在着紧密的联系,需要将它们有机结合,协同发展。因此,在没有掌握科技创新要素发展规律、各类机制不健全的情形下将科技创新要素的发展带向死胡同。

思想是行动的主导,如果不能纠正对科技创新要素发展的一些错误认识,提高对其的重视程度,那么常州市创新型城市的建设注定会是曲折和漫长的。根据以上的分析,可以看出常州市科技创新要素的发展存在着众多的问题,如果不处理好这些问题,那么常州市科技创新要素的发展将会受到严重的制约,也会阻碍常州市经济的发展。所以,要加快常州市科技创新要素市场培育与发展体系的建立,早日将常州建设成为发达的创新型城市。

3.3 科技创新要素与经济增长的关系研究

科技创新要素是开展创新活动的基础,即创新的实质就是对各种科技创新要素的合理配置与使用。充足的资金是开展创新活动的重要保障,先进的科研设备、优秀的人才都需要靠大量的资金去引进;人才是创新得以完成的根本保障,是获取竞争优势的最宝贵的战略资源,所以人力资本要素在众多的科技创新要素中处于绝对的主导地位;先进的技术是实现创新发展的核心要素,是推动创新活动开展的引擎。因此,本书主要选取了资金要素、人力资本要素以及技术要素为代表来研究常州市科技创新要素的发展情况。

科技创新要素作为创新活动的基础,其投入量不仅对一个地区创新能力有着重要的影响,而且也决定着该地区经济增长水平的高低。科技创新要素一旦进入市场,并通过集聚与扩散后,为当地企业的发展带来了更高的生产率,也带动了创新型产业的发展,从而促进了地区的产业转型,为地区的经济发展带来了新的活力。高丽娜、蒋伏心(2011)和万勇(2014)

的研究表明，科技创新要素的空间集聚与扩散对经济增长具有促进作用。

探讨主要科技创新要素与经济增长之间的作用关系以及作用程度，可以更好地、有针对性地发展科技创新要素市场。因此，对常州市主要科技创新要素的经济增长效应进行分析，以期为常州市科技创新要素的发展、科技创新要素市场培育与发展体系的建立提出有针对性的政策建议。

3.3.1 科技创新要素与经济增长的关系模型构建

为了探讨常州市主要科技创新要素对经济增长的影响，本书借鉴 Griliches S. (1979) 的思路，认为资金、人力资本、技术等要素对地区的产业经济增长有着重要的作用，构建以下模型进行实证分析：

$$\ln Y_t = \theta + \alpha \ln K_t + \beta \ln L_t + \gamma \ln T_t + \mu_t \qquad (3-1)$$

在模型（3-1）中，t 为年份；Y 为经济增长，这里以人均 GDP 来衡量，它是反映地区经济增长的基本变量；K 为资金要素，这里以政府科技拨款来衡量；L 为人力资本要素，以 R&D 人员数来衡量；T 为技术要素，这里以高新技术产业新产品产值与总产值之比来衡量。α、β、γ 分别为资金要素、人力资本要素以及技术要素的参数，表示各科技创新要素对地区经济增长的贡献程度，μ 为误差项，反映未知因素或干扰项对经济增长的影响，θ 为模型的截距。

研究过程中相关的指标数据来源于《常州统计年鉴》（2007~2017年），其中人均 GDP、R&D 经费支出均转化为以 2006 年为基期的不变价来计算，以消除物价消费水平变动所带来的影响。

3.3.2 科技创新要素与经济增长的关系分析

首先，对 3 个变量进行单位根检验，发现所有变量均为 I (0)，所以所有指标为平稳序列。其次，对其进行协整检验，发现被解释变量（人均 GDP）与解释变量（政府科技拨款、R&D 人员数、新技术产品产值占比）之间存在协整关系，可以进行计量回归。最后，进行 F 协方差检验和 Hausman 检验，结果显示应建立固定效应模型进行实证分析。通过建立固定效应模型对常州市主要科技创新要素与经济增长的关系进行实证分析，如表 3-2 所示。

第3章 科技创新要素与区域经济增长的关系研究

表 3-2 常州市主要科技创新要素的经济增长效应

变量	常数项	lnK	lnL	lnT
模型1	5.65*** (55.83)	0.46*** (49.31)		
模型2	5.48*** (41.40)	0.42*** (15.51)	0.11* (1.87)	
模型3	6.67*** (10.61)	0.44*** (16.33)	0.10* (1.90)	0.14* (1.94)

注：①*、**、*** 分别表示在10%、5%、1%水平上通过显著性检验，括号内为 t 值。②模型1、模型2、模型3三个模型的不同之处在于解释变量，其中模型1仅包含资金科技创新要素，模型2增加了人力资本科技创新要素，模型3进一步增加了科技创新要素。

(1) 常州市主要科技创新要素的经济增长效应分析。

第一，从表3-2可看出，模型1中，当只有资金要素一个解释变量时，统计结果显著，弹性为0.46，表明当资金要素每增加1%，人均GDP就增长0.46%，显示出资金要素对经济增长有着巨大的贡献，这也与我国经济发展的普遍特征相似。

第二，模型2中，当加入一个变量人力资本要素后，结果显示，资金要素同样对经济增长有着显著的促进作用，弹性高达0.42；人力资本要素也对经济增长有着促进作用，弹性为0.11。随着政府和企业对研发的重视，在人力资本上的投入不断增加，人才引进逐步强化。人才可以爆发出较强的生产力，促进了当地经济增长，为强化走内生经济增长之路奠定了坚实的基础。

第三，模型3显示，当再次加入变量技术要素后，实证结果表明，技术要素和资金要素、人力资本要素一样，也对常州市经济增长有正向驱动作用，弹性系数为0.14，表明在其他两个要素不变的前提下，每增加1%的技术要素，会导致经济产生0.14%的增长。当考虑三个科技创新要素时，资金要素有最高的弹性0.44，远高于技术要素的0.14以及人力资本要素的0.10。

综合分析实证结果，常州市经济增长有如下特征：

1) 资金要素对经济增长作用显著。实证结果表明，在三个模型中，资金要素对常州市经济增长的驱动力都是最强的。模型1中，资金要素的弹性达到0.46，表明控制其他变量不变，资金要素每增加1%，则会带来0.46%的经济增长；模型2中，资金要素的弹性为0.42，高于人力资本要素的弹性；模型3中，资金要素的弹性为0.44，同样高于人力资本要素和技术要素的弹性。并且在三个模型中，资金要素的显著性水平最高，都是在1%水平下显著，其他两个要素均在10%水平下显著。这与常州市的产业结构有关，常州是一座新兴的制造业城市，而制造业对资金有着较高的要求，当资金投入增加时，制造业水平不断提升，并产生巨大的经济增长效应。

2）人力资本要素与技术要素对经济增长存在正向驱动作用。从模型2、模型3中可看出，技术要素与人力资本要素对常州市经济增长有着正向驱动作用，但是驱动作用比较弱，而且不太显著。模型2中，人力资本要素对经济增长的弹性为0.11，远低于资金要素的0.42；模型3中，技术要素对经济增长的弹性为0.14，高于人力资本要素的0.10，但低于资金要素的0.44，说明目前技术要素与人力资本要素对常州经济增长的贡献要比资金要素小，它们与经济增长之间正经历一段"磨合时期"，即技术要素与人力资本要素的投入并不能立刻让经济得到显著的提升，它们对经济增长的影响需要借助一些中间环节来实现，在时间维度上，存在一定的滞后效应。即便如此，也绝对不能忽视其对经济增长的作用，随着技术、人才的不断引进，当地科研能力、高等教育水平的提高，技术要素和人力资本要素对常州市经济增长的贡献定会越来越大。

（2）常州各地区科技创新要素经济增长效应的横向比较分析。在对常州市2006~2016年主要科技创新要素的经济增长效应进行分析之后，本书还希望对当前常州各地区主要科技创新要素的经济增长效应进行对比分析，从而可以横向了解常州市科技创新要素发展的情况。2015年，常州市行政区划上做出了部分调整，常州市现下辖溧阳一个县级市和武进、新北、天宁、钟楼、金坛五个行政区。但由于统计年鉴上数据统计的原因，以及便于资料的收集，这里仍将金坛作为一个县级市，而不包含在市区内。因此，这里将市区、溧阳和金坛作为比较对象，对其在2006~2016年的发展情况进行对比分析，实证结果如表3-3所示。

第3章 科技创新要素与区域经济增长的关系研究

表3-3 常州各地区主要科技创新要素的经济增长效应

变量		常数项	lnK	lnL	lnT
市区	模型1	6.21*** (40.21)	0.43*** (29.38)		
	模型2	5.80*** (21.81)	0.34*** (6.51)	0.23* (1.84)	
	模型3	5.72*** (18.31)	0.34*** (6.19)	0.23** (1.81)	0.06 (0.50)
溧阳市	模型1	6.36*** (22.55)	0.51*** (14.22)		
	模型2	6.25*** (25.78)	0.38*** (3.63)	0.21 (1.35)	
	模型3	5.53*** (17.26)	0.39*** (3.35)	0.22 (1.31)	0.13 (0.25)
金坛市	模型1	6.79*** (28.87)	0.49*** (15.48)		
	模型2	6.85*** (23.73)	0.47*** (8.70)	0.03 (0.40)	
	模型3	6.86*** (22.57)	0.47*** (8.27)	0.03 (0.42)	0.07 (0.27)

注：①*、**、*** 分别表示在10%、5%、1%水平上通过显著性检验，括号内为t值。②模型1、模型2、模型3三个模型的不同之处在于解释变量，其中模型1仅包含资金科技创新要素，模型2增加了人力资本科技创新要素，模型3进一步增加了科技创新要素。

从表3-3可以看出：

1) 从市区来看，模型1中，资金要素对经济增长有正向驱动作用，弹性为0.43；模型2中，资金要素和人力资本要素对经济增长有正向驱动作用，弹性分别为0.34、0.23，其中人力资本要素的弹性在10%水平下显著；模型3中，资金要素、人力资本要素以及技术要素对经济增长的弹性都为正，且资金要素的弹性要大于其他两个要素的弹性，技术要素对经济增长的作用并不显著。

2) 以溧阳市为研究对象时，模型 1 中，资金要素对经济增长有着显著的正向驱动作用，弹性为 0.51；模型 2 中，资金要素和人力资本要素对经济增长的弹性系数都为正，弹性分别为 0.38、0.21，表明它们都促进了经济的增长，但人力资本要素的促进作用并不显著；模型 3 中，三个要素都存在正经济增长效应，但只有资金要素的效应显著，另两个要素的效应并不显著。结合溧阳市的实际情况，溧阳市政府科技拨款增长较快，尤其是最近两年，2012 年比 2011 年增长了 49.1%，2013 年增速更是达到 63.2%；但新产品产值与总产值之比并不高，2013 年仅为 40%；同样，大中型工业企业 R&D 人员数增长也较缓慢，2013 年增速仅为 17.0%。

3) 在对金坛区的研究中，可以看出三个模型的资金要素都对经济增长有着显著的正向驱动作用，人力资本要素和技术要素对经济增长也有着促进作用，但作用程度极低，且不显著。结合金坛区的发展实际，金坛市的政府科技拨款增长也较快，2013 年增长了将近 54.8%；新产品产值与总产值之比处于一个下降的趋势，最近三年的降速达到 5.5%；大中型工业企业 R&D 人员数总量较少，到 2016 年也仅有 2214 人。金坛区需要不断加强各科技创新要素的发展，增强其对地区经济增长的贡献程度。

综合以上分析，可以得出如下结论：

第一，常州市三个地区资金要素都对经济增长有着显著的正向驱动作用，并且其作用程度要高于其他两个要素，这与以全市为研究对象时的结果相同。资金要素由于对经济增长的作用较直接，因此见效较快，而人力资本要素和技术要素因为要适应各地区的环境，因此要经过一段过程之后，对经济增长的作用才开始显现出来。

第二，三个地区中，市区科技创新要素的综合发展较好。相比其他两个地区，市区的资金要素和人力资本要素都对经济增长有着显著的促进作用。虽然市区资金要素对经济增长的效应不如溧阳市和金坛市，但这也更说明了市区科技创新要素发展得相对全面，而溧阳市和金坛区科技创新要素的发展就显得单一了。市区人力资本要素对经济增长的作用较显著，主要是因为市区的人才引进机制更健全、对人才的待遇更高、对人才的职业发展更有帮助。所以溧阳市和金坛区也要不断完善人才培育与发展机制，扩大人力资本要素对经济增长的促进作用。

从上述分析可以看出，常州市主要科技创新要素对经济增长有着一定的促进作用，但作用并不显著，尤其是人力资本要素和技术要素，为了探讨其形成原因，就需要对常州市主要科技创新要素的发展现状进行深入的分析。

第 4 章

科技投入产出对区域经济发展质量的影响研究

科技与经济发展质量是互为条件、互相促进的。科技对经济的巨大作用在工业革命中就已经有突出的表现，在目前全球的信息产业浪潮中，科技对经济发展质量的巨大作用更是表现得非常明显。科学技术渗透到生产力各要素中，提高了劳动者素质和劳动效率，改进了生产工具，进而促使社会劳动生产率得到全面提升，由此生产了更好的产品和服务，并最终提高了人们的生活水平，促进了经济增长质量发展；科技的进步，带来了大量的新技术新方法，在解决限制经济发展，影响经济增长质量的重要因素——新能源开发与能源利用问题上发挥着重大的作用；科技的发展，带来了更多的环境治理方法和环境保护措施，在改善环境状况这一经济增长质量的重要方面也发挥着巨大作用。同时，在经济发展的前提下，经济能够对科技发展产生巨大的支持力量，从而带来科技的飞速发展。随着经济的发展，科技对经济的巨大推动力越来越得到人们的重视，无论是发达国家还是发展中国家都纷纷开始加大科技投入力度。而科技的发展必须要有强有力的经济实力作为后盾。随着科研工作社会化水平的提高，科研工作者的劳动价值也得到了社会的充分肯定，研究用的试验设备得到更新，科研成果转化为生产力得到更充足的资金保障。

4.1 科技投入产出水平的测算

21 世纪以来，科技在促进国家经济发展中越来越发挥着第一生产力的作用。然而，当前人们对科技活动关注的焦点主要集中在科技投入的数量或者科技发展的成就上，而对科技投入产出的质量和效率，对科技资源的优化配置却未给予应有的重视。科技投入对一国经济实力的增长固然重要，但科技实力的提升只有以效率的提高为前提才能具有竞争力和可持续性。因此，对科学技术的问题的理解并不在于单方面的衡量科技的投入或产出，其核心问题在于科技的投入产出效率。

在对各种评价方法对比分析的基础上，进行方法的选优和模型的改进，从而得出能更好地进行科技投入产出效率评价的模型，而一个好的模型对理论研究和指导实践所带来的意义将是毋庸置疑的。本章主要分析的是科技投入产出效益，而科技投入带来的科技产出效益主要通过科技创新体现，所以本章主要从科技创新效率、科技创新能力两方面来分析科技投入产出情况，通过对目前区域科技创新效率和能力进行评价、对区域经济发展质量进行考查，来揭示科技投入与经济发展质量提升之间存在的问题。寻找这些问题的源头是优化科技投入结构的关键所在，也是区域经济、社会与环境可持续发展的关键问题。

4.1.1 科技投入产出评价体系设计

（1）科技创新效率评价体系设计。数据包络分析方法（Data Envelopment Analysis，DEA）由 Charnes、Coopor 和 Rhodes 于 1978 年提出，该方法的原理主要是通过保持决策单元的输入或者输出不变，借助于数学规划和统计数据确定相对有效的生产前沿面，将各个决策单元投影到 DEA 的生产前沿面上，并通过比较决策单元偏离 DEA 前沿面的程度来评价它们的相对有效性。

DEA 方法是以相对效率概念为基础，以凸分析和线形规划为工具的一种评价方法，应用数学规划模型计算比较决策单元之间的相对效率，对评价对象做出评价，它能充分考虑对于决策单元本身最优的投入产出方案，因而能够更理想地反映评价对象自身的信息和特点；适用于多输出—多输入的有效性综合评价问题，在处理多输出—多输入的有效性评价方面具有绝对优势。

最常用的模型是 Charnes、Cooper 和 Rhodes 在 1978 年提出的 CCR（规模报酬不变）模型和 Banker、Charnes、Cooper 在 1984 提出的 BCC（可变

规模报酬）模型，这二者的结合可以获得评价单元的纯技术效率和规模效率。具体如下：

CCR 模型：假设有 n 个决策单元，每个区县有 m 种类型的输入和 s 种类型的输出。

$$\begin{matrix} x_{11} & x_{12} & \cdots & x_{1j} & \cdots & x_{1n} \\ x_{21} & x_{22} & \cdots & x_{2j} & \cdots & x_{2n} \\ x_{31} & x_{32} & \cdots & x_{3j} & \cdots & x_{3n} \\ x_{m1} & x_{m2} & \cdots & x_{3j} & \cdots & x_{mn} \end{matrix} \quad 输入矩阵 \quad (4-1)$$

$$\begin{matrix} y_{11} & y_{12} & \cdots & y_{1j} & \cdots & y_{1n} \\ y_{21} & y_{22} & \cdots & y_{2j} & \cdots & y_{2n} \\ y_{31} & y_{32} & \cdots & y_{3j} & \cdots & y_{3n} \\ y_{m1} & y_{m2} & \cdots & y_{3j} & \cdots & y_{mn} \end{matrix} \quad 输出矩阵 \quad (4-2)$$

x_{ij}——第 j 个决策单元对第 i 种类型输入的投入总量，$x_{ij}>0$；

y_{ij}——第 j 个决策单元对第 r 种类型输出的产出总量，$y_{ij}>0$；

v_i——对第 i 种类型输入的一种度量，权系数 s。

$$h_j = \frac{u^T y_j}{v^T x_j} = \frac{\sum_{r=1}^{n} u_r y_{rj}}{\sum_{i=1}^{m} v_i x_{ij}}, \quad j = 1, 2, \cdots, t \quad (4-3)$$

如以第 j_0 个决策单元的效率指数为目标，以所有决策单元的效率指数为约束，就构造了如下的 CCR 模型：

$$\begin{cases} \max h_\rho = \dfrac{\sum_{r=1}^{n} u_r y_{rj0}}{\sum_{i=1}^{m} v_i x_{ij0}} \\ s.t. \quad \dfrac{\sum_{r=1}^{n} u_r y_{rj}}{\sum_{i=1}^{m} v_i x_{ij}} \leq 1, \ j = 1, 2, \cdots, n \\ u \geq 0, \ v \geq 0 \end{cases} \quad (4-4)$$

BCC 模型：1984 年，Banker、Charnes 和 Cooper 为生产可能集合建立

第4章 科技投入产出对区域经济发展质量的影响研究

凸性性质、无效率性质、射线无限制性质和最小外插性质等四项公理，引进了Shepherd距离函数的概念，将技术效率分解（TE）为纯技术效率（PTE）和规模效率（SE），即TE=PTE×SE。通过增加对权重λ的约束条件，建立如下的规模报酬可变模型：

$$\begin{cases} \min\theta \\ \sum_{j=1}^{n} \lambda_j x_{ij} \leqslant \theta x_{i0}, \ i = 1, 2, \cdots, m \\ \sum_{j=1}^{n} \lambda_j x_{ij} \leqslant y_{r0}, \ i = 1, 2, \cdots, p \\ \sum_{j=1}^{n} \lambda_j = 1 \\ \lambda_j \geqslant 0, \ j = 1, 2, \cdots, n \end{cases} \quad (4-5)$$

目标函数求得的是纯技术效率，根据SE=TE/PTE求出规模效率SE，PTE是测度当规模报酬可变时，与生产前沿面的距离。SE是测度当规模报酬可变时，生产前沿面与规模报酬不变时的生产前沿面的距离。需注意的是，利用上述模型来评价决策单元j_0是不是有效，是相对于其他所有决策单元而言的。

作为科技创新效率的评价指标，应该能反映出从科技投入到科技产出这一科技活动过程，科技创新投入应该是人力及财力等科技资源的投入，科技创新产出应该能体现出创新性等。此外，评价指标的概念要明确，含义要清晰，要尽可能地避免或减少主观判断，指标体系不能遗漏科技创新的重要方面，同时避免过多地出现信息包含和重叠现象，最后还要考虑到指标的可获得性，选取R&D人员、R&D经费内部支出两项数据作为投入指标以及申请专利受理量、技术合同成交总额、科技论文数量三项数据产出指标。

（2）科技创新能力评价体系设计。在区域创新能力评价的研究中，我国学者（及机构）提出了多种针对省、自治区和直辖市的区域创新能力评价指标体系。相较而言，对中国区域创新能力进行持续深入分析。自2001年起逐年发表《中国区域创新能力报告》（中国科技发展战略研究小组），在我国得到了广泛认可。它们建立了由知识创造能力、知识获取能力、企业创新能力、创新环境以及创新绩效五个板块和五级指标构成的区域技术创新能力指标框架。该套指标体系针对性、实用性与可操作性强，为不少研究者所借鉴。

然而，目前国内尚未建立起统一的用于指导分析区域创新体系的框架,且现存区域创新指标框架主要用来衡量省级经济状况,对分析市(县)一级较小区域而言,由于所用指标体系相对宽泛,致使评价能力比较有限;加之对较小区域的数据相对缺乏,使在比较各地区创新能力时难以全面地反映发展状况与问题,从而限制了经济发展政策的制定和指导效果。

本书按照 Liverman(1988)聚类分析指标选取的八大原则:"随着时间变化的敏感性、随着空间变化的敏感性、预见性、有效的参照值、测量的可控性、适合数据的变换、数据的综合性,数据收集和使用相对简便",同时又基于《中国区域创新能力报告(2005~2006)》的创新能力指标体系,以区域创新能力评价的"省级基础数据及其来源"为起点、以是否适合市级层面科技创新能力评价为标准对省级数据指标进行取舍,选取了8个较具代表性的指标对科技创新能力进行评价:人均 GDP(元)(X_1)、R&D 支出占 GDP 比重(%)(X_2)、政府科技拨款占财政支出比重(%)(X_3)、工业增加值(万元)(X_4)、科技人员中 R&D 人员占比(%)(X_5)、实际利用外资增幅比例(%)(X_6)、每10万人口专利授权数(件/个)(X_7)、人均国家教育财政支出(元)(X_8)。

4.1.2 科技投入产出水平测算分析

(1)常州市科技创新效率结果分析。DEA 模型具有投入导向和产出导向两种基本形式:投入导向模型力求在现有产出条件下使投入最小化,而产出导向模型则力求在现有投入条件下使产出最大化。针对区域创新系统的相关投入具有灵活可调整性的特征,本书拟采用投入导向型 DEA 模型,所用软件为 deap2.1,结果如表 4-1 所示。

表 4-1 2006~2015 年常州科技创新效率值

年份	综合技术效率	纯技术效率	规模效率	规模效益
2006	0.668	1.000	0.668	irs
2007	1.000	1.000	1.000	—
2008	0.993	1.000	0.993	irs
2009	1.000	1.000	1.000	—
2010	1.000	1.000	1.000	—

第4章 科技投入产出对区域经济发展质量的影响研究

续表

年份	综合技术效率	纯技术效率	规模效率	规模效益
2011	0.969	1.000	0.969	drs
2012	1.000	1.000	1.000	—
2013	0.964	0.981	0.983	irs
2014	1.000	1.000	1.000	—
2015	1.000	1.000	1.000	—

从表4-1的结果中可以看出2007年、2009年、2010年、2012年、2014年、2015年这六年满足综合技术效率有效。此外，除了2013年，其他年份满足纯技术效率有效。2007年、2009年、2010年、2012年、2014年、2015年这六年也满足规模效率有效。关于规模效益，"—"表示规模效益不变，"irs"表示规模效益递增，"drs"表示规模效益递减。2007年、2009年、2010年、2012年、2014年、2015年这六年规模效率为1，处于规模报酬不变状态，意味着在此投入下，科技产出已经达到最大规模点。只有2011年的规模效益递减，该年的很多科技投入存在着浪费或者管理不善等问题，应优化科技投入，提高利用效率。其余年份的规模报酬都处于规模报酬递增状态，增加科研投入，将会有更高比例的产出，同时，还要加大科技资源投入管理的力度，以期增加产出效率。

2006~2015年，常州市综合技术效率只有2006年较低，为0.668，其他年份都大于0.9，基本处于平稳状态。这十年来，常州的经济迅速增长，科技产出增加显著，但是科技创新效率只是基本保持不变，可见其产出的增长还是依靠投入的增加，常州的创新领域还存在很大问题。科技创新体制改革、产业结构升级还是未来常州亟待解决的问题。

(2) 常州市科技创新能力结果分析。主成分分析（PCA）最早由Karl Parson于1901年提出，主要是运用数学方法将各个变量的复杂关系进行简化的分析方法。由于本书选择的指标具有不同的量纲，所以选择基于相关系数矩阵的主成分分析，一般需要四个步骤：第一步明确研究问题；第二步利用SPSS软件进行分析；第三步依据主成分的提取原则：主成分所对应的特征值应大于1，以及累计贡献率达到85%以上选取主成分，利用各个主成分的贡献率作为权数计算综合得分；第四步结果分析。

运用 SPSS 19.0 软件，对常州市科技创新能力的各类指标进行主成分分析，得到如表 4-2 所示的结果。

表 4-2 常州科技创新能力分析结果

成分	初始特征值			提取平方和载入		
	合计	方差的 %	累积 %	合计	方差的 %	累积 %
U_1	5.244	65.545	65.545	5.244	65.545	65.545
U_2	1.295	16.193	81.738	1.295	16.193	81.738
U_3	0.999	12.486	94.224			
U_4	0.305	3.815	98.039			
U_5	0.137	1.711	99.750			
U_6	0.018	0.230	99.979			
U_7	0.002	0.019	99.999			
U_8	0.000	0.001	100.000			

根据表 4-2 可以发现，主成分 U_1 的特征值为 5.244，贡献率达 65.545%，主成分 U_2 的特征值为 1.295，贡献率达 16.193%，两个主成分累计贡献率达 81.738%，说明该主成分基本保留了原指标所具有的大部分信息。由主成分的基本原则可以用主成分 U_1 和 U_2 代替原来的 8 个指标（见表 4-3）。

表 4-3 特征值所对应的特征向量

指标	X_1	X_2	X_3	X_4	X_5	X_6	X_7	X_8
U_1	0.980	0.060	0.920	-0.427	0.777	-0.841	0.991	0.979
U_2	-0.162	0.942	-0.089	-0.160	0.522	0.270	-0.047	-0.16

为了更好地衡量常州市科技创新能力，我们用各个主成分的贡献率作为加权平均的系数，给出一个环境污染程度的综合得分：

$$U_1 = 0.980X_1 + 0.060X_2 + 0.920X_3 - 0.427X_4 + 0.777X_5 - 0.841X_6 + 0.991X_7 + 0.979X_8$$

第4章 科技投入产出对区域经济发展质量的影响研究

$U_2 = -0.162X_1 + 0.942X_2 - 0.089X_3 - 0.160X_4 + 0.522X_5 + 0.270X_6 - 0.047X_7 - 0.16X_8$

以各个主成分的贡献率作为权重来构造环境污染状况的综合得分 S_1：

$S_1 = 0.65545U_1 + 0.16193U_2$

接着,根据以上数据,计算得出2006~2015年常州市科技创新能力的综合得分如图4-1所示。

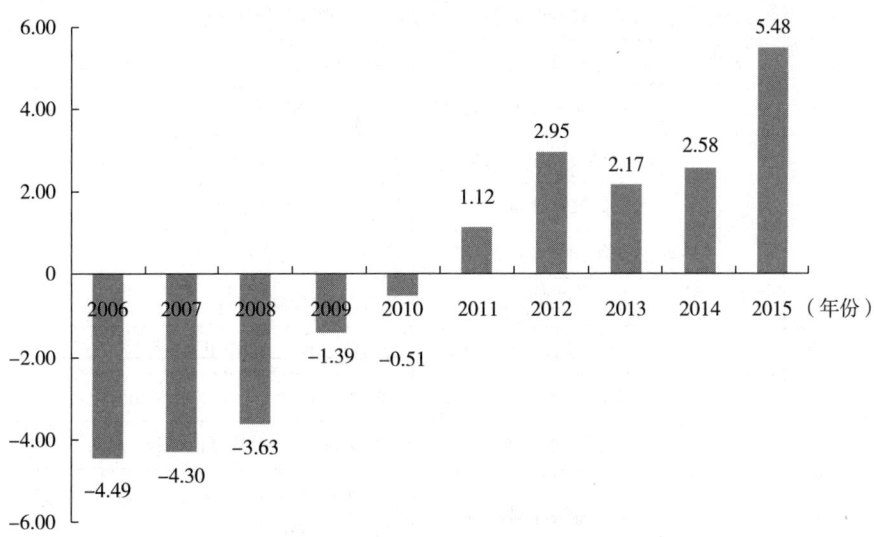

图4-1 2006~2015年常州科技创新能力综合得分柱状图

4.2 区域经济发展质量水平的测算及分析

4.2.1 常州经济发展质量评价指标体系设计

通过阅读大量经济发展质量和指标体系设立相关文献,尝试以经济发展质量本质含义为出发点,以测度常州经济发展质量为目的,结合常州实情,考虑经济发展效率、经济发展结构、经济发展可持续力、经济发展共享度四大影响因素，构建了包含19个科学的、合理的三级指标的常州经济发展质量综合评价指标体系（见表4-4）。

表4-4 常州经济发展指标体系

一级指标	二级指标	三级指标	计算方法
经济发展质量	经济发展效率	劳动生产率	地区GDP/全社会劳动者平均人数
		投资产出率	地区GDP/固定资产投资总额
		贷款产出率	地区GDP/银行贷款年平均余额
		财政收入增长率	(当年财政收入-上年)/上年
	经济发展结构	第一产业贡献率	第一产业增加值/地区GDP
		第二产业贡献率	第二产业增加值/地区GDP
		第三产业贡献率	第三产业增加值/地区GDP
		城镇化率	城市人口/全部人口
		进出口总额占GDP比重	进出口总额/地区GDP
	经济发展可持续力	单位产值能源消耗量	能源消耗总量（标准煤）/GDP
		建成区绿化覆盖率	建成区绿化面积/地区总面积
		工业废水排放量	指当年经过企业厂区所有排放口排到企业外部的工业废水量
		工业废气排放量	指当年经过企业厂区所有排放口排到企业外部的工业废气量
		一般工业固体废物产生量	不具有危险特性的工业固体废物
		污水处理率	经过处理的生活污水、工业废水量占污水排放总量的比重
	经济发展共享度	人均GDP	地区GDP/地区总人数
		城镇居民家庭恩格尔系数	城镇居民食品支出总额/城镇居民消费支出总额
		农村居民家庭恩格尔系数	农村居民食品支出总额/农村居民消费支出总额
		城乡居民收入比	城镇居民收入/农村居民收入

第4章　科技投入产出对区域经济发展质量的影响研究

经济发展效率是指经济发展过程中投入与产出关系，单位投入获得的产出越多，表明生产要素的使用效率和经济发展质量越高。根据投入产出关系，评价经济发展有效性的指标主要有劳动生产率、投资产出率、贷款产出率、财政收入增长率。劳动生产率越高，经济发展质量越高；反之，经济发展质量越低。将劳动生产率作为评价经济发展质量的重要指标，有利于加快经济发展方式由数量型向质量型转变，把经济发展转移到提高劳动者素质的轨道上来。投资产出率反映单位固定资产投资额所带来的 GDP，是全面评价投资使用效率的综合指标，可用来说明投资规模和经济发展之间的关系。投资产出率越高，经济发展质量越高；反之，经济发展质量越低。这一指标从固定资产投资效率角度出发反映经济发展质量，有利于提高固定资产投资的科技水平和优化投资结构。贷款产出率反映的是银行贷款所带来的产出程度，贷款产出率越高，贷款的使用效益越高，经济发展质量越高；反之，经济发展质量越低。将贷款产出率作为评价经济发展质量的指标之一，有利于提高有限资金的使用效益。财政收入增长率反映本期财政收入的增长速度，将不同年度的财政收入增长率进行对比，可看出各年财政收入规模的变化和增长水平的快慢。

经济发展结构包括产业结构、区域结构、贸易结构等的协调程度，它是经济发展质量的关键。在各类经济结构中，产业结构居于主导地位，其变化对经济发展起着重要作用，是经济发展质量的重要内容。城市化是工业化的必然趋势，它通过工业化的加速作用促进经济发展。提高城市化水平有利于优化城乡结构，促进经济持续增长和质量提高。经济发展结构可用第一产业贡献率、第二产业贡献率、第三产业贡献率、城镇化率以及进出口总额占 GDP 的比重来衡量。以城市化水平作为评价经济发展质量的指标之一，有利于优化城乡经济结构，促进国民经济良性循环和社会协调发展。

经济发展可持续力主要表现为资源、环境承载经济长期发展的能力。经济发展的持续性可用单位产值能源消耗量、建成区绿化覆盖率、工业废水排放量、污水处理率、工业废气排放量、一般工业固体废物产生量来衡量。用单位产值能源消耗量评价经济发展质量，有利于加强能源管理，提高能源的使用效率，加大对传统产业的技术改造，强制淘汰高耗低效产品，以缓解经济发展过程中能源供求矛盾。

经济发展共享度是指经济发展的结果即经济发展对于减少贫困、提高居民生活水平的作用，可用人均GDP、城镇居民家庭恩格尔系数、农村居民家庭恩格尔系数、城乡居民收入比等指标来衡量。以恩格尔系数评价经济发展质量，可使经济发展更多地关注居民生活质量。城乡居民收入比反映的是国民收入在城乡分配的均等化程度，即城镇居民和农村居民能否在GDP的增长中受到平等的待遇。城乡居民收入比差距越小，表明经济发展过程中城乡发展协调程度好；反之，表明城乡发展的协调程度差，经济发展质量欠佳。以城乡居民收入差距评价经济发展质量，能较客观、直观地反映和监测城乡居民之间的贫富差距，预报、预警和防止居民之间出现贫富两极分化。

4.2.2 常州经济发展质量指数衡量与分析

评价方法的选择应遵循科学性和客观性原则，因此本书选取熵值法对各个指标进行赋权，计算各个指标权重，进而测度经济发展质量指数，计算步骤如下（其中 j 代表基础指标，i 为年份，m 为指标总数，n 为总年数）。

第一，无量纲处理数据以后，计算第 j 个指标、第 i 个样本指标值的比重 p_{ij}，公式为：$p_{ij} = x_{ij} / \sum_{i=1}^{m} x_{ij}$。

第二，计算第 j 个指标的熵值，公式为：$e_j = -k \sum_{i=1}^{m} p_{ij} \ln p_{ij}$，其中 $k = 1/\ln m$。

第三，计算第 j 项指标的差异性系数 g_j，公式为：$g_j = 1 - e_j$。

第四，计算第 j 个指标的权重 w_j，公式为：$w_j = g_j / \sum_{j=1}^{m} g_j$。

第五，计算经济发展质量指数 v_i，公式为：$v_i = \sum_{j=1}^{n} w_j p_{ij}$。

熵值法测算出的各个三级指标的权重如表 4-5 所示。

第4章 科技投入产出对区域经济发展质量的影响研究

表4-5 常州经济发展质量评价指标权重表

指标	权重（%）	指标	权重（%）
劳动生产率	5.0	建成区绿化覆盖率	4.3
投资产出率	5.6	工业废水排放量	5.2
贷款产出率	5.2	污水处理率	4.9
财政收入增长率	6.5	工业废气排放量	5.4
第一产业贡献率	4.5	一般工业固体废物产生量	6.0
第二产业贡献率	5.0	人均GDP	5.1
第三产业贡献率	5.6	城镇居民家庭恩格尔系数	6.5
城镇化率	4.3	农村居民家庭恩格尔系数	5.6
进出口总额占GDP比重	4.7	城乡居民收入比	5.8
单位产值能源消耗量	4.8		

根据计算所得的三级经济指标权重测算出相联系的二级指标权重，分别为22.3%、24.1%、30.6%、23%。其中经济发展可持续力影响最大，表明其每个维度都对经济质量的发展起到重要作用，指标体系选取合理。接着，根据以上数据，计算得出常州经济发展质量指数，并绘制了常州2006~2015年这十年经济发展质量趋势变化图（见图4-2）。

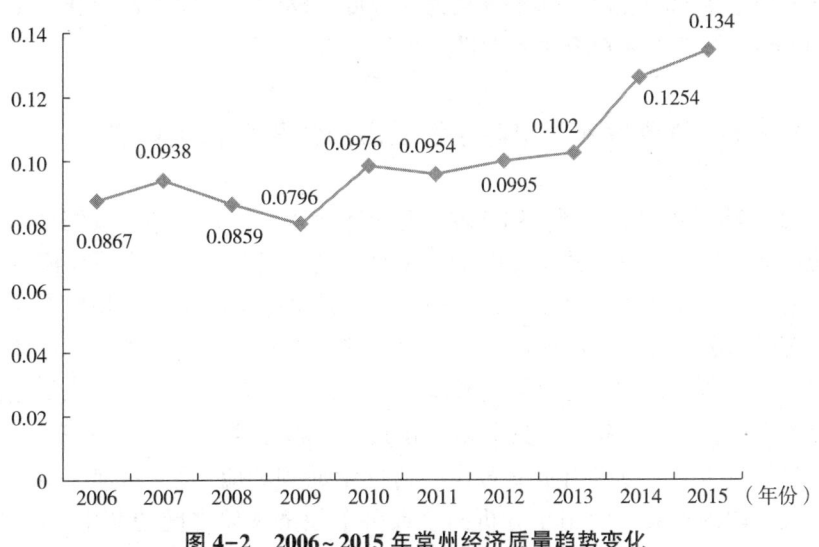

图4-2 2006~2015年常州经济质量趋势变化

结合图 4-2 和相关数据可以看出，常州市经济发展质量整体呈上升趋势。常州经济发展质量主要经历了两个阶段，2006~2009 年为第一阶段，这一阶段在外部，常州经济的发展受到了世界经济危机的影响，外向型经济发展水平较高的常州受到极大冲击，进出口总额下滑，同时这一时期经济稳定性较差，不仅 GDP 波动较大，通货膨胀率也较高，城市化进程较慢，人民生活质量改善速度缓慢，经济质量偏低；2009~2015 年为第二阶段，在此期间，常州面对新形势，秉承党的十八大、十九大精神，可持续发展观和时代要求，坚持经济转型，以科技创新为原动力，产业升级促进经济结构调整已趋于合理化。这一时期常州经济发展质量总体是不断提高的，并且有保持继续提升的趋势。

4.3 科技投入产出与经济发展质量的耦合关系分析

在对耦合度的研究中，吴大进认为耦合度模型对于系统内部序参量之间的协同作用可以进行比较完整的度量。所以本书将科技投入产出和经济协调发展产生的相互协同作用定义为耦合度，同时根据实际情况建立耦合协调度模型，并对其耦合关系做进一步的分析。

4.3.1 科技投入产出与经济发展质量耦合模型构建

（1）耦合度评价模型。耦合理论起源于物理学，是指两个或两个以上系统或运动形式通过各种相互作用而彼此影响的机制，在各子系统间的良性互动下，相互依赖、相互协调、相互促进的动态关联关系，现已在经济与管理学科领域有了广泛应用。美国学者维克首先开启了用耦合理论研究经济社会问题的先例，提出了松散耦合理论，用来解释学校组织成员之间相互联系却又彼此保持独立的关系。在我国，耦合理论在经济管理学中的应用最早见于吴大进等出版的著作《协同学原理和应用》。目前，耦合理论已经在国内外被广泛用于分析两个或多个经济现象之间的共生、互动、匹配与协同关系，从已有的大量文献来看，耦合理论主要运用于经济管理中的技术创新与技术管理、产业集群与产业链以及生态环境与区域经济等问题的研究。

近年来，国内学者开始基于耦合的视角开展经济发展与科技创新关系的研究。基于此，本书借鉴物理学中的容量耦合的概念和方法，建立科技投入产出与经济发展耦合系数模型进行分析，得到：

$$C = \left\{ \frac{f(x)g(y)}{[f(x)+g(y)]^2} \right\}^{\frac{1}{2}} \qquad (4-6)$$

其中，$f(x)$、$g(y)$ 分别为科技创新与区域经济发展水平的综合评价指数。

由耦合度模型可明显看出 $C \in [0, 1]$。耦合过程分为 4 个阶段（见表 4-6）。

表 4-6 耦合度阶段及耦合评定

耦合阶段	耦合度区间	耦合评定
1	0~0.3	较低水平耦合阶段
2	0.3~0.5	颉颃时期
3	0.5~0.8	快速发展阶段，良性耦合阶段
4	0.8~1.0	水平耦合阶段

（2）耦合协调度评价模型。耦合度模型能够说明科技创新和区域经济之间相互作用以及协同关系的强弱，却无法进一步说明它们之间的协调发展水平的高低，因此可以进一步使用耦合协调度模型，以此来说明两者的协调程度，它的函数公式为：

$$T = \lambda f(x) + \theta g(y) \qquad (4-7)$$

$$D = (C \times T)^{\frac{1}{2}} \qquad (4-8)$$

在函数式（4-7）和式（4-8）中，D 为耦合协调度，T 为科技创新—区域经济综合评价指数，λ、θ 为待定的系数。在影响区域经济发展的因素中，科技创新所带来的影响并不是唯一的，区域经济的发展受到多种因素的影响，所以区域经济、科技创新之间的相互协同、促进关系是不完全对称的，故在选取待定系数的值时，本书考虑两者的重要性得到：λ、θ 分别取 0.3、0.7。

在说明科技创新与区域经济的耦合协调发展程度时，参考了廖重斌

(1999)和张延平、李明生（2011）等的研究，将耦合协调度分为10个等级（见表4-7）。

表4-7 科技创新—区域经济耦合协调度等级

耦合阶段	耦合度区间	耦合评定
1	0~0.1	极度失调
2	0.1~0.2	高度失调
3	0.2~0.3	中度失调
4	0.3~0.4	低度失调
5	0.4~0.5	弱度失调
6	0.5~0.6	弱度协调
7	0.6~0.7	低度协调
8	0.7~0.8	中度协调
9	0.8~0.9	高度协调
10	0.9~1	极度协调

4.3.2 常州科技投入产出与经济发展耦合度及耦合协调度时序分析

为了数据一致性，本书先对2006~2015年常州的科技创新效率、科技创新能力以及经济发展质量的综合评价数值进行标准化处理，再对所得数据分别进行科技创新效率与经济发展质量以及科技创新能力与经济发展质量的耦合度及耦合协调度的时序分析。

（1）常州科技创新效率和经济发展质量耦合度与耦合协调度分析。根据耦合度模型以及计算结果，得到常州市科技创新效率和经济发展两个系统这十年内耦合度、耦合协调度变化特征。具体变化如表4-8所示。

表4-8 科技创新效率—经济发展耦合度及耦合协调度计算结果

年份	耦合度	耦合协调度	耦合状态和协调评价
2006	0.3265	0.1723	颉颃时期，高度失调
2007	0.4047	0.4417	颉颃时期，弱度失调

续表

年份	耦合度	耦合协调度	耦合状态和协调评价
2008	0.308	0.3399	颉颃时期，低度失调
2009	0.3858	0.3402	颉颃时期，低度失调
2010	0.4323	0.4795	颉颃时期，弱度失调
2011	0.4286	0.4513	颉颃时期，弱度失调
2012	0.4427	0.4961	颉颃时期，弱度失调
2013	0.4647	0.5079	颉颃时期，弱度协调
2014	0.4981	0.6653	颉颃时期，低度协调
2015	0.51	0.7071	良性耦合阶段，中度协调

结合表4-8中的内容，从耦合度来看，两个系统在2006~2014年一直处在颉颃阶段，2015年处在良性耦合阶段，两个系统的协同关系相对稳定。在这种非良性耦合的背景下，两者的协调程度在10年间有一定的进步，从高度失调到低度协调，再到中度协调，跨度为7个级别。在这10年之间，科技创新效率与区域经济两者的协同效应逐步提高。其原因是科技创新效率以及经济水平的快速提升，两个系统间相互互补、互相促进。由此可以得出在2009年以后，常州市科技创新效率和经济的协同发展水平提升速度较2009年以前有了明显的加快，但还是处在一种低水平的态势中。由于2008年全球金融危机导致全球经济增速放缓，科技创新效率无法与经济发展达到一种高水平的协同效应，两者的协调作用要达到一种高水平的程度还需要很长的一段时间。

（2）常州科技创新能力—经济发展耦合度和耦合协调度分析。根据耦合度模型以及计算结果，得到常州市科技创新能力和经济发展两个系统这10年内耦合度、耦合协调度变化特征。具体变化如表4-9所示。

表4-9 科技创新能力—经济发展耦合度及耦合协调度计算结果

年份	耦合度	耦合协调度	耦合状态和协调评价
2006	0.2037	0.1361	较低水平耦合时期，高度失调
2007	0.252	0.2175	较低水平耦合时期，中度失调
2008	0.4945	0.2303	颉颃时期，中度失调

续表

年份	耦合度	耦合协调度	耦合状态和协调评价
2009	0.496	0.215	颉颃时期，中度失调
2010	0.4978	0.4184	颉颃时期，弱度失调
2011	0.4738	0.4198	颉颃时期，弱度失调
2012	0.4698	0.4747	颉颃时期，弱度失调
2013	0.4856	0.4868	颉颃时期，弱度失调
2014	0.4982	0.6319	颉颃时期，低度协调
2015	0.52	0.7071	良性耦合时期，中度协调

结合表4-9中的内容，从耦合度来看，两个系统在2006~2007年处在较低水平耦合阶段，2008~2014年处于颉颃时期，2015年处在良性耦合阶段，两个系统的协同关系逐步变好。在这种非良性耦合的背景下，两者的协调程度在10年间有一定的进步，从高度失调到中度协调，跨度为7个级别。在这10年之间，科技创新能力与区域经济两者的协同效应逐步提高。其原因是科技创新能力以及经济水平的快速提升，两个系统间互补，互相促进。由此可以得出在2009年以后，常州市科技创新效率和经济的协同发展水平提升速度较2009以前有了明显的加快，2010~2013年呈现平稳发展的态势，2014~2015年处于快速上升阶段，但整体还是处在一种低水平的态势中，两者的协调作用要达到一种高水平的程度还需要很长的一段时间。

4.4 科技投入产出对区域经济发展质量的影响程度分析

4.4.1 理论模型和数据描述

本书采用广义Cobb-Dauglas生产函数来测算科技投入产出对经济发展

的贡献率。广义的 C-D 生产函数就是在 C-D 生产函数的基础上，将科技进步也作为一个生产要素，即：

$$Y_{i,t} = AK_{i,t}^{\beta_1} L_{i,t}^{\beta_2} R_{i,t}^{\beta_3} e^{\varepsilon_{i,t}} \tag{4-9}$$

其中，变量 Y 表示某地区的产出水平，K 表示资本投入，L 表示劳动投入，R 表示科技进步投入指标。下标（i, t）表示第 i 个地区第 t 年的相应指标。$\varepsilon_{i,t}$ 是满足 E（$\varepsilon_{i,t}$）= 0 和 var（$\varepsilon_{i,t}$）= σ^2 的随机误差项。

C-D 生产函数中的参数具有非常明显的经济意义：参数 β_1 是资本的产出弹性，也就是资本对经济的贡献率，即保持科技、劳动的投入不变，资本投入增加 1% 时产出的改变。β_2 是劳动对产出的贡献率，β_3 是科技进步对产出的贡献率。A 是待定的常数，衡量了广义的技术水平。参数 $\beta_1+\beta_2+\beta_3$ 衡量该经济体的生产是否具有规模效应：$\beta_1+\beta_2+\beta_3=1$ 表明生产具有不变的规模报酬，$\beta_1+\beta_2+\beta_3<1$，表明规模报酬递减，$\beta_1+\beta_2+\beta_3>1$，表明规模报酬递增。为了便于处理，对式（4-9）取对数得到：

$$\begin{aligned} \ln Y_{i,t} &= \ln A + \beta_1 \ln Y_{i,t} + \beta_2 \ln L_{i,t} + \beta_3 \ln R_{i,t} + \varepsilon_{i,t} \\ &= \beta_0 + \beta_1 \ln Y_{i,t} + \beta_2 \ln L_{i,t} + \beta_3 \ln R_{i,t} + \varepsilon_{i,t} \end{aligned} \tag{4-10}$$

研究所用样本包含了 2006~2015 年常州市数据，相应的变量及其定义如下：

Y 代表产出——常州市经济发展质量。

L 代表劳动投入——常州市城乡就业人口数，单位为万人。

R 代表科技投入产出——常州市的科技投入产出水平。

为了研究不同科技进步方式对经济发展的影响，分别选择 R&D 经费支出（亿元）、专利申请数（项）和技术市场成交金额（亿元）作为科技投入产出指标。我们选择这三种指标分别作为科技进步的指标主要基于以下原因：

R&D 经费支出主要用于一个国家的基础科学研究，因此该变量在很大程度上能够衡量一个国家的基础科学发展水平。然而，基础科学转化为现实的生产力还需要一定的条件，将基础科学的成果用于技术创新就是其中最主要的方式。技术创新包括原始创新、集成创新和消化再创新等多种方式。其中，原始创新更多表现为基础科学研究的成果，与 R&D 经费支出是正相关的。此外，专利（尤其是发明专利）中所包含的科技含量高，往往是新产品和新工艺的核心，因此可以反映一个地区技术创新的能力。本书选择专利申请数而没有选择专利授权数是因为专利申请数和专利授权数本身就具有很强的相关性,但专利授权却受到一些制度因素的限制并且具有时滞性。不过即使有了专利发明,也并不表示该技术已经被用于提高生产力,必须要考虑这些技术创新的产业化率,以及对生产力的实际提高。因此,本书还选择了技术市场合同成交金额作为反映科技进步的指标,因为绝大多数技术转让主要是用于产业化或者用于技术的集成创新。

4.4.2 实证结果及分析

本书利用 Eviews 计量分析软件进行回归,参数估计结果如表 4-10 所示。

表 4-10 三种科技进步指标对于经济增长的影响

自变量	科技投入指标 R&D 经费支出	科技产出指标 专利申请数	科技产出指标 技术市场成交金额
常数项	0.0344 ** (2.275)	0.0616 *** (4.919)	0.0354 ** (2.56)
Log(K)	0.745 *** (21.335)	0.565 *** (18.07)	0.682 *** (20.08)
Log(L)	0.282 *** (14.00)	0.264 *** (15.68)	0.313 *** (15.447)
Log(R)	0.071 *** (3.772)	0.21 *** (10.833)	0.13 *** (6.063)
R^2	0.965	0.975	0.968
校正的 R^2	0.964	0.975	0.967

注:**、*** 分别表示参数估计在 5%、1%的水平下显著。

表 4-10 中的结果表明三种模型对于经济发展都具有很强的解释能力,决定系数均大于 0.95。资本、劳动、科技进步三种因素对经济发展均具有显著的影响(在 1%的水平上显著)。

第4章 科技投入产出对区域经济发展质量的影响研究

其中，资本对于产出的贡献率大约在57%~75%，即保持其他投入不变的前提下，资本投入增加1%，将使产出平均增加0.57%~0.75%。这表明目前我国的经济发展在很大程度上还是依赖于投资额的增加。劳动的产出弹性在0.26~0.28，表明劳动对产出的平均贡献率在26%~28%。

无论选择哪种科技进步指标，回归结果均表明经济增长显著地受到科技进步因素的影响。然而，不同的科技进步指标对于经济增长的贡献率也有很大不同：R&D经费支出对产出的贡献率约为7%；技术市场成交金额对于产出的贡献率较高，大约在13%；专利申请数对于产出的影响最大，约为21%。

由于R&D经费支出主要是用于一个国家的基础科学研究，其成果更多地表现为原始创新成果，这样的回归结果说明对于中国这样一个发展中国家而言，基础科学的投入固然可以提高我国的科技进步水平，不过其对经济增长的影响却比不上另外两种科技创新方式。这是因为基础研究投入大、风险大，同时其成果转化为生产力也需要较长的时间。

专利申请数对于经济的影响在各种科技投入指标中最为显著。特别是发明专利，它的科技含量高，能够在一定程度上反映一个国家、地区或企业的技术开发能力和内在竞争力，从而成为衡量科技产出和进行国际比较的重要指标。事实上，自2003年以来，国内发明专利的申请数量已连续三年超过国外，这表明我国实施的专利战略的影响不断增强，自主技术创新能力和技术发展水平已经有了稳定且快速的提高，常州市也是如此。

技术市场成交金额对于该地区经济发展也具有较为明显的影响。科技创新最终的目的就是促进社会经济的发展。一个地区的发明创造再多，如果不能应用到生产实践中，就无法推动社会经济的发展。而技术市场就是实行科技成果向生产力转化的桥梁和纽带，它搭建了科技成果商品化、产业化的重要平台，对于促进经济增长具有相当重要的作用。

三个模型中回归系数之和都显著大于1，即$\beta_1+\beta_2+\beta_3>1$。这表明平均来看，由于科技进步的原因，使常州市的生产具有规模报酬递增的性质。经典的经济学理论告诉我们，各种要素的投入具有边际效应递减的特点。而科技进步则解释了经济为何能够得以持续增长的真正原因。

4.5 提升常州经济发展质量的对策建议

常州经济发展处于关键时期，面临着提高经济发展质量、转变发展方式的紧迫任务。常州经济发展质量的提升需要从目前投资拉动转变依靠技术进步和创新来带动，通过进一步加大科技投入，强化科技成果转化与应用力度，坚持企业创新主体地位，促进创新升级发展，提高科技创新效率和能力，加快产业结构调整，促进资源的优化配置，进而提升常州经济发展质量水平。具体措施如下：

4.5.1 加大科技投入，提高区域创新能力

党的十九大报告提出：创新是引领发展的第一动力，是建设现代化经济体系的战略支撑。科技创新是提高经济增长效率的重要途径。推动科技进步，需要确立自主知识产权创新体系，扭转在低效率水平上的重复技术引进局面。目前，常州在关键技术和核心技术上自主率较低，科技自主创新能力不强，高新技术产业在整个国民经济中所占比例不高。政府要加强对科技投入的政策引导和扶持，加大对创新型科研开发的投入，进一步增强常州自主创新能力。

(1) 增加财政投入，优化支出结构。从前文可知，虽然常州市财政科技拨款每年都保持着较高的增长，但其占地方财政支出的比重一直较低。因此，常州应加大财政资金对科技活动的投入力度，提高科技投入在财政支出中的比例，保证政府财政科技投入在总量规模和比例规模上得到较大改善，充分发挥政府财政带头增加科技投入的作用。在加大财政资金对科技投入力度的同时，还应当对财政科技支出的结构加以调整和完善，合理配置科技经费，避免各类经费重复交叉，将有限的资源投入到重点领域和项目中，使其发挥的效用更大。例如，注重基础研究的投入，基础研究是科技进步和创新的源泉，由于基础研究属于共性技术，外部性较强，因此需要政府给予投入。严格执行国家对地方政府科技投入设定的要求，明确预算目标，如政府财政科技投入年增速、财政科技拨款占财政支出的比

重、科技经费支出项目等。

（2）建立较完善的财政科技投入绩效评价体系。科技投入绩效评价体系是运用规范、科学的绩效测评方法，对照统一制定的政府财政科技投入评价标准和预期目标，按照经济性、有效性、可行性等原则，从财政科技投入产出的数量和质量、对社会经济的作用与贡献等方面进行科学、公正、全面、客观的比较和综合评判。财政科技投入绩效评价体系的建立能够加强政府对财政科技资金支出的绩效监管，提高财政资金投入效率，降低或规避风险，进而加强政府对科技进步和经济发展的促进作用。

（3）加强科技成果转化，提升技术创新水平。常州必须推动科技成果的转化和应用，与生产实际相结合，提高企业技术创新能力和动力，使科研创新与企业生产紧密结合。建立新型的科技创新体系，促进企业科技研发的投入比重，使企业成为科研开发、技术创新和科技成果转化应用的主体。另外，可以通过一大批创新型企业的集聚形成区域创新中心，增强区域竞争实力，引导区域科技发展和技术水平的提升，带动相关高新技术产业的发展，提升整体经济发展的水平和能力。因此，通过科技创新从而提升经济增长是转变增长方式、提高经济增长质量的一个重要方面。

在增强区域创新能力建设中，增强企业创新能力是转变经济发展方式的关键环节，需要促进科技成果向现实生产力的转化。目前，常州科技成果向现实生产能力转化程度较低，造成科技研发的巨大浪费，必须转变现有科技研发的体制和资金投入形式，引导科研院所和高等院校科研机构与社会企业相结合，增加科研成果的可应用性，促进生产效率的提升，提高科技投入和产出的转化比例，创造高的社会效益。

4.5.2 坚持企业创新主体地位，实现创新升级发展

（1）以企业创新为主体，完善创新机制。常州拥有科研机构的企业占比较低，大部分企业大多缺乏技术创新的动力和相应的实力，开发能力较弱，没有形成自己的核心技术能力，企业技术投入总量不足。因此，确立企业技术创新的主体地位是常州加快科技发展的重点。推动企业在技术创新中的作用，还需要依靠政府的引导作用。常州需要在借鉴其他发达地区发展经验的基础上，完善现有的政策，制定能够促进企业开展研发活动的新政策，确保落到实处。例如，可以制定针对企业科研活动和科研项目的

税收优惠政策，特别是对技术含量高、有助于企业形成核心技术能力的产品或服务要加大优惠幅度，鼓励企业提高科技投入水平。另外，可使经费投入比上年增加的企业享受税前扣除政策，依据增加比例制定不同倍数的税前抵扣。政府必须建立完备的法制环境保护企业科技投入的成果，消除企业后顾之忧，增加科技投入，创立自主知识产权，增强企业的核心竞争力。更为重要的一点，必须激发和保护企业家精神、鼓励更多社会主体投身创新创业。

（2）吸收外来技术，实现创新升级。党的十九大报告指出：建设现代化经济体系需瞄准世界科技前沿，强化基础研究，实现前瞻性基础研究、引领性原创成果重大突破。目前，常州市自主创新能力还不够高，对外技术依存度较高，对外来技术的消化吸收及再创新衔接不够紧密，因此产品一直处于产业链的中低端环节，常州需要加强对引进技术的消化吸收进而实现创新。一方面，加强大型骨干企业的自主创新能力，将其作为推进产业结构调整和提升竞争力的中心环节，切实加强技术创新成果向生产力转化；另一方面，围绕高新技术企业的创新发展，重点选择高新技术新兴产业领域，着力促进常州战略性新兴产业与传统产业相结合，提升对引进的国外技术资源的识别和选择，加大对引进技术的消化、吸收能力，通过自主开发或二次开发，形成核心技术，进而促进结构调整和产业升级。

4.5.3 整合社会资源，拓宽融资渠道

常州科技活动经费的来源渠道主要以企业为主，政府、金融机构贷款等其他方式所占比重较低，融资渠道单一，使科技发展在一定程度上受到阻碍。应当构建完善的科技投融资体系，拓宽投融资渠道。在投资上，可以采取引进风险投资的方法，建立风险投资咨询管理机构或企业和风险投资基金，使其能够为高新技术产业的发展提供资金，为科技创新服务。在融资方面，应进一步提高金融机构对技术创新企业的支持力度，促进银企合作，加强和改善金融服务，引导和鼓励各类金融机构按照企业特点，加大金融产品的创新力度。组织开展对企业的创新能力评价，对创新能力强的企业可通过如小额贷款、信用担保、贷款贴息等方式予以重点扶持。同时，加快企业信用体系建设，为金融机构改善对企业技术创新的金融服务提供配套服务。

4.5.4 调整产业发展结构,实现区域间协调发展

(1) 调整产业结构,促进产业转移。产业结构是否合理关系到区域经济能否健康发展,产业结构需要同区域的资源结构相适应,以便发挥区域的资源优势。产业结构是否合理还体现在产业间的关联作用,上下游是否能够很好地衔接,从而能够发挥好带头作用。目前,常州产业结构已经转变为"三二一"结构,第三产业比重最高,但产业发展结构调整缓慢,产品的技术含量还不太高,能耗较高,环境污染问题也未得到根本解决,现代化的大型企业较少,产品的竞争能力不强,常州本地区的能源资源没有得到很好的发挥,因此,常州还需要对现有产业进行优化升级,提升产业技术含量和科技水平,以及产品附加价值。

"十三五"规划强调常州要顺应长三角区域发展一体化进程,更好地接轨上海、融入上海,充分发挥在苏锡常都市圈中的特色优势。因此,常州必须在长三角经济圈中寻找产业生存的空间,利用上海、苏州、无锡等地产业技术创新的开放型产业链,加强彼此间产业技术创新的交流与合作,承接这些城市的产业扩散、高新技术转移,使其溢出效应在常州得到最大程度的实现。

(2) 促进区域协调发展。提高区域经济增长质量的一个重要方面是区域间经济协调发展。相对于溧阳、金坛,市区拥有较丰富的科技创新资源以及先进的技术创新经验,溧阳的科技投入力度也不断加大,科技成果转化为经济产出方面也逐渐提高,金坛需要承接市区的科技溢出效应,不断提升自身科技创新发展水平。为此,各地区间必须打破发展壁垒,加强地区间的交流合作,同一产业链上的企业之间必须密切协同、共同发展、各方多赢,形成技术创新合作,尤其是先进的技术、资金、高级人才等资源要实现共享,实现常州整体科技创新水平提升,提高常州经济发展整体水平。

4.5.5 加强科技人才队伍建设,完善人才培养体系

知识经济时代,人才是推动经济发展的核心资源。党的十九大报告指出:培养造就一大批具有国际水平的战略科技人才、科技领军人才、青年

科技人才和高水平创新团队。人力资本的改善是推动经济发展的重要因素，人力资本的不断积累推动了技术进步，进而促进了经济增长。目前常州科技人力投入相对不足，必须提高科技、人力投入。

（1）加大高层次人才的引进力度，减少人才的流失。常州的人才政策，如"千名海外人才集聚工程""龙城英才计划"等，为常州经济发展集聚了众多优秀的创业人才，在常州形成了一批新兴企业，取得了良好的效果。因此，政府应当在继续实施的基础上，再制定类似的、吸引不同层次人才的措施，及时对人才进行挖掘和管理。通过猎头公司、网络等途径传递人才需求信息，了解人才分布，挖掘人才，加大政策的支持力度，在住房、交通、配偶就业等方面为科技人才提供优质服务，增强科技人才的稳定性，降低人才流失率，努力营造"引得进、留得住、用得好"的创新创业环境。

（2）注重科技人才培养力度，完善人才培养体系。应充分发挥常州高校的作用，培养和提升科技型企业家的全球视野和战略眼光，锻炼科技人才的创新能力，提高人才的创新知识，以培养和构建一流科技管理人才队伍为重点，全面提高科技人才的管理水平，培养和造就一支适合常州经济发展需要的科技人才队伍。重视产学研合作，鼓励企业、科研院所、高校开展科技人才培养模式，为建设小康社会、推进经济社会又好又快发展提供人才保障和智力支持。

第5章

科技创新与产业技术创新布局的优化研究

5.1 产业技术创新布局的主要模式

产业技术创新布局主要体现为各种资源、产业或企业在区域范围内的空间分布和组合结构,其合理与否会影响到该地区经济优势的发挥以及经济发展的速度。

同一时期不同地域和同一地域不同发展阶段的具体情况各不相同,应相应地采取不同的产业技术创新布局模式。根据产业空间发展不同阶段的不同特点,产业技术创新布局模式主要分为均质模式、增长极模式、点—轴模式、网络模式、地域产业综合体模式以及梯度开发模式。其中前四种布局模式从产业分布结构角度出发,处理在时间上依次继起的区域经济发展不同阶段的产业布局问题,它们之间有着密切的内在联系,由"点"到"轴"再到"面"的空间演化过程,构成了区域高新技术产业布局演变的一般规律,组成一个完整的布局程。

(1)增长极模式。增长极理论是区域经济不平衡增长和发展理论的典型代表,由法国经济学家弗朗索瓦·佩鲁(Fraocois Perroux)于1955年最先提出,其思想基础源于熊彼特的创新理论和产业间相互联系、相互依存理论。该理论认为"增长并非同时出现在所有的地方,它以不同的强度首先出现于一些增长点或增长极上,然后通过不同渠道向外扩散,并对整个经济产生不同的终极影响"。增长极具有极化和扩散效应,在一定区域范围内,高新区起着高新技术产业增长极的作用,辐射和带动周围地区高新技术产业的发展。

我国改革开放以后,也借鉴增长极的理论指导产业布局。首先,主要在东部地区重点培育一批增长极,比如经济特区的设立、开放城市的确定、各类开发区的建设等,对我国区域经济的发展起到了非常积极的作用,收到了明显的成果。现在,我国持增长极观点的学者认为,我国中西部地区同样可以推行这种增长极战略,通过多层次的增长极,在不同点上带动经济发展。

(2) 点—轴模式。点—轴理论是由陆大道于 1984 年提出的,而克里斯塔勒(W. Christaller)的中心地学说、赫格尔斯(T. Haegerstrand)的空间扩散理论、佩鲁克斯(F. Perroux)的增长极理论等,则是点—轴理论得以提出的理论基础。从区域经济发展的空间过程看,高新技术产业首先是集中于少数的点上,即增长极。随着区域经济的发展、增长极的增多以及区域经济联系的加强,点与点之间必然会建设各种形式的交通通信线路使之相连,这些线路即为轴。这些轴线先是为点服务而产生的,但它一经形成便对人口和产业(高新技术产业)产生极大的吸引力,使之向轴线两侧集聚,并产生新的点,从而形成高新技术产业的点—轴布局模式。点—轴布局模式的空间组织形式即为高新技术产业带。

李晗涛认为,高新技术产业带的形成发展是在网络开发基础上,从"增长极开发"—"点轴开发"—"网络开发"这一从低到高、经过一个螺旋发展后形成的一个更高层次的点轴开发。高新带所涉及的"点"(高新技术开发区)是区域发展的主体,"轴"是区域发展所依托的基础设施。点—轴布局模式的吸引与扩散范围是高新带所涉及的高新区、中心城区和立体交叉的出入口周边地区等,高新区和中心城区是该区域的经济极核,只有极核功能较强,才能带动整个区域高新技术产业的持续发展。

当前我国产业技术创新布局中比较公认的两种点—轴模式是:"T型"模式(以沿海与长江为轴线,以上海为首的包括轴线上的主要城市为点,展开我国产业技术创新布局)和"弓箭型"模式(以沿海或京沪线为弓,京广线为弦,长江为箭,上海是箭头,以此为脉络展开我国的产业技术创新布局)。

(3) 网络模式。网络模式是点—轴模式的继续与深化。一个现代化的

第5章 科技创新与产业技术创新布局的优化研究

经济区域，其空间结构必须同时具备三大要素：一是"节点"，即各级各类城镇；二是"域面"，即节点的吸引范围；三是"网络"，即商品、资金、技术、信息、劳动力等各种生产要素的流动网。通过增强和深化本区域的网络系统，提高区域内各节点间、各域面之间特别是节点与域面之间生产要素交流的广度和密度，使"点""线""面"组成一个有机的整体，从而使整个区域得到有效的开发，使本区域经济向一体化方向发展。同时通过网络的向外延伸，加强与区域外其他区域经济网络的联系，并将本区域的经济技术优势向四周区域扩散，从而在更大的空间范围内，调动更多的生产要素进行优化组合。当区域高新技术产业进一步发展后，其不同规模和等级的高新区（带）经纬交织，就会形成网络式的高新技术产业开发布局模式。

与增长极式和点—轴模式的集中性特征不同，网络开发具有分散性特征。从高新技术产业的发展阶段来看，网络开发模式是一种较成熟的开发布局模式，尤其适宜于高新技术产业发展较早、较成熟的地区。

(4) 地域生产综合体开发模式。这种模式的理论基础是苏联学者科洛索夫斯基的生产循环理论。科洛索夫斯基将地域生产综合体定义为"在一个工业点或一个完整的地区内，根据地区的自然条件、运输和经济地理位置恰当地安置各个企业，从而获得特定的经济效果"，各企业间的经济结合体称为生产综合体。地域生产综合体的结构包含四个层次：

1) 经营层。即综合体的主导专门化企业，这是核心部分。
2) 关联层。即为主导专门化企业提供原料设备或半成品的企业。
3) 依附层。即利用主导专门化企业的废料进行生产的部门。
4) 基础设施层。包括管道、动力网络、仓储等生产性基础设施，以及住宅、医疗卫生、学校、国家机构等非生产性基础设施。

(5) 区域梯度开发模式。该布局模式的理论基础是梯度推移理论。该理论认为，由于经济技术的发展是不平衡的，不同地区客观上存在经济技术发展水平的差异，即经济技术梯度面产业的空间发展规律是从高梯度地区向低梯度地区推移，是一种以"效率优先"为基本指导思想的区域发展战略。强调集中资金和资源实行重点发展，同时在地区间形成产业结构转换的连续关系，从而使产业空间分布与地区经济发展相联系，产业结构和产业布局结合，经济发展与产业政策相适应。在进行区域开发时，要从各区域的现实梯度分布出发，优先发展高梯度地区，让有条件的高梯度地区优先发展新技术、新产品和新产业，这些技术、产品和产业再逐步从高梯度地区向中梯度和低梯度地区推移，从而逐步实现经济发展的相对均衡。

我国在改革开放初期就曾按照经济技术发展水平把全国划分为高梯度的东部沿海地带、中梯度的中部地带和低梯度的西部地带，以此作为产业空间发展的依据。

5.2 常州市产业技术创新布局现状与问题

5.2.1 产业空间布局状况

（1）总体空间格局。根据常州城市发展的目标要求以及各区域的功能定位、资源特点和比较优势，统筹规划，引导资源合理配置，使沿江地区产业发展与城市总体规划、城市功能分区更加紧密结合。常州城市空间发展战略由"一心两翼"（拓展南北，提升中心）转变为"一心四翼"（拓展南北、充实东西、提升中心）的城市布局战略，由"一核八园"发展格局转变为"一核两区多园"的区域创新格局。

加快构建产城融合"一纵三横"总体空间格局，重点推进城市中心区、常金统筹核心片区、西南门户片区、东部片区、沿江片区等"一中心四片区"产城融合发展，积极走出一条"以产兴城、以城促产、宜居宜业、融合发展"的改革发展常州之路。积极推进产城融合示范试点建设，中心城区重点提升文化宫——南大街商贸集聚区功能，加快武进、新北城区商务商贸副中心建设，城市新片区重点推进西太湖科技产业园、新龙国际商务城和常州科教城省科技服务业示范区建设，推进东部地区发展提档升级，加快形成具有常州特色、可复制可推广的产城融合模式。

（2）分区产业布局现状。2015年，常州市部分行政区划调整方案通过并实施，撤销金坛市，设立常州市金坛区，撤销常州市武进区和戚墅堰区，设立新的武进区（不含奔牛镇、郑陆镇、邹区镇），将原武进区的奔牛镇划归常州市新北区管辖，将原武进区的郑陆镇划归常州市天宁区管辖，将原武进区的邹区镇划归常州市钟楼区管辖，形成了新北区、钟楼区、天宁区、武进区、金坛区、溧阳市的五区一市新格局。常州现有省级以上经济开发区8个,其中戚墅堰经济开发区更名为常州经济开发区,归武进区管理。

金坛撤市设区,立足于常州总体产业规划,加快东扩南移,推进常金统筹核心区建设,主动融入中心城市发展大局。围绕"一区一城一山一水"格局,以金坛经济开发区为龙头,带动区域产业集聚、重大项目建设,全面加快新型工业化步伐。

武进区作为全市经济发展总量规模最大的板块,形成常州经济开发区、武进国家高新区、西太湖科技产业园三足鼎立、齐头并进的发展格局。常州经济开发区作为"东大门"建设的新契机、全市转型发展的新高地,将以打造国家级经济开发区为目标,重点发展轨道交通、智能电网、绿色建筑材料等产业,形成新的经济增长极。新北、天宁、钟楼三区,区域面积进一步拓展、产业发展空间进一步打开,推动航空产业、现代物流、高端装备制造等特色产业的发展,加快常州国家高新区、天宁开发区、钟楼开发区产业集聚。

5.2.2 新兴产业布局状况

为贯彻落实苏南现代化示范区建设的总体要求,促进传统优势产业转型升级。常州市深入实施创新驱动战略,加快推进科技体制改革,突出企业主体、市场导向,推进大众创业、万众创新。培育发展创新型产业,如轨道交通、汽车及零部件、农机和工程机械、太阳能光伏、碳材料、新医药、新光源、通用航空、智能电网、智能数控和机器人十大产业链。

(1)新兴产业总体布局状况。2014年,常州市十大产业企业累计完成产值3528.8亿元,同比增长13.4%,实现主营业务收入3478.8亿元、利税348.9亿元、利润222.9亿元,同比分别增长13%、19.4%和19.5%。其中,十大产业规模以上企业共完成产值3520.2亿元,同比增长13.3%,增速高于全市规模以上工业2.1个百分点,产值规模占全市规模以上工业的31.4%,比2013年提高2个百分点。如图5-1所示,图5-1(a)为十大产业规模以上企业占全市规模以上企业比重,图5-1(b)为十大产业规模以上企业产值占规模以上工业总产值的比重,可以看出新兴产业企业数量较其他传统产业还较少,常州还是以纺织、服装、机械、化工等传统产业为主导,传统产业对工业总产值的贡献率依然最高。

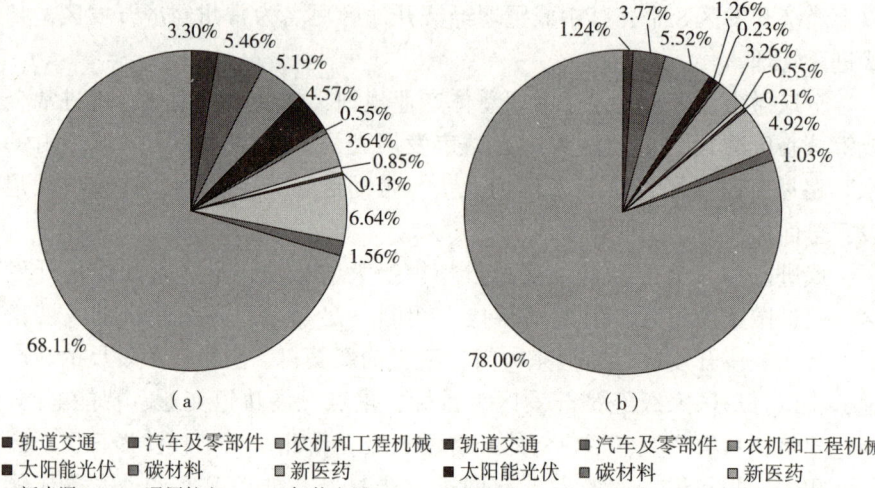

图 5-1 十大产业链规模以上工业企业情况

资料来源：常州市《2014年"十大产业链"发展报告》。

（2）新兴产业分区布局状况。2014年，常州各辖区十大产业规模以上工业发展各具特色。如表 5-1 所示，各地区十大产业链规模以上企业各指标情况，图 5-2 为各地区十大产业产值占本地区的比重，以及各区工业总产值增长比率。

表 5-1 2014 年常州各地区十大产业链规模以上企业情况

地区	企业数（个）	产值（亿元）	主营业务收入（亿元）	利润总额（亿元）
天宁区	45	166.1	164.7	15
钟楼区	85	501.6	501.9	28.3
戚墅堰区	27	206.5	207.9	16.1
新北区	298	1086.6	1074.6	51.2
武进区	350	1027.4	985.9	72.1
溧阳市	76	261.6	262.2	14.9
金坛市	76	270.5	272.7	25.2
合计	957	3520.2	3469.7	222.8

资料来源：常州市《2014年"十大产业链"发展报告》。

第5章 科技创新与产业技术创新布局的优化研究

由表5-1可知,高新技术企业主要集中于新北区和武进区,其中新北区十大产业链规模以上工业企业产值、主营业务收入和利润对本地区发展贡献都非常高,利润总额占本地区利润的一半多,可见,新北区的高新技术产业发展走在常州的前列。

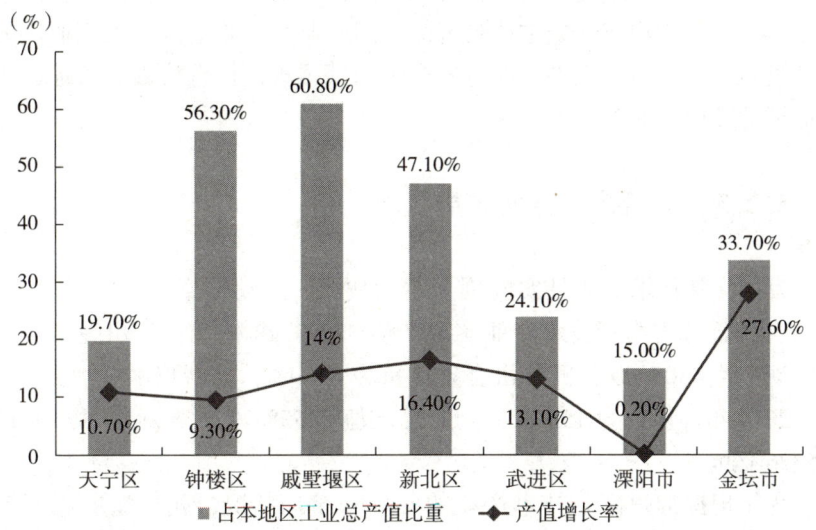

图5-2 各地区十大产业链产值占本地区比重

资料来源:常州市《2014年"十大产业链"发展报告》。

由图5-2可知,金坛市的产值增长率最快,戚墅堰区十大产业产值占本地区工业总产值的比重最高,其次是钟楼区和新北区,溧阳市十大产业链规模以上工业企业产值以及增长率都较缓慢。

天宁区十大产业链的主体是智能电网和新医药产业链,得益于新医药产业链的高附加值;钟楼区是十大产业链规模以上工业产值占比提升最快的地区,其十大产业链规模以上工业产值占地区规模以上工业产值比重从2013年的50.7%提升至2014年的56.3%,提升了5.6个百分点;新北区是各辖市区中产销规模最大的地区,也是利润增长最快的地区,主要得益于光伏产业和汽车及零部件产业链的稳定发展。

武进区是新兴产业规模最大的地区,其通用航空、碳材料产业链产值规模占全市该产业链的比重均在四成以上,智能数控和机器人产业链的产值规模占该产业链的三成以上。戚墅堰区是十大产业链规模以上工业产值占地区规模以上工业产值比重最高的地区，主要是其轨道交通产业链较为发达，占该区十大产业链产值的一半，规模以上工业产值的三成，引领全区的工业发展（2015年1月戚墅堰区划入武进区）。

金坛市（2015年改为金坛区）太阳能和光伏产业快速发展，产值规模占整个金坛十大产业链产值规模的43.4%，对金坛市十大产业链的贡献率达62.4%；溧阳市产业链主体是智能电网产业，占该地区十大产业链的比重超过60%，若智能电网产业链发展中遇到困难，将直接影响该地区十大产业链的发展，形势较为严峻。

5.2.3 高新技术行业布局状况

发展高新技术产业是实施创新驱动战略、推动转型升级的必然选择。2014年，江苏省高新技术产业实现产值57277.28亿元，常州高新技术产业实现产值4805.99亿元，占全省比重为8.39%，高新技术企业数为987家，2014年确认数为155家，企业总产值245588亿元，新技术产品产值155326亿元。

为了把握常州高新技术产业的发展和布局状况，我们选取医药制造业、专用设备制造业、交通运输设备制造业、电气机械及器材制造业、通信设备和计算机及其他电子设备制造业、仪器仪表制造业六大行业作为高新技术产业具体行业来了解产业分布状况。如图5-3所示，2014年常州市六大高新技术行业中，电气机械及器材制造行业企业分布最多，工业总产值最高，医药制造业以及交通运输行业企业分布较少，仪器仪表制造行业企业数多于交通行业，工业总产值却远远少于交通运输行业。

如图5-4所示，2006~2014年常州市六大高新技术行业工业总产值发展状况，整体呈上升趋势。其中，电气机械及器材制造业一直呈上升趋势，且从2010年后增长幅度较大，其他五个行业呈增降浮动，浮动幅度都较小，基本上保持在平稳状态。

5.2.4 产业科技创新布局存在的问题

（1）产业空间布局分散。虽然常州已经形成明显的主导产业，但是由于长期行政区划上的问题以及产业政策的不足，使常州优势产业布局分

第5章 科技创新与产业技术创新布局的优化研究

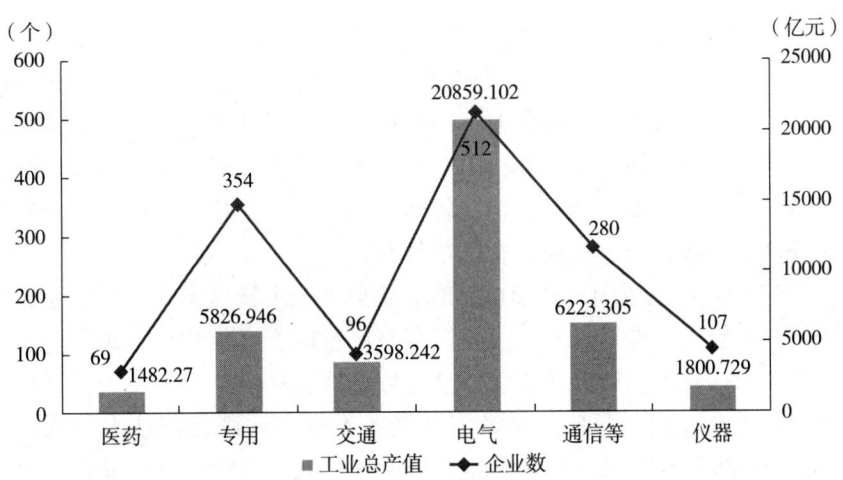

图 5-3 2014 年六大行业工业总产值及企业数

资料来源:《常州统计年鉴》(2015 年)。

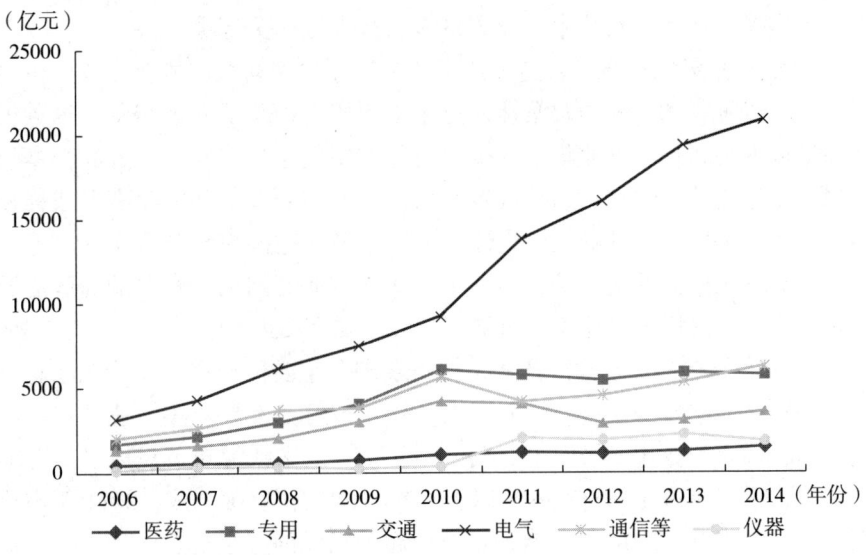

图 5-4 2006~2014 年六大行业工业总产值

资料来源:《常州统计年鉴》(2007~2015 年)。

散,产业之间的配套协作也较少,导致产业链短以及缺失现象明显。各行政区自主管理区域产业发展,常州目前处于产业集群初级阶段,众多相同或相似类型的企业仍呈现分散形式，比如新北区和金坛，光伏产业成为其发展的主导产业，天宁区和溧阳市都以智能电网为主导产业，纺织、医药、化工等传统行业也都分散在各个区域，没有形成产业群。在长期的经济发展中，优势产业园区存在小而全的现象，缺乏在同行业中具有影响力的产业集群和大型龙头企业，生产较为分散，产业集中度较低，产业布局较为分散，导致常州产业缺乏市场竞争力。

（2）产业布局雷同。常州市现有省级以上产业园区多达8个，还有若干市级、乡镇级产业区，各产业园区存在严重的产业结构同质现象。一方面，由于常州长期实行分治管理，没有从整体发展角度合理安排各区的产业布局；另一方面，高新区及经济开发区不顾本地区经济技术和人才条件，盲目地发展电子技术、新材料、机电一体化、新能源等产业，并将这些产业作为各区的支柱产业，但从实际发展状况来看，新的产业在各区并没有都形成本地区的优势产业。这些产业呈现增长型发展趋势，导致许多经济区重复建设，浪费了大量的人力、物力、财力，结构雷同引发的低水平的无序竞争又使高新技术产业的整体创新能力不强反弱。

（3）产业聚集脆弱。目前，常州处于产业集聚初级阶段，在政府政策引导下，以税收和土地的政策性优惠来吸引资金而形成企业聚集，这种模式下形成的高新技术产业集聚，企业虽然在空间上聚集在了一起，但本质上也只是追逐政策性优惠的投机者而已，企业与企业之间并没有形成强烈的纽带互动关系。这种缺乏内生性需求的松散的空间聚集与真正的产业集聚相比表现出极大的脆弱性，不利于企业、行业之间创新资源的高效流通与融合，而且这样的产业集聚也缺乏竞争力与生命力。

（4）产业结构不合理。产业结构不合理，主要体现在工业重化趋势不断加剧和节能减排的矛盾。长期以来，常州市经济发展对重工业的依赖程度较高，轻重工业比例极度不协调。"十五"以来，常州市规模以上工业产值中，重工业占比一直在六成以上，2005年占比突破七成，2011年占比在八成左右徘徊。2014年，常州市产值超千亿元的三个行业电气机械及器材制造业、黑色金属冶炼及压延加工业和化学原料及化学制品制造业均属于重工业，三个行业产值占全市规模以上工业的比重近五成。随着工业重化趋势不断加剧，能源和资源消耗也居高不下，节能降耗压力巨大。2014年，工业用电占全社会用电量的比重达到80%，比2000年提高了13.7个百分点。2012年以来，随着政府一系列稳增长政策效应的逐步显现，全市化工等高耗能行业又出现抬头趋势，在很大程度上加重了产业结构调整和节能降耗工作的压力。

（5）产业技术创新水平有待提高。虽然常州制造业发展态势较好，但是量大质弱，技术含量偏低，低端产品所占的比重较高，缺乏竞争力，仍处于全球价值链的加工制造环节。随着多年来招商引资力度的不断增加，常州的外资企业数目在不断增加，产出也相应提升，但制造业高科技领域实力并没有得到显著加强，且对国外技术和品牌形成了一定的依赖性，产业技术创新能力较低。在利益驱动下，无论是地方政府还是企业，更多关心的还是现有产品本身的市场发展趋势，而非自主创新，从而导致地方政府的支持和企业的投入有限，仍然延续"投资和规模扩张、劳动密集型简单加工、产业集中度不高、利润微薄"的发展模式，使一些高端制造产业的发展并没有摆脱传统的低端制造的状况。因此，常州必须依靠技术进步和技术创新推动产业结构优化升级，才能保持国民经济持续快速健康发展。

5.3 常州产业科技创新的区位熵分析

产业技术创新离不开产业集群的发展，产业集群是在相关产业链环节上企业之间竞争与合作的空间集聚现象。企业在空间上接近就更容易建立起信任和协调的关系，产业技术创新就更容易产生。首先，产业集群延伸了集群内相关产业的产业链，企业生产过程中的研发、试验、生产、流通等环节都进行了精细的专业化分工，从而有助于技术的交流；其次，相关创新资源能够在集群内部进行合理分配，这有利于缩短产业技术创新的时间，减少产业技术创新的成本；最后，集群效应推动了集群内部科技中小企业的快速成长，这对集群内技术创新的整体发展是非常有益的。

因此，本节通过对常州市各地区高新技术企业区位熵的分析，了解常州市产业集群的发展情况，进而对常州市各行业以及各地区的产业技术创新布局有一个清晰的认识。

5.3.1 区位熵法介绍

区位熵（Location Quotient，LQ），也称产业感知法或地方专业化率，通过考察某一产业在特定区域的相对集中程度来判断布局的合理性，是目前识别产业集群的主要方法。区位熵法计算的集群集聚度能够反映区域主要产业特性。它不仅可以反映出某一区域要素的空间分布情况、某一产业部门的专业化程度，而且可以反映某一区域在高层次区域的地位和作用，是一个很有意义的指标。

区位熵法主要通过计算 LQ 系数来测量产业集聚程度，进而判断产业集群是否存在。LQ 系数是指某一较小区域中某产业占有的份额与某一较大区域中该产业占有的份额之比。LQ 系数计算公式为：

$$LQ_i = \frac{E_{ij}/E_i}{E_{kj}/E_k} \qquad (5-1)$$

式（5-1）中，E_{ij} 指较小的地区 i 产业 j 的总产值；E_i 指地区 i 产业的总产值；E_{kj} 指较大的区域 k 产业 j 的总产值；E_k 指较大的区域 k 产业的总产值。公式中总产值也可以是工业总产值、增加值、企业数量、销售收入、从业人员数量等多种指标。

当 LQ 系数大于 1 时，表示该地区该产业具有专业化优势，产生产业集聚，也显示出该产业具有较强的竞争力；当 LQ 系数大于 1.2 时，表明该地区该产业具有较高的专业化水平。某产业的 LQ 值越大，则说明该地区该产业的比较优势越显著，竞争能力也就越强。当 LQ 值小于 1 时，则表明该产业专业化程度低于整体水平，其规模具有比较弱势。LQ 值越小，比较弱势就越明显。当 LQ 值等于 1 时，则表明该地区该产业专业化水平与整体水平相当。

5.3.2 常州高新技术企业分行业区位熵计算与分析

常州"十三五"规划强调推动常州高新区、武进高新区两个国家级高新区争先进位，推进常州经济开发区和金坛、溧阳经济开发区升格为国家级，加快形成"东南西北"联动格局。进一步支持县域经济发展壮大，持续推进"四个西进"，加快常金一体化进程，推动溧阳"宁杭经济带重要副中心城市"建设。加强市级统筹，制定全市产业布局规划，引导重大项目向重点园区集聚、特色产业向特色园区集聚，实现布局优化、错位竞争、特色发展。

为了考察常州产业技术创新的集聚情况，这里对2006~2014年常州分行业的高新技术企业区位熵进行计算与分析，以便更好地了解常州产业技术创新布局的情况。

根据2002年7月国家统计局印发的《高技术产业统计分类目录的通知》，我国高技术产业被划分为医药制造业、航天航空器制造业、电子通信设备制造业、电子计算机及办公设备制造业、医疗设备及仪器仪表制造业五大行业。由于不同统计年鉴中行业划分的差异，在参考大量文献的基础上，本书选择医药制造业、专用设备制造业、交通运输设备制造业、电气机械及器材制造业、通信设备和计算机及其他电子设备制造业、仪器仪表制造业六大行业作为高新技术产业的具体行业来进行分析。

首先，根据式（5-1），E_{ij}、E_i、E_{kj}、E_k分别用常州高新技术各行业的工业总产值、常州规模以上工业总产值、江苏省高新技术各行业的工业总产值、江苏省规模以上工业总产值来表示，从而计算出常州高新技术产业分行业的区位熵，结果如表5-2所示。

表5-2 2006~2014年常州高新技术行业区位熵

年份	2006	2007	2008	2009	2010	2011	2012	2013	2014	均值
行业1	1.08	1.03	0.93	0.81	0.97	0.90	0.67	0.63	0.62	0.85
行业2	1.91	1.95	1.85	2.06	2.27	1.93	1.65	1.58	1.35	1.84
行业3	1.00	0.84	0.72	0.76	0.81	0.69	0.79	0.79	0.73	0.79
行业4	1.37	1.33	1.40	1.40	1.31	1.54	1.69	1.76	1.72	1.50
行业5	0.38	0.39	0.49	0.46	0.54	0.36	0.38	0.41	0.46	0.43
行业6	0.45	0.45	0.45	0.54	0.61	0.70	0.78	0.90	1.00	0.65

注：行业1为医药制造业，行业2为专用设备制造业，行业3为交通运输设备制造业，行业4为电气机械及器材制造业，行业5为通信设备、计算机及其他电子设备制造业，行业6为仪器仪表制造业。

从表5-2可以看出，2006~2014年，专用设备制造业的LQ系数均值最高，其次是电气机械及器材制造业，这两个行业在研究期内LQ系数均大于 1.2，专业化程度较高，产业集聚形势较好。这表明对于全省而言，常州这两个行业的发展是走在前列的，体现了常州对这两个行业的高度重视，大量的科研资金、人员投入，也造就了巨大的产值。另外，医药制造业、交通运输设备制造业以及通信设备、计算机及其他电子设备制造业、仪器仪表制造业 LQ 系数均值较小，未超过 1，表明这四个行业并未产生产业集聚现象，就全省而言没有专业化优势，尤其是通信设备、计算机及其他电子设备制造业，LQ 系数均值仅为 0.43，专业化程度低于全省整体水平。这四大行业必须重视产业技术创新对企业发展的促进作用，加大产业技术创新力度，努力促进产业技术创新集聚，使这些企业早日实现在全省的专业化优势地位。

如图 5-5 所示，在研究期内，常州医药制造业的 LQ 系数呈缓慢下降的趋势，表明其产业技术创新集聚在全省范围内的影响程度在减弱；2008~2010 年，专用设备制造业 LQ 系数上升较快，此后出现较大幅度的下降，在全省范围内，其影响同样在减弱；交通运输设备制造业以及通信设备、计算机及其他电子设备制造业系数变化较小，其影响程度不大；电气机械及器材制造业的 LQ 系数在 2010 年之前变化较小，但从 2010 年开始，存在较快的上升，表明该行业的产业技术创新集聚在全省的重要性程度越来越大；仪器仪表制造业 LQ 值则处于不断上升的过程中，表明其

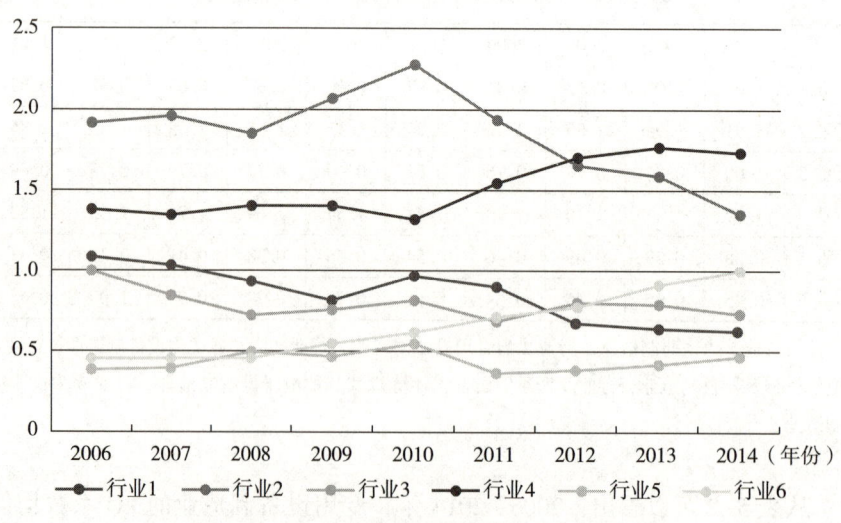

图 5-5　2006~2014 年常州高新技术行业区位熵变动情况

产业技术创新的集聚发展形势正在好转。总体而言，电气机械及器材制造业、仪器仪表制造业两行业的产业集聚发展形势不错，需要继续加强，另外四个行业的产业技术创新需要进行刺激，鼓励其找到正确的发展方向。

5.3.3 常州高新技术企业分地区区位熵计算与分析

探讨常州各个地区产业技术创新集聚的情况，根据各地区的集聚情况有针对性地制定措施，从而可以起到更好的效果。根据式（5-1），选取常州各个分地区高新技术企业的 R&D 经费支出为 E_{ij}，分地区高新技术企业总产值为 E_i，常州高新技术企业 R&D 经费支出为 E_{kj}，常州高新技术企业的总产值为 E_k，求得三个地区高新技术企业产业技术创新的区位熵，结果如表 5-3 所示。

表 5-3　2006~2014 年常州各地区产业技术创新区位熵

年份	市区	溧阳	金坛
2006	0.91	0.85	0.76
2007	0.96	0.89	0.79
2008	0.97	0.90	0.78
2009	1.02	0.91	0.79
2010	1.05	0.90	0.85
2011	1.03	0.93	0.84
2012	0.99	0.90	0.88
2013	1.02	0.93	0.89
2014	1.01	0.94	0.90
均值	1.00	0.90	0.83

由表 5-3 可以看出，2006~2014 年，常州市三个地区中，市区产业技术创新 LQ 均值最高，为 1，其次为溧阳，金坛 LQ 均值最小。另外，从 2009 年开始，市区产业技术创新区位熵已经超过 1，表明产业技术创新已

经产生集聚，专业化优势正不断显现，但这种优势总体上仍较弱；溧阳和金坛还未产生产业技术创新集聚。相对于溧阳和金坛，市区拥有较好的产业技术创新条件，大量的科研经费投入、良好的金融市场环境、丰富的产业技术创新经验等，因此能够较快地产生产业技术创新集聚。而溧阳和金坛，尤其是金坛，需要继续加强产业技术创新集聚的发展，充分利用好各种创新资源，加强与市区的产业技术创新交流，承接市区的高新技术产业转移，积极吸引高科技人才，不断改善产业技术创新形势。

从图5-6可以看出，常州市三个分地区中，市区的产业技术创新区位熵在2009年之后，基本在1左右波动，变化较小；溧阳的区位熵变化同样比较小，增长趋势不明显，基本维持在0.9左右；而金坛的区位熵则处于缓慢增长中，从2010年超过0.8之后，增长加快。总体而言，市区的产业技术创新集聚水平要优于溧阳和金坛，但是，市区和溧阳的产业技术创新集聚发展几乎停滞不前，发展很缓慢，可能遇到了一些瓶颈，必须要打破这些瓶颈，促进产业技术创新集聚的加速发展。金坛虽然产业技术创新集聚的总体水平较低，但其拥有一个良好的发展势头，需要继续保持。

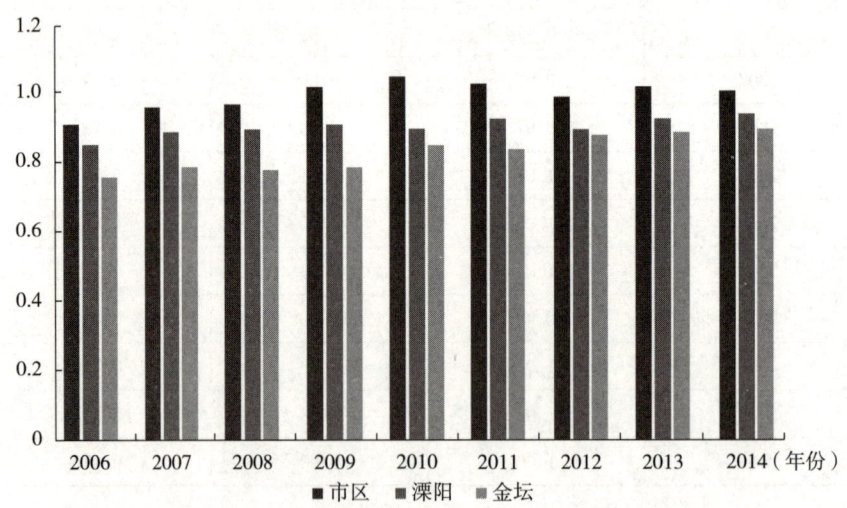

图5-6　2006~2014年常州各地区产业技术创新区位熵变动情况

5.4 常州产业科技创新的效率分析

随着全球经济一体化的发展,技术创新在提高竞争力方面发挥着越来越重要的作用。各个国家、地区、产业为了获取竞争优势,都在努力加大技术创新的投入力度。产业技术创新效率的高低就成为影响产业技术产出及经济产出的重要因素,并最终影响国家、地区、产业的竞争实力。

提高各行业、各地区产业技术创新效率能够加快转变经济发展方式,优化调整产业结构,真正转向创新驱动型的内生增长。因此,本项研究通过对常州主要行业以及分地区产业技术创新效率进行探讨,从而为提高经济增长效率、早日建设成为创新型城市的战略目标提供决策参考。

5.4.1 研究方法介绍

(1) Malmquist 指数模型。Malmquist 指数由 Malmquist 于 1953 年首次提出。之后,Fare、Grosskopf、Lindgren 和 Ross 于 1989 年构造了从 t 期到 t+1 期的 Malmquist 指数 $M(x^{t+1}, y^{t+1}, x^t, y^t)$,用以客观衡量技术效率变动、技术变动和全要素变动之间的关系,公式如下:

$$M(x^{t+1}, y^{t+1}, x^t, y^t) = \left[\frac{D^t(x^{t+1}, y^{t+1})}{D^t(x^t, y^t)} \times \frac{D^{t+1}(x^{t+1}, y^{t+1})}{D^{t+1}(x^t, y^t)} \right]^{1/2} \quad (5-2)$$

式(5-2)中,$D^t(x^t, y^t)$、$D^t(x^{t+1}, y^{t+1})$ 分别指以 t 期的技术为参考(即以 t 期的数据为参考集)时,t 期和 t+1 期的决策单元的距离函数;$D^{t+1}(x^t, y^t)$ 和 $D^{t+1}(x^{t+1}, y^{t+1})$ 类似。

Fare 于 1994 年在 VRS 的假设下,将 Malmquist 指数分解为技术效率变化(effch)和技术进步(techch)两部分,其中技术效率变化又可进一步分解为纯技术效率变化(pech)和规模效率(sech)变化。因此,式(5-2)可以分解为:

$$M(x^{t+1}, y^{t+1}, x^t, y^t) = \frac{D^{t+1}(x^{t+1}, y^{t+1} | VRS)}{D^t(x^t, y^t | VRS)} \times$$

$$\left(\frac{D^{t+1}(x^{t+1}, y^{t+1}|CRS)}{D^{t+1}(x^{t+1}, y^{t+1}|VRS)} \times \frac{D^t(x^t, y^t|VRS)}{D^t(x^t, y^t|CRS)}\right) \times$$

$$\left[\frac{D^t(x^{t+1}, y^{t+1})}{D^{t+1}(x^{t+1}, y^{t+1})} \times \frac{D^t(x^t, y^t)}{D^{t+1}(x^t, y^t)}\right]^{1/2}$$

$$= pech \times sech \times techch \qquad (5-3)$$

式 (5-3) 中，M (x^{t+1}, y^{t+1}, x^t, y^t) >1 表示生产率水平提高，反之则表示生产率水平下降。techch 表示从 t 期到 t+1 期的技术生产边界的推移程度，即技术变动指数，又称为"前沿面移动效应"，且 techch>1 表示技术进步；反之相反。effch 表示从 t 期到 t+1 期的相对技术效率的变化程度，即技术效率变动指数，又称作"追赶效应"，并且，effch>1 表示 DMU 在 t+1 期与 t+1 期前沿面的距离相对于 t 期与 t 期的前沿面的距离较近，相对效率提高；反之相反。pech>1 意味着管理的改善使效率发生了改进；反之相反。sech>1 表示 DMU 从长期来看向最优规模靠近；反之相反。

(2) 超效率 DEA 模型。数据包络分析（Data Envelopment Analysis, DEA），由 Charnes 等于 1978 年首先提出，并很快成为管理科学领域重要的分析工具。该方法是运用数学规划模型来评价相同类型的多投入、多产出的决策单元是否技术有效的一种非参数统计方法，原理主要是通过保持决策单元的输入或者输出不变，借助线性规划和对偶转换方法确定相对有效的生产前沿面，并通过比较决策单元偏离 DEA 前沿面的程度来评价它们的相对效率。最早的 DEA 模型被称为规模报酬不变模型 CCR（或 CRS, Constant Return to Scale），其缺点是无法判别决策单元的无效率。为了克服这个缺点，Banker、Charnes 和 Cooper 于 1984 年加入了限制条件 $\sum_{j=1}^{n} \lambda_j = 1$，提出了规模报酬可变模型 BCC（或 VRS, Variable Return to Scale），将 CCR 模型计算的技术效率进一步分解成纯技术效率 PTE 与规模效率 SE，以便能够具体分析技术效率处于低效率状态的原因。

但在出现多个决策单元效率值为 1，即多个决策单元都相对有效时，这种传统 DEA 模型无法对这些有效的决策单元进一步进行效率比较。于是，Andersen 等于 1993 年提出了基于投入导向的超效率 DEA 模型，该模型能够对相对有效的决策单元进行效率比较，进而有效排序。一个有效的决策单元可以使其投入按比例增加，而其效率保持不变，其投入增加的比例即其超效率评价值。在超效率 DEA 模型中，无效率的决策单元效率值与

CCR-DEA 模型一致；而对于有效率的决策单元，如效率值为 1.5，则表示该决策单元即使再等比例地增加 50% 的投入，它在所有决策单元集合中仍能保持相对有效。

超效率 DEA 模型的线性规划方程为：

$$\min\theta - \varepsilon(\sum_{i=1}^{m} S_i^- + \sum_{r=1}^{s} S_r^+)$$

$$s.t. \begin{cases} \sum_{j=1, j\neq k}^{n} x_{ij}\lambda_j + S_i^- = \theta x_{ik_0}, \ i = 1, 2, \cdots, m \\ \sum_{j=1, j\neq k}^{n} y_{rj}\lambda_j - S_r^+ = y_{rk_0}, \ r = 1, 2, \cdots, s \\ \lambda_j \geq 0, \ j = 1, 2, \cdots, n, \ S_i^- \geq 0, \ S_r^+ \geq 0, \ \varepsilon \text{ 为非阿基米德无穷小} \end{cases}$$

(5-4)

式（5-4）中，θ 为效率值，$\theta<1$，表示未达到最优效率；$\theta=1$，表示达到最优效率；$\theta>1$，表示超过最优效率，其形成的有效前沿面为规模收益不变，且决策单元为技术有效以及规模有效。n 为决策单元个数，m 为输入指标数，S 为输出指标数，λ_j 为输入、输出系数，x_{ij} 为第 j 个决策单元的第 i 个输入指标值，y_{ij} 为第 j 个决策单元的第 i 个输出指标值，S_i^- 为输入指标松弛变量（投入过多），S_r^+ 为输出指标松弛变量（产出过少），ε 为非阿基米德无穷小。

超效率模型与传统 DEA 模型的不同之处在于定义被评价单元的参考集有所不同，在评价某决策单元时，传统 DEA 模型的参考集是所有决策单元的线性组合，即把待评价的决策单元和所有决策单元的线性组合相比较，而超效率模型则是将待评价的决策单元和所有其他决策单元的线性组合相比较。该模型在评价时，有效的被评价对象有可能按比例增加其投入而仍然保持其相对有效性，它将某个有效评价对象能增加其投入而仍保持其相对有效性的最大比例值作为该评价对象的新的效率值。显然，这样前沿面上的极点（Extreme Points）的效率指数将增大，不再是 1，而是大于 1。

5.4.2 常州分行业产业科技创新效率分析

选取常州规模以上工业企业中 31 个行业作为研究对象，根据

Malmquist 指数模型测算 2006~2014 年常州分行业产业技术创新效率。首先需要确定产业技术创新活动的投入产出指标，这里借鉴大多数学者的方法，将资本（M）、人力资本（P）作为产业技术创新活动的投入指标，将总产值（O）作为产业技术创新活动的产出指标。借鉴李子豪和刘辉煌（2012）、路正南和王志诚（2015）的做法，采用各行业固定资产净值年均余额表征资本投入；人力资本投入方面借鉴徐国泉和刘则渊（2007）、王群伟等（2008）、武春友和吴琦（2009）的做法，采用年均从业人员数作为表征；产出则以各行业总产值来表征。

运用 DEAP2.1 软件对 2006~2014 年常州市规模以上工业 31 个行业的序列数据进行技术效率指数、技术进步指数和全要素生产率指数分析，具体结果如表 5-4 所示。

表 5-4　2006~2014 年常州分行业产业技术创新效率

行业	effch	techch	tfpch
非金属矿采选业	1.149	0.857	0.985
农副食品加工业	1.106	0.912	1.008
食品制造业	1.078	0.939	1.012
酒、饮料和精制茶制造业	1.068	0.971	1.036
纺织业	0.987	0.961	0.948
纺织服装、服饰业	1.044	0.973	1.016
皮革、毛皮、羽毛及其制品和制鞋业	0.975	0.981	0.957
木材加工及木、竹、藤、棕、草制品业	1.023	0.929	0.951
家具制造业	0.938	0.878	0.824
造纸及纸制品业	0.929	0.970	0.901
印刷和记录媒介复制业	0.947	0.996	0.943
文教、工美、体育和娱乐用品制造业	0.981	0.993	0.974
石油加工、炼焦及核燃料加工业	0.969	0.947	0.918
化学原料及化学制品制造业	0.980	0.864	0.846
化学纤维制造业	1.061	0.946	1.004
橡胶和塑料制品业	1.051	0.994	1.045

第5章 科技创新与产业技术创新布局的优化研究

续表

行业	effch	techch	tfpch
非金属矿物制品业	0.998	0.984	0.983
黑色金属冶炼及压延加工业	0.988	0.994	0.982
有色金属冶炼及压延加工业	1.127	1.010	1.138
金属制品业	1.108	1.011	1.120
通用设备制造业	1.108	1.066	1.182
仪器仪表制造业	1.077	1.099	1.184
废弃资源综合利用业	1.077	1.086	1.169
电力、热力生产和供应业	1.095	1.064	1.165
燃气生产和供应业	1.069	1.013	1.083
水的生产和供应业	1.043	1.009	1.052
医药制造业	0.987	1.017	1.004
专用设备制造业	1.079	1.052	1.135
交通运输设备制造业	1.054	1.044	1.100
电气机械及器材制造业	1.043	1.067	1.113
通信设备、计算机及其他电子设备制造业	1.016	1.045	1.062
均值	1.036	0.987	1.023

从全要素生产率变化（tfpch）来看，2006~2014年，常州规模以上工业31个行业TFP平均增长率为2.3%，有20个行业TFP均呈现正增长，其中仪器仪表制造业增长率最大，为18.4%；有11个行业TFP呈负增长，家具制造业负增长程度最大，为-17.6%。从技术进步指数（techch）来看，研究期内，常州规模以上工业整体技术进步呈现负增长，增长率为-1.3%，31个行业中仅有13个行业技术进步为正增长，除六个高新技术行业外，还有电力、热力、燃气和水的生产和供应业，金属制品业等传统行业，仪器仪表制造业技术进步增长率是最高的，为9.9%。非金属矿采选业、家具制造业、化学原料及化学制品制造业三个行业负增长程度均达到-10%以上，技术进步形势不容乐观。另外，31个行业中有20个行业技术效率（effch）为正增长，非金属矿采选业技术效率增长最大，其次

为有色金属冶炼及压延加工业、金属制品业、通用设备制造业以及农副食品加工业，这五个行业技术效率增长率均超过10%，这五个行业均为传统行业，说明这些传统行业的全要素生产率增长主要靠技术效率来拉动。

对于六个高新技术行业，可以发现其TFP均实现了正增长，其中仪器仪表制造业增长最显著，增长了18.4%，专用设备制造业、交通运输设备制造业以及电气机械及器材制造业增长率也都超过了10%，但医药制造业TFP增长率仅为0.4%，与其他行业的差距较大。这些高新技术行业技术进步都实现了正增长，其中仪器仪表制造业增长还是最大，医药制造业增长依然最小。另外，六个行业中，仅医药制造业技术效率为负增长，其余均为正增长，增长最大的是专用设备制造业，增长率为7.9%，其次为仪器仪表制造业，为7.7%。

通过对常州分行业产业技术创新效率进行分析，可以发现各行业在产业技术创新效率上存在着较大的差距。总体来说，新兴行业的产业技术创新情况要好于传统行业，这可能与政府的支持力度、科技研发的强度、人才的富裕度等有关；另外，在高新技术行业内部，产业技术创新效率同样存在着差距，如仪器仪表制造业的技术效率、技术进步、全要素生产率均位于前列，发展形势较好，而医药制造业在这些方面均处于高新技术行业中的落后水平，这可能是由行业的特殊性造成的，也可能是由于其在引进先进技术、管理水平提升方面不够重视。

5.4.3 常州分地区产业科技创新效率分析

（1）常州分地区大中型工业企业产业技术创新效率分析。产业技术创新活动可以分为两个阶段，即创新投入转化为技术成果阶段以及技术成果转换为经济产出阶段，所以产业技术创新效率包括技术转换效率及经济转换效率两个分阶段的效率。

因此，首先探讨常州市大中型工业企业创新投入转化为技术成果的效率。考虑到数据的可得性，这里考察2010~2014年这5年间的效率。以大中型工业企业R&D人员全时当量、R&D经费投入强度（R&D经费内部支出与GDP的比值）为投入指标，以专利申请量以及新产品开发项目数为产出指标，构建超效率DEA模型，求得常州市以及常州市各地区产业技术创新第一阶段的效率，即技术转换效率，结果如表5-5所示。

表5-5 2010~2014年常州大中型工业企业产业技术创新第一阶段效率

年份	全市	市区	溧阳	金坛
2010	0.954	0.944	0.670	0.544
2011	0.997	1.121	0.812	0.598
2012	1.116	1.042	0.923	0.613
2013	1.029	1.147	0.948	0.639
2014	1.147	1.028	0.799	0.635
均值	1.049	1.056	0.830	0.606
年均增长率（%）	5.03	2.85	5.46	4.01

由表5-5可以看出，在考察期内，常州市、市区、溧阳市、金坛区技术转换效率的均值分别为1.049、1.056、0.830、0.606，分地区中，市区的整体效率值最高，从2011年开始，效率值均超过1；其次是溧阳，均值也达到了0.8以上，且2012年、2013年均超过0.9；但金坛的效率值相对较小，维持在0.6左右，与市区及溧阳存在较大的差距。从效率年均增长来看，全市的效率年均增长5.03%，增长幅度较大，市区、溧阳、金坛的年增长率也分别达到了2.85%、5.46%、4.01%。在三个分地区中，溧阳技术转换效率增长最快，说明当地大中型工业企业对科研越来越重视；市区虽然效率水平较高，但发展已经相对减缓，效率增速小于溧阳和金坛，说明其技术转换遇到了瓶颈，必须要打破这个瓶颈，产业技术创新第一阶段效率才能不断提升。

如图5-7所示，在考察期内，全市技术转换效率总体上处于上升趋势，仅2013年出现下降，发展形势相对较好；市区的效率值处于波动中，2012年和2014年效率值均出现了下降，且效率值上升幅度并不大，要继续提升技术转换效率，需付出更多的努力；2010~2013年，溧阳的效率值上升较快，但2014年出现了下降，总体上发展形势不错；金坛的效率值基本上维持在0.6左右，变化较小。

第二阶段探讨技术成果转化为经济产出的效率，即经济转换效率。选择第一阶段的产出指标，即专利申请量以及新产品开发项目数为第二阶段

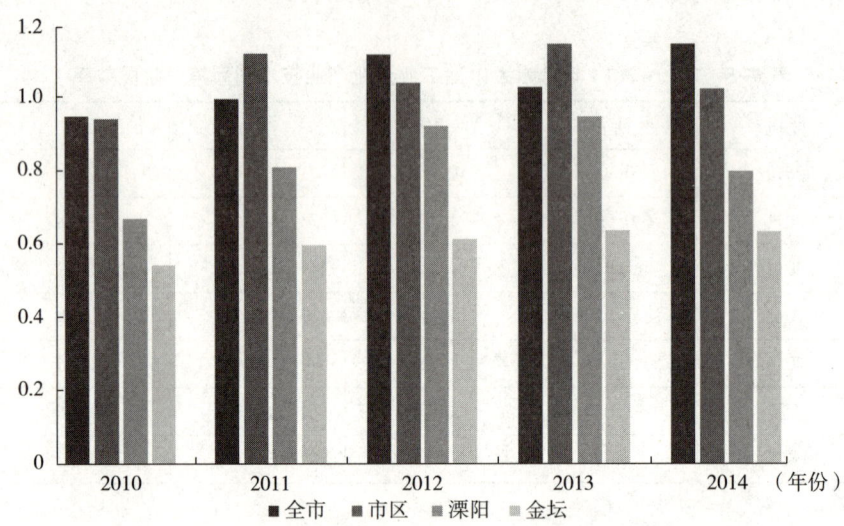

图 5-7　2010~2014 年常州大中型工业企业产业技术创新第一阶段效率变动情况

的投入指标，选择常州大中型工业企业的总产值以及新产品销售收入与产品销售收入的比值为产出指标，根据超效率 DEA 模型求得产业技术创新第二阶段的效率，结果如表 5-6 所示。

表 5-6　2010~2014 年常州大中型工业企业产业技术创新第二阶段效率

年份	全市	市区	溧阳	金坛
2010	0.879	0.651	0.942	0.543
2011	0.892	0.710	0.938	0.582
2012	0.906	0.617	0.963	0.551
2013	1.118	0.611	0.828	0.607
2014	1.048	0.596	0.972	0.555
均值	0.969	0.637	0.929	0.568
年均增长率（%）	5.05	-1.87	1.40	0.86

由表 5-6 可知，2010~2014 年，常州市经济转换效率从 0.879 增至 1.048，年均增长率为 5.05%，市区 2010 年效率值为 0.651，2014 年则降

第5章 科技创新与产业技术创新布局的优化研究

至0.596,年均下降1.87%;溧阳、金坛效率的年均增长率分别为1.40%以及0.86%。从市区、溧阳、金坛的效率均值可以发现,溧阳在技术成果转化为经济产出方面做得最好;其次是市区,均值达到0.637,高于金坛的0.568,但两者均与溧阳存在较大的差距,说明市区、金坛在技术成果转化方面抑制了整体产业技术创新效率的提升,尤其是金坛,两阶段的效率均较低,必须尽快重视产业技术创新的开展。另外,从三地区效率的年均增长率可以看出,溧阳的年均增长率最高,说明在研究期内,溧阳技术成果产业化的发展较快,产业技术创新形势较好;金坛虽然经济转换效率水平较低,但仍处于增长中;反观市区,整体技术成果产业化水平比不上溧阳,而且效率值整体上处于下降趋势,形势不容乐观,必须尽快利用市区的各方面资源,加快技术成果产业化进程。

由图5-8可看出,全市产业技术创新第二阶段效率处于一个上升趋势中,2010~2012年增长较慢,2012~2013年增长较快,之后出现了下降;市区2010~2011年,效率有所提升,但之后一直处于下降中;溧阳除了在2013年效率值下降较大外,其余年份变化较小;金坛效率值比较稳定,一直维持在0.6左右。总体而言,三地区第二阶段效率变化较小,且溧阳的优势较明显。

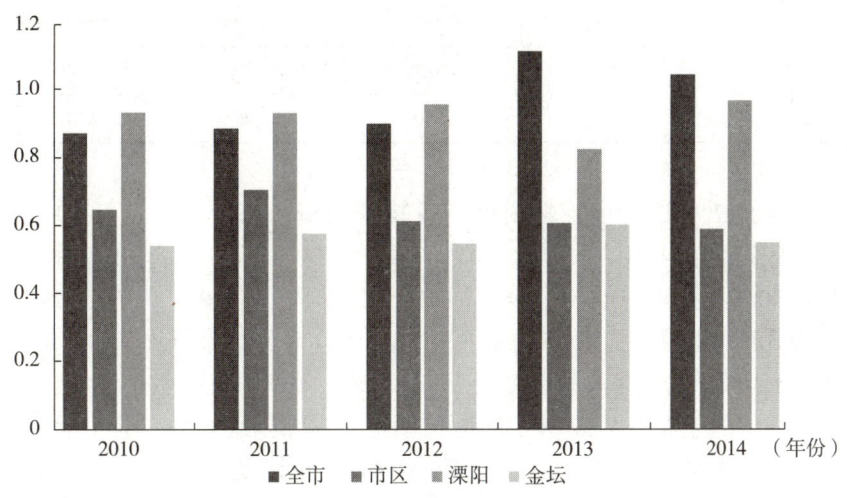

图5-8 2010~2014年常州大中型工业企业产业技术创新第二阶段效率变动情况

通过对常州产业技术创新第一阶段以及第二阶段效率的测算，可以看出在创新投入转化为技术成果阶段，市区的效率值要高于溧阳和金坛，金坛效率值在三者中处于相对劣势地位；在技术成果转换为经济产出阶段，溧阳效率值要远远高于市区以及金坛，金坛依然处于相对劣势地位。但是综合来看，常州及其分地区的产业技术创新效率情况是怎样的呢？为了探究产业技术创新综合效率，选取第一阶段的投入变量为综合效率测算的投入，即大中型工业企业 R&D 人员全时当量、R&D 经费投入强度；选取第二阶段的产出变量为综合效率测算的产出，即大中型工业企业的总产值以及新产品销售收入与产品销售收入的比值，并构建超效率 DEA 模型，算出的综合效率值如表 5-7 所示。

表 5-7 2010~2014 年常州大中型工业企业产业技术创新综合效率

年份	全市	市区	溧阳	金坛
2010	0.912	0.918	0.736	0.617
2011	0.916	1.219	0.852	0.650
2012	1.051	1.089	1.069	0.631
2013	1.107	1.126	0.932	0.675
2014	1.242	0.906	1.057	0.671
均值	1.046	1.052	0.929	0.649
年均增长率（%）	8.17	1.50	10.46	2.20

由表 5-7 可以看出，常州市产业技术创新的综合效率从 2010 年的 0.912 增长至 2014 年的 1.242，2014 年底，市区、溧阳、金坛的效率值分别为 0.906、1.057、0.671。全市的综合效率均值为 1.046，市区、溧阳、金坛的效率均值分别为 1.052、0.929、0.649，市区的综合效率均值最高，已超过 1，溧阳的效率均值也接近 1，金坛地区效率均值较小，与市区、溧阳存在一定的差距。从效率年均增长率来看，溧阳综合效率提升速度较快，达到了年均 10.46%，远远高于金坛的 2.2%以及市区的 1.5%，说明溧阳大中型工业企业目前的产业技术创新发展较好。市区需要继续加快产业技术创新的步伐，不断提升产业技术创新效率；金坛已被划为市区，要充分利用市区各种创新资源，加快自身的产业技术创新发展。

由图 5-9 可以看出，在考察期内，常州全市产业技术创新综合效率一直处于不断上升的过程中，且在 2011~2014 年上升较快，表明常州市大中型工业企业整体的产业技术创新正在不断增强；市区产业技术创新效率值在 2011 年之后下降较快，产业技术创新发展可能遇到了瓶颈，抑制了其进一步发展；溧阳整体上处于上升趋势，2010~2012 年产业技术创新发展较快，2013 年效率值出现下降，但 2014 年又继续回升，发展形势不错；金坛产业技术创新效率在三个地区中相对较差，每年都处于效率值的末位，效率变化也较小，发展停滞不前，产业技术创新水平不高，产业技术进步对经济增长的推动作用无法实现，一定程度上抑制了金坛整体的经济发展。

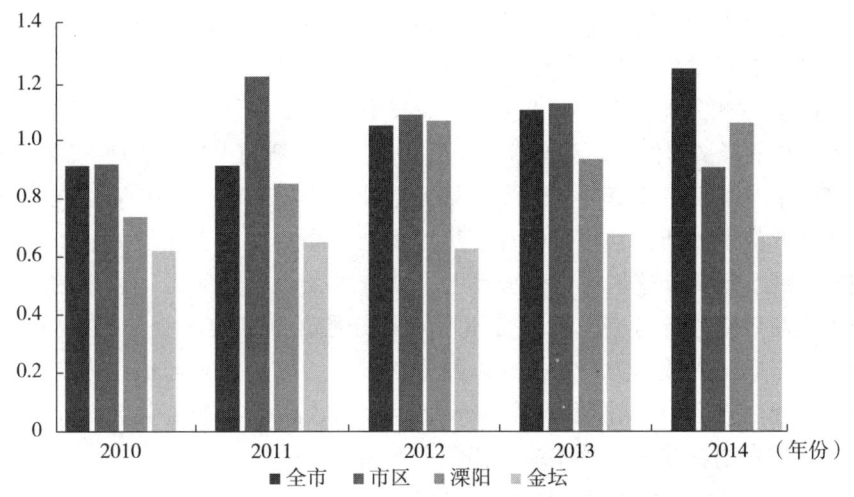

图 5-9　2010~2014 年常州大中型工业企业产业技术创新综合效率变动情况

综合两阶段效率以及综合效率的分析，可以得出结论：

第一，产业技术创新效率的提升需要两个阶段综合作用，即整体产业技术创新水平的提升既需要加快提升创新投入转化为技术成果的水平，也需要增强技术成果转换为经济产出的能力。两个阶段缺一不可，必须兼顾两个阶段的产业技术创新发展。通过分析，常州市第一阶段的效率总体上要好于第二阶段，因此必须要注重加强技术成果转化为经济产出的能力。常州"十三五"规划强调：要加快创新成果产业化，要不断完善产学研合作的"常州模式",推动本土企业与大学大院大所的对接合作,广泛招引全球全国创新创业项目,推动各类创新成果资本化、产业化。健全技术创新市场导向机制,围绕产业链部署创新链、围绕创新链完善资金链,强化科技同经济、创新成果同产业、创新项目同现实生产力、研发人员创新劳动同利益收入"四个对接"。实行以增加知识价值为导向的分配政策,提高科研人员成果转化收益分享比例。

第二,各地区产业技术创新效率存在着较大差距。市区的产业技术创新效率最大,但效率提升速度较慢,甚至在第二阶段已经出现了负增长,产业技术创新发展有减缓的趋势;溧阳的产业技术创新效率值也较高,已接近于1,且产业技术创新效率提升的速度较快,说明溧阳产业技术创新正在逐步完善;金坛在考察期内产业技术创新效率较小,且产业技术创新发展几乎停滞,发展形势不容乐观,必须尽快找出阻碍产业技术创新发展的因素,然后对症下药,加快产业技术创新的步伐。

(2) 常州分地区高新技术企业产业技术创新效率分析。作为知识密集、技术密集的经济实体,高新技术企业是产业技术创新的主要来源地。2006年国家颁布《国家中长期科学和技术发展规划纲要(2006—2020)》,强调要加快产业技术创新,常州市认真落实此规划,高新技术企业发展取得了较快的发展。因此,这里对常州分地区高新技术企业"十一五"以来的产业技术创新效率进行考察,选择常州市及其分地区高新技术企业的R&D经费支出、职工人数作为资本投入以及劳动投入,以企业总产值作为产出指标,构建超效率DEA模型测算常州及其分地区高新技术企业2006~2014年产业技术创新效率,具体结果如表5-8所示。

表5-8 2006~2014年常州高新技术企业产业技术创新效率

年份	全市	市区	溧阳	金坛
2006	0.943	0.921	0.889	0.692
2007	1.182	1.137	1.343	1.013
2008	0.967	0.956	0.953	0.792
2009	0.930	0.912	0.895	0.637
2010	0.843	0.812	0.868	0.714
2011	1.015	0.999	1.059	0.773

续表

年份	全市	市区	溧阳	金坛
2012	0.974	1.011	0.819	0.717
2013	1.213	1.372	1.024	0.801
2014	0.978	1.003	0.696	0.793
均值	1.005	1.014	0.950	0.770

表 5-8 显示，2006~2014 年，全市高新技术企业产业技术创新效率从 0.943 变为 0.978，均值为 1.005；市区、溧阳、金坛的产业技术创新效率的均值分别为 1.014、0.950、0.770。由此可以发现，市区高新技术企业的整体产业技术创新效率要高于溧阳和金坛，金坛高新技术企业的产业技术创新效率最低。

由图 5-10 可以看出，全市及三个分地区高新技术企业的产业技术创新效率变化趋势都不太明显，全市、市区、溧阳的产业技术创新效率值基本上在 1 周围波动，而金坛的效率值则在 0.8 左右振荡，落后于市区以及溧阳，这与大中型工业企业产业技术创新第一阶段、第二阶段效率结果以及综合效率结果相似。

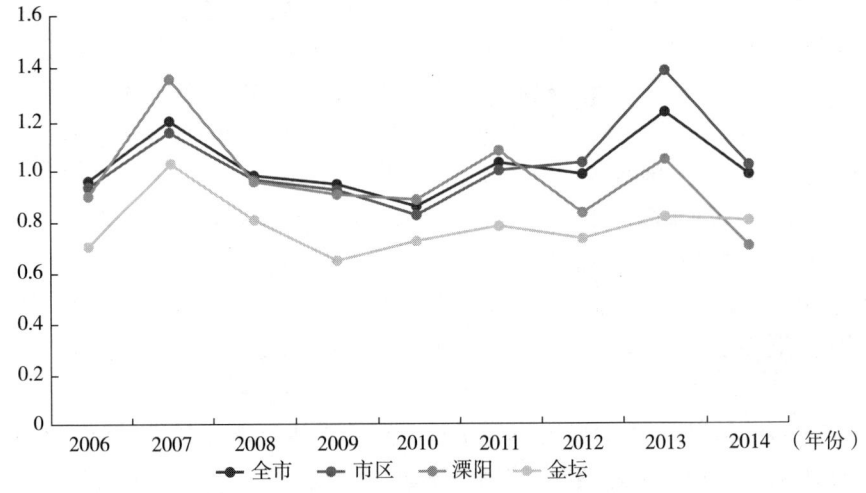

图 5-10　2006~2014 年常州高新技术企业产业技术创新效率变动情况

5.5 优化常州产业科技创新布局的基本思路与规划图设计

5.5.1 优化常州产业技术创新布局的原则

(1) 整体规划、重点突出原则。产业技术创新布局是一项系统工程，需要在规划中发展，发展中调整优化。在整体规划的基础上，要突出常州市各地区的特色，使各个层面协调发展。初期要利用各地区现有的资源，从培育形成相对专一的产品基地起步，选择对基地建设有整体性带动作用、具有特征性地位的重点领域、关键产品和特有技术，加快建成少数重点产品或产业群的国家级基地，形成高新技术产业的局部强势。在此基础上，适应市场需求，扩大产业规模，提高技术水平，形成群体优势和整体竞争实力，最终建成国家高新技术产业综合性基地。

(2) 坚持市场导向、政府协调原则。市场在产业技术创新布局中起关键作用，产品的研发、创新、供求、价格的制定都是市场在起作用，发展产业技术创新应当充分发挥市场机制的作用。产业技术创新须以常州创新要素市场为导向，强化市场机制配置创新资源的基础性作用。发挥政府的积极作用，并完善政府的协调功能，常州各级政府须加强服务和引导，为产业技术创新布局创造良好的市场条件和体制环境。

(3) 可持续发展原则。人类生存和发展所依赖的环境，其承载能力是有限的，所以常州市在进行产业技术创新布局时必须注意节约资源和保护环境，强化高新技术产业园区土地集约利用，树立资源高度节约以及环境保护意识，建立动态评价体系，落实最严格的资源及环境管理制度。

(4) 以人才为依托。产业技术创新布局会涉及高端人才的引进、区域之间的合作等问题。因此人才理应被视为产业技术创新布局中需要重点考虑的因素，尤其是那些科技人才相对缺乏的地区。

(5) 力争布局的全面性。目前，常州市区产业技术创新发展较好，成绩显著，如何利用其发展基础和经验带动溧阳和金坛产业技术创新的全面协调发展,将是常州产业技术创新布局所要解决的重要问题。

5.5.2 优化常州产业技术创新布局的基本思路

优化常州产业技术创新布局需要借助一些动力,即内部动力、外部动力以及耦合动力。内部动力来自企业内部,是一种张力,主要包括创新资源、创新基础设施;外部动力来自影响产业技术创新布局的外部环境,是一种推力,包括金融环境、政府政策。耦合动力即政府主导、市场牵引和企业推动。并且,还要辅以四个关键的带动机制,常州产业技术创新布局的优化工作才能顺利开展。

(1) 常州产业技术创新布局优化的内部动力。在产业技术创新布局优化的内部动力系统中,创新资源是内在的基本动力,起导向作用;创新基础设施建立了沟通协调渠道,健全了利益分配机制,是产业技术创新布局优化的重要推动力。

1) 创新资源。创新资源是产业技术创新布局形成的物质基础,各行各业开展产业技术创新都需要有充足的创新资源。创新资源的多寡、质量高低等对产业技术创新布局有重要导向作用,甚至成为决定性因素。因此,常州市必须加快建立创新要素市场,为产业技术创新布局提供充足的创新资源,并合理配置这些资源。

2) 创新基础设施。创新基础设施是产业技术创新布局的重要基础条件,其发展水平对于产业技术创新布局有重要影响。比如区域交通运输条件,是产业技术创新发展的首要基础条件,有利的交通运输条件往往意味着有好的经济协作条件,有利于接受发达地区的产业技术创新扩散,很好地满足市场需求和方便地获得信息等。常州市须建立完善、完备的创新基础设施,为产业技术创新布局提供良好的条件。

(2) 常州产业技术创新布局优化的外部动力。在产业技术创新布局优化的外部动力系统中,政府通过各种产业政策、制度以自上而下的方式影响产业技术创新布局,是优化布局的重要保障;金融环境既为产业技术创新布局提供机遇,又对其提出挑战和制约,是产业技术创新布局的重要外部推动力。

1) 政府政策。政府政策是影响产业技术创新布局的重要因素。由于存在市场失灵,使产业技术创新集聚存在外部不经济,这时需要政府建立法律法规，加强产业规制，减少产业技术创新集聚的外部不经济，有效合理地布局产业技术创新，合理配置创新资源，达到集聚区域整体效益的最大化。因此，常州市各级政府应该出台一些政策支持产业技术创新布局的优化。

2）金融环境。产业技术创新高风险、高投入、高收益的特征要求大量的资本投入和积累，因此，产业技术创新布局优化必须有一个良好的金融环境。金融发展水平的高低影响产业技术创新的布局，企业需根据各个阶段的目标、主体和特点的不同，选择投资银行、共同基金、风险投资基金、资本市场等不同的渠道和方式进行融资。常州市部分地区目前高技术产业发展迟滞，融资障碍是一大原因。所以，常州必须充分完善金融环境的功能，尤其是资金供给相对不足的地区。

(3) 常州产业技术创新布局优化的耦合动力。耦合即两个或两个以上的动力之间通过各种相互作用并彼此影响从而联合起来的现象，是在各种因素间的良性互动下，相互依赖、相互协调、相互促进的动态关联关系。在动力相互关联、动力作用彼此交织的条件下，内生动力与外生动力相互连接，形成了一种稳定的相互作用机制——耦合。

1）政府引导。政府是产业技术创新布局的引导者。总体来说，政府相关的宏观政策是对产业技术创新布局进行宏观调控的重要手段。政府通过制定产业布局规划，纠正市场机制造成的产业技术创新结构的失衡，从区域发展角度建立和完善地区间的产业分工体系，优化产业技术创新在空间上的布局。另外，政府提供的基础设施条件如金融、教育、中介及各类产业技术创新服务等，为高新技术产业的发展创造良好的资金、科技及技术推广环境，是产业技术创新布局优化的重要社会经济基础条件。

2）市场协调。市场是产业技术创新布局优化的有效方式，牵引着各种创新要素的自由流动，加速了产业技术创新布局优化的步伐，是协调合理布局最有效的动力。市场通过创新资源进行引导，利用金融环境为各种企业提供服务，使高新技术企业在科学合理的规模下协调发展，从而实现创新要素的优化配置与动态均衡，协调推动产业技术创新布局的优化。

3）企业驱动。产业技术创新布局的优化说到底还是优化企业布局的问题。企业作为驱动产业技术创新合理布局的力量，发动和组织企业合理布局也就成为产业技术创新布局优化成败的关键。

(4) 常州产业技术创新布局优化的带动机制。

1) 以产业技术创新结构布局调整带动产业技术创新空间布局调整。实证结果表明，当前常州各地区产业技术创新效率存在较大差距，市区的效率要明显好于溧阳和金坛，空间布局呈现出非均衡性特征，这与产业技术创新结构布局息息相关。如金坛由于经济基础落后于其他地区，高新技术产业发展滞后，产业技术创新结构较落后，创新产业化能力弱，创新产出水平低。所以，当前常州产业技术创新空间布局的不合理，归根结底是产业技术创新结构布局调整不到位造成的。

因此，现阶段常州产业技术创新空间布局的调整，必须坚持以产业技术创新结构布局调整为主线，围绕常州产业结构战略性调整与产业区位布局调整的总体目标，根据特定地区产业和科技条件进行。要以推动区域产业协调发展、产业空间布局优化配置为目标，根据各地区产业技术条件选择主导产业，合理推动创新资本、人力、技术资源在特定空间集聚，形成产业集聚与技术外溢。要以产业技术创新结构布局调整带动产业技术创新空间布局调整。要增强市区主导产业发展，令其产业技术创新集聚，并辐射到其他地区。

2) 以战略性新兴产业带动传统产业技术创新。战略性新兴产业是以重大前沿技术和重大发展需求为基础的知识密集型、物质资源耗能低、发展潜力巨大、综合效益良好的产业，对推动产业结构升级、提升产业自主创新能力和国际竞争能力具有引领和带动作用。

常州目前传统产业依然占据主导地位，产业结构调整的重点方向是传统产业结构的优化升级，优化升级的对象正是知识密集型和技术密集型的战略性新兴产业。战略性新兴产业一般建立在突破性技术的基础上，会颠覆原有的传统产业价值链而重构产业体系，给传统产业注入新的生命力，通过科技创新加快知识扩散和技术扩散的速度从而向传统产业渗透。战略性新兴产业通过产业自主创新能力的提升和一大批共性技术和关键技术的突破，解决产业发展中的重大技术问题。所以常州市需要加快推动战略性新兴产业内源式创新发展和外源式创新发展模式相结合，促进传统产业向新兴产业转换，以战略性新兴产业带动传统产业技术创新。

3) 以产业融合带动产业技术创新。随着全球高新科技的迅猛发展，现代各产业之间的界限越来越模糊，产业间相互渗透、相互融合的现象越来越明显。产业融合使产业之间的边界模糊化，多个产业之间基于共性技术和市场基础，能较易改变某些产业结构布局，实现一个产业到另一产业的过渡和渗透，从而实现产业创新和发展。

产业融合丰富了产业技术创新的形式和内容，在高新技术尤其是信息技术强大渗透力和影响力的作用下，极大地推动了产业高度分化与高度整合并存的新局面。首先，通过高科技产业向其他产业进行技术渗透，以技术融合带动高技术产业与其他传统产业之间的融合。其次，通过产业间的延伸融合，改进原有产业的附加功能或增值服务并赋予其更强的竞争力和生命力。常州"十三五"规划提出要推进产业跨界融合发展，推动三次产业相互渗透、跨界融合，催生更多新产品、新业态、新商业模式。加快推进"制造+智能""制造+网络""制造+服务"，让融合发展成为制造业转型升级的新路径。实施"互联网+"行动计划，推进智慧常州建设，发展分享经济，促进互联网和经济社会融合发展。大力培育网络服务平台，提高平台的集聚效应和市场价值，推进数据资源开放共享。

因此，常州要重视和鼓励关联度强的产业技术创新，通过技术创新带动产业融合，提高产业核心竞争力。

4）以单个创新带动集群创新。集群创新是通过对特定区域内相对集中的同类或相关产业进行优化组合，使其创新效应得到充分发挥，从而产生更强的产业竞争优势。其实质也是企业、科研院所及相关研发基地技术创新能力的集成，是推动企业技术进步的重要网络支撑。集群创新离不开企业创新，但是集群创新不等于企业创新，它不再是单个企业内部相对独立和封闭的资源开发和利用，而是整个产业内相对开放松散环境下的创新竞合行为。

常州"十三五"规划提出要强化企业自主创新主体地位和主导作用。引导创新要素向企业集聚，大力引进创新创业人才，加快培育创新型企业。加强新型研发机构建设，支持企业加快技术攻关和新品开发，创造和拥有一批核心技术、高端产品，进一步提升知识产权、自主品牌等企业"软实力"，使企业成为研发投入主体、科技创新活动主体和创新成果应用主体，努力形成以创新型领军企业为龙头、科技型上市培育企业为骨干、高新技术企业为主体的创新型企业集群。

从常州目前的产业发展状况来看，尚处于产业发展的集聚阶段，集群规模小、档次低、结构趋同、特色缺乏，很多产业"聚而不群"。因此，必须通过产业技术、体制、管理、信息、服务等方面的产业集群的综合创

第5章 科技创新与产业技术创新布局的优化研究

新，对行业共性、关键与前瞻性技术实现突破式创新，使常州产业技术进步真正建立在自主创新基础之上，最终实现常州产业发展的现实需要。

5.5.3 优化常州技术创新布局规划图设计

综合考虑当前常州市各区、各行业产业技术创新现状，对常州产业技术创新布局进行优化（见图5-11）。

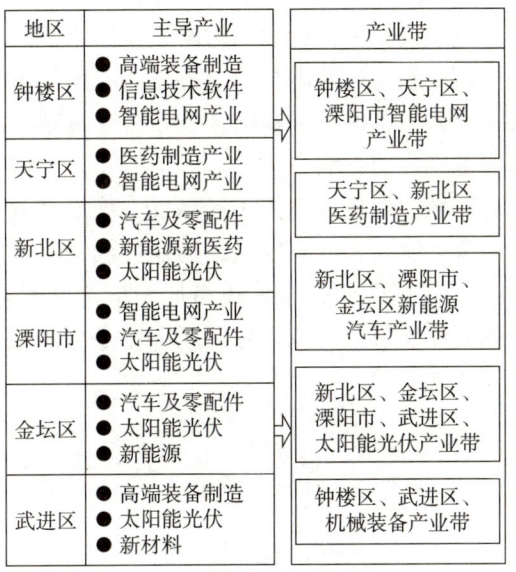

图5-11 常州地区产业技术创新布局

第一，各区产业技术创新优势明显，布局重点各有不同。武进区以太阳能光伏、新材料、高端装备制造业、轨道交通业为重点发展产业；钟楼区以高端装备制造业、电子信息和软件产业、智能电网产业为重点发展产业，进一步促进传统产业转型升级；天宁区重点发展医药制造业、智能电网产业，大力推进新医药产业、新材料等产业的发展壮大，同时推进"互联网+传统产业"模式，促进型新兴产业发展；新北区则以汽车及零配件产业、新医药、新能源为主要发展产业，并培育云计算、物联网等产业；金坛区发展汽车及零配件产业、太阳能光伏、新能源等支柱产业，并致力发展"山水经济"，将山水生态资源转化为金坛经济发展的新动力；溧阳市则大力推进智能电网产业、汽车及零配件产业、太阳能光伏等产业发展。

第二，各区产业技术创新呈现由点到片布局特征，以片创新的集聚优势突出。六个地区根据地理区位特点能形成产业集聚优势。武进区、金坛区和溧阳市可共同打造太阳能光伏产业集聚区；钟楼区和武进区可共同打造机械装备产业；天宁区和新北区可携手推进医药制造产业发展；钟楼区、天宁区和溧阳市在智能电网产业上可加大发展力度。金坛地区可搭上智能电网产业带，培育本地区的智能电网产业，逐步形成"三区一市"的产业发展带，在产业规模有所扩展的同时增强集聚水平。新能源汽车产业的集聚由溧阳、金坛和新北区共同打造。各地区有所侧重，联手共建产业集聚区，实现科技、人力、财力、基础设施等资源共享，共同提升常州产业在全省甚至全国范围内的影响力。

因此，从优化区域产业技术创新布局出发，统筹整合产业技术创新资源，推动资源要素合理流动和高效组合，构建协同、互补、高效的产业技术创新布局体系。在优化产业技术创新布局中应当注重培育主导产业发展，扶持高新技术产业发展，打破地域界限，加强交流与合作，形成共享经济，实现规模效益最大化。

第 6 章

科技创新对智慧城市建设的支撑作用及实现路径

6.1 智慧城市的内涵

6.1.1 智慧城市的定义及发展

智慧城市的发展最早起源于国外部分国家，美国在 1990 年的旧金山会议上便提出了"智慧城市，快速系统，全球网络"的会议议题，会后正式出版的文集成为了前期探索智慧城市发展的代表性文献。2004 年韩国推行的 U-Korea 战略、2006 年新加坡启动的 i N2015 计划以及 2007 年欧盟在《欧盟智慧城市报告》中提出的智慧城市建设构想，成为智慧城市发展的开端。这一概念的正式提出是在 2009 年，IBM 公司根据 2008 年底在纽约外国关系理事会所提出的"智慧的地球"这一愿景正式提出了"智慧城市"这一概念，将"智慧城市"定义为"能够充分运用信息和通信技术手段感测、分析、整合城市运行核心系统的各项关键信息，从而对于包括民生、环保、公共安全、城市服务、工商业活动在内的各种需求做出职能的响应，为人类创造更美好的城市生活"，并在同年与迪比克市合作建立了美国的第一个智慧城市（贾亚男，2001）。在此之后，日本于 2009 年推出了"I-Japan 智慧日本战略 2015"、丹麦制定建造了"智慧城市哥本哈根"

计划、2010年澳大利亚政府开发了"Smart Grid, Smart City"示范工程以及2011年韩国发布了"Smart Seoul 2015"计划，越来越多的国家和城市开始重视智慧城市在城市建设和规划过程中的重要性。而关于智慧城市，不同国家背景的学者对其有着不同的理解和定义，概括起来的主要内容如表6-1所示。

表6-1　智慧城市相关概念内容

组织/学者	主要内容
ICF（美国）	智慧城市即智慧社区，重视广域的经济发展，利用低成本、高速的通信和信息技术来促进经济发展及公众福利
IDC（美国）	智慧城市提供无所不在的联机、先进的宽带服务、完整的无线环境，利用IP-enabled的装置来互相联结和沟通，并通过一个中央管控中心来管理，让所有的居民和访客在任何地点都可以获得身边环境中的实时信息，远程管理则是重要的基本精髓
IBM（美国）	把新一代信息技术充分运用在全球每个角落的电网、铁路、桥梁、隧道、公路等各种物体中，协助政府、港口、机场、火车、超市、学校、医院等系统整合起来，使地方资源运用更有效率，让城市因此变得更聪明
Andrea Caragliu	智慧城市是通过参与式治理，对人力资本、社会资本、传统和现代的通信基础设施进行投资，促进经济的可持续增长、提高居民生活质量以及对自然资源进行明智的管理（丁镇棠、程书萍等，2011）
骆小平	智慧城市是指使用各种先进的技术手段，尤其是运用信息技术手段改善城市状况，使城市生活更便捷，主要包括在经济上实现健康、合理、可持续发展，在生活上达到和谐、安全、舒适，在管理上实现科技智能信息（United Nation's Sustainable Development Commission, 1997）
王家耀	智慧城市通过互联网把无处不在的被植入城市的智能化传感器连接起来形成的物联网，实现对物理城市的全面感知，利用计算技术对赣州信息进行智能化处理和分析，实现网上"数字城市"与物联网的融合，并且发出指令，对政务、民生、环境、公共安全、公共服务、工商活动等在内的各种需求做出智能化决策（European Environment Agency, 1998）

随着智慧城市的建设和发展，为了进一步把握智慧城市建设的内涵和

发展形式,越来越多的学者开始关注智慧城市的构成要素,主要有:①IBM首先从应用的角度提出了构成智慧城市的七大要素:交通、水、通信、商业、能源、城市服务、市民;②欧盟确定的智慧城市要素包括六个方面,即智慧人口、智慧流动、智慧经济、智慧环境、智慧治理和智慧生活;③上海浦东发布的《智慧城市评价指标体系2.0》,包括了基础网络设施、公共管理和服务、产业经济发展、市民人文科技素养、市民主观感知、软环境建设;④在第四届价值工程与项目管理国际会议上的《智慧城市价值研究》报告中,将中国新型智慧城建设及其发展影响力的指标划分为智慧基础运营、智慧管理服务、智慧经济人文和智慧综合保障四类一级指标,并划分了五十八类三级指标,覆盖面广泛。

根据智慧城市的构成要素,本书将智慧城市定义为:在城市信息化设备健全的基础上,通过互联网将城市中的智能传感器相连接并利用智能技术对信息进行处理分析,最终在民众充分参与的基础上做出包括政务、经济、交通、医疗、市民以及科技等在内的高效率和智能化决策,进而实现社会的可持续发展和人民物质水平的提高。

6.1.2 智慧城市的特征

智慧城市与非智慧城市有着明显的差别和特征:

(1) 全面透彻的感知。利用智能传感设备(RFID、传感器、二维码等)随时了解城市环境、问题以及其他变化,利用云计算、模糊识别等智能计算技术实现对信息的智能化处理以及分析和应用。

(2) 广泛及时的互相联通。利用各种网络通信技术将城市中各种子系统联合成为一个大的网络系统,从而对城市中各个子系统进行实时监控,从全面系统的角度分析形势并及时解决存在的问题。

(3) 智慧化服务。利用智慧城市全面感知的各种技术,对海量数据进行分析处理,为民众提供不同层次、不同要求的低成本和高智能化服务。

(4) 以人为本。智慧城市相对于一般城市而言更加注重市民的参与能力,充分考虑了市民的适应程度和满意程度,不断汇集市民的真实需求并做出符合广大民众需求的决策。

6.1.3 智慧城市的组成要素

根据本书中对于智慧城市的定义，将智慧城市的组成要素主要分为电子政务、数字经济、智慧交通、智慧医疗、智慧市民以及智慧科技。

(1) 智慧城市与电子政务。随着时代经济的发展，传统的政务表现出来的政务信息更新速度慢、缺乏统一规划、管理组织流程混乱以及办事效率低下等问题已经成为阻碍城市发展的重要因素。智慧城市的发展一方面可以使城市政务信息电子化，促进城市信息更新速度，充分发挥公民对于政务信息的知情权；另一方面智慧政务可以提高行政执行能力和服务能力，优化政府办事流程，提升政府的公信力。

(2) 智慧城市与数字经济。数字经济指以数字化的信息和知识为要素，以现代化网络和信息技术为载体，以促进产业结构优化和经济发展为目的的新型经济发展方式。数字经济发展的主要载体是智慧城市，也是智慧城市发展的主要特征，两者是相辅相成、互相促进的关系。智慧城市的建设可以加快建立城市现代化产业的发展，促进云计算和大数据的快速发展，推动物联网在经济领域的智能应用，而这些从根本上而言便是数字经济的发展，因此，智慧城市与数字经济的发展密不可分、相辅相成。

(3) 智慧城市与智慧交通。随着我国城市经济生活水平的不断提高，基础交通设施不断完善，车流量也不断增加，伴随而来的交通拥堵、交通事故频发、交通污染等问题已经成为困扰城市快速发展的重要因素。智慧城市的建设可以通过建立高清视频监控设备、GPS 交通监控系统、交通流量分析系统和车辆特征及违法行为分析系统等设备帮助城市建立更为完善的交通系统，减少事故发生频率，及时疏导城市拥堵路段交通流量，为城市居民提供完善且合理的出行信息，是智慧城市建设的基础性工程。

(4) 智慧城市与智慧医疗。任何一个城市的发展都离不开医疗服务系统的支持，然而医疗系统的不完善、医疗成本高以及医患矛盾的频发等都体现了在城市建设过程中所面临的重要问题，这些问题也成为影响社会和谐的重要因素。2015 年，国务院办公厅颁布了《全国医疗卫生服务体系规划纲要（2015~2020 年）》，指出"开展健康中国云服务计划，积极应用移动互联网、物联网、云计算、可穿戴设备等新技术，推动惠及全民的健康信息服务和智慧医疗服务，推动健康大数据的应用，逐步转变服务模式，提高服务能力和管理水平"。智慧城市的发展可以推动城市内互联网、物联网、云计算等的应用，进而推动智慧医疗的健康发展。

（5）智慧城市与市民。智慧城市的建设是根据城市实际状况解决市民所面临的难题，是面向全体市民的智慧城市，市民可以利用各种计算机、手机等网络平台，足不出户便能及时了解城市信息，享受到便捷高效的服务。这种模式通过政府、企业、市民等多方面参与，实现自上而下、自下而上的双重发展模式，改变了传统形式下政府单一主导的发展模式，全面考虑市民参与能力和满意度，以市民为核心、从市民需求出发，建设一个真正属于市民的智慧城市。

（6）智慧城市与科技。智慧城市是在城市信息化设备健全的基础上，通过互联网将城市中的智能传感器相连接并利用智能技术对信息进行处理分析，这本身便是运用科技的发展来推动城市发展。在智慧城市中，新的理念、科技、创新不断涌现，推动着科学技术不断向前发展，在城市的进步中推动科技创新，又利用科技发展推动智慧城市的发展，双方是相互循环促进的一个动态过程。

6.1.4 国内外智慧城市建设经验及启示

（1）国内外智慧城市建设的经验。

1）美国技术引领型智慧城市建设。技术引领模式是指政府通过鼓励先进科技的发展，以高新技术促进城市治理能力的提升，与科技企业合作构建智慧城市（钱明辉、黎炜祎，2016）。智慧城市作为信息技术不断发展而产生的城市治理新范式，其应用的数据生成、处理与实施都离不开相应技术的支持，只有不断将技术水平提高，才能更好地分析利用数据，为提升城市治理能力提供动力。2010年美国政府建立网络平台向公众开放高价值数据集，让公众、组织、社区和其他社会成员在现有数据的基础上产生新的创新性认知。同时，美国政府在"大数据计划"中，为公众提供健康信息、税务信息、能耗信息及学习信息的数据内容，让公众参与到城市治理中，积极构建技术导向型的智慧城市。通过与优秀的科技公司合作，创新性地采用先进的信息技术，连接并整合城市各项资源，建设信息基础设施，满足当地企业及居民的生活需求。以硅谷地区为例，其在智慧城市建设领域充分吸收和学习当地企业管理的先进经验，以高科技公司、产业的各种需求为导向，不断改善基础设施，为高科技产业发展提供良好的配套环境。该模式具有以下特点：第一，政府提出科技研发计划，并配套投入充足的资金支持相关技术的研发；第二，在特殊的领域与科技商业公司进行相关技术的合作开发；第三，由联邦政府牵头实施，面向对象为联邦各政府机构，鼓励地方政府可以根据具体需求独立或者合作研发构建智慧城市的基础设施，促进地区城市治理能力提高。

美国政府建设智慧城市的科技驱动模式是建立在美国拥有全球领先的信息技术研发能力的基础上的。美国商业公司具备自己独到的商业模式和专业领域的独特技术，政府通过合作的方式与商业公司互惠互利。一方面，商业公司可以得到政府提供的市场和数据支持；另一方面，政府可以借助商业公司提供的服务提高智慧城市的建设水平。同时，美国国内拥有数量庞大的互联网商业公司，政府既可以在整体上与其合作研发相关高新技术，也可以运用这些商业公司的某些服务改善具体城市的经济及民生。

2）新加坡项目驱动型智慧城市建设。项目驱动模式是指政府从实际需要出发，根据城市发展的目标、策略与重点，针对城市发展过程中遇到的实际生产生活各个领域中的问题发布具体项目，直接提升城市管理效率与公共服务水平，构建智慧城市。新加坡是一个城市国家，在有关智慧城市的战略规划与操作实施上，政府起到主导作用，企业与公众属于合作者和参与者，在政府的引导下开展相关工作。新加坡政府发布的项目大多是以改善民生为基础，以推动社会发展为出发点，以建立智慧城市为目标，直接解决现实发展中遇到的具体问题。在项目实施过程中，政府集中社会资源与力量，吸引有能力的个人、企业与政府部门展开合作，各成员权责明确，实施进度可以实时掌握，实施效率较高。新加坡政府利用信息技术提升公共管理、教育学习、金融服务等多个领域的运营效率，为公众提供具有连续性、一体性的公共服务。新加坡智慧城市建立主要涉及以下几个方面：智能政务领域项目主要侧重于政府数据采集、数据共享和政府部门标准化环境建设；医疗健康领域项目侧重于病患数据的互通与共享；金融企业领域项目主要侧重于为企业提供服务与数据支持；智能交通领域项目主要为智能交通项目，集成道路信息，优化交通环境。

新加坡的项目驱动模式比较适合具备一定的经济发展基础的地区或城市借鉴，地区整体基础信息设备铺设完全，政府财政充足，公民信息化意识强，能针对城市发展中的具体问题采取信息化手段解决，直接发展智慧

第6章 科技创新对智慧城市建设的支撑作用及实现路径

领域或产业，促进智慧城市的建设。就我国而言，项目驱动模式比较适合长三角、珠三角等经济发达地区开展智慧城市建设时参考。

3）北京智慧城市建设。我国首都北京是国家智慧城市发展的首批试点城市之一。在城市智慧化建设过程中，主要以城市管理为主，依托基于物联网和创新2.0的"智慧城管"建设，积极探索创新2.0时代的社会管理创新，有其自身发展特点。北京通过以移动技术为代表的物联网、云计算等新一代信息技术的应用，来实现全面感知、泛在互联、大数据计算的应用。基于维基、社交网络技术，实现市民的沟通。在城管信息化建设中重视用户体验和参与，重视市民及社会的参与，借鉴 Living Lab、Fab Lab 等面向知识社会的创新2.0方法论，基于物联网的构建开放创新空间，汇聚群众智慧，为生活其间的市民塑造公共价值、创造独特价值。同时，依靠标准规范体系及标准化等制度建设，强化开放数据、平台接口规范、用户体验等标准规范的建设，推动用户创新、开放创新、大众创新、协同创新，做到"智慧城市"的共建、共享、共治。例如，手机终端的开发，推出第一款应用"我爱北京"，即以数字地图为基础，通过移动应用APP，实现市民参与、咨询、建议等功能，体验"我的城市我做主"的新模式。

北京的建设思路是通过智慧设备获取感知数据，为决策研究提供依据，搭建公共服务平台，为市民提供生活便利和人性化服务，推进社区自治、自我管理、自我服务，形成"人民城市人民管"的多方参与社会管理服务体系，构建部门联动和执法勤务协同体系，实现科学部署、智能指挥、快速调度，实施监控，处理城市管理中出现的疑难问题，提高政府部门的工作效率，及时回应各方诉求，处理违法行为和突发事件，从而提升城市的综合管理水平。

（2）智慧城市建设启示。

1）搞好基础设施建设，以公众需求为导向。智慧城市建设最终目标是人的发展，它并不仅是要满足人的一般物质需求，更是要满足人求知、求乐、求富、求安的整体性需求，以民众需求最迫切的公共服务作为智慧城市建设的重点。智慧城市建设要响应社会对智慧城市不同阶段、不同层次、不同方面的诉求，真正使市民共享智慧城市的成果，促进人与城市的全面感知互动，不断提升市民对信息的获取和利用能力，提高市民在城市建设、城市发展、城市管理中的参与度。

2) 大力发展大数据产业，推动城市产业结构转型。目前，我国不同地区发布的智慧城市政策内容往往侧重于宏观指导，与实际产业的建设和发展相结合还不够。大力发展智能物流、信息软件、互联网娱乐、智能制造等战略性新兴产业，大力发展云计算、大数据等新兴产业，将传统产业与智能应用相结合，转变传统的经济结构。在金融、税收、工商、土地等方面支持大数据行业中小企业，促进大数据产业的集聚，让中小企业充分挖掘有用、有价值的数据，为社会服务。大力发展电子商务和各种新业态。通过线上线下、国内国际贸易的有机结合，吸引基层创新创业，促进城市内商贸服务的发展。

3) 提高信息技术水平，大力引进优秀人才。由于中国现有智慧城市政策缺乏对创新信息技术的有效开发和支持以及与科技企业缺乏合作，我国在智慧城市建设过程中可以借鉴美国技术引领型的建设方式进行发展。因此，各级政府要积极在公共政策的发布过程中与当地科技企业、大学、研究机构等合作，鼓励联合技术研究，吸收和培养优秀人才，提升整体技术水平，释放包括支持政府部门学习计划，还包括支持各种政策的高科技企业研究项目，注重整体规划，协调政府在城市建设过程中的主导智慧，积极参与社会资本的作用，加强科技创新，积极吸收优秀的资源和投入人才建设。

6.2　智慧常州建设的现状及存在问题

常州市是国家工信部和住建部"智慧城市"双试点城市，国家"十三五"规划纲要明确提出，要在全国"建设一批新型示范性智慧城市"，常州在智慧城市建设方面一直积极探索，不断进取。近年来，智慧常州建设渐入佳境，科技创新能力显著提升，智慧基础设施建设、智慧产业发展、智慧应用体系等智慧成果显著，完成了多项为智慧城市服务的重大工程，包括智慧常州基础地理信息工程、智慧常州时空测绘基准、智慧常州时空信息云平台，以及智慧常州空间信息共享平台等，为"DT"时代下的智慧常州建设奠定了基础。

6.2.1 智慧常州建设的现状分析

智慧城市建设是以城市建设运行系统的充分整合与业务高效协同为目标,充分运用感知技术、信息技术和通信技术手段,对获取的有一定标准规范的、城市发展建设中的海量数据信息进行智能处理和分析,对公众服务、社会管理、产业发展等活动的各种需求做出智能化响应和智能化决策支持,从而构建起城市发展的智能环境和全新城市形态。当前,常州正在加快推进智慧城市建设步伐,依托移动互联网平台,让群众切身感受生活的便利。

下面从智慧基础设施、智慧产业发展、智慧应用体系这三个方面分别介绍智慧常州建设的现状。

(1) 智慧基础设施现状。基础设施是城市生存和发展所必须具备的工程性基础设施和社会性基础设施的总称,是城市中为顺利进行各种经济活动和其他社会活动而建设的各类设备的总称。近年来,常州智慧基础设施水平随经济和技术的发展而不断提高,种类更加增多,服务更加完善。智慧能源设施不但更加绿色环保,而且有更高的安全可靠性,去中心化的能源交易模式为整个电网的负载平衡提供了更多的解决方案,新技术的融合推动了电力行业的重大变革;智慧环保设施呈现出重大变化:基于物联网的生态环境全方位检测网络为智慧环保奠定基础、区块链促进环保大数据的集成和共享、大数据驱动的智能决策技术促进生态环境综合决策科学化与监管精准化;智慧通信设施进一步完善,光纤入户和无线宽带覆盖范围逐渐增大。

目前,常州市建成区光纤网络基本实现光纤到企入户,城域网出口带宽达1200G,用户端口数538万个,固定宽带160万户,家庭普及率达到99%,家庭平均接入带宽达到9.1MB;全市已建设WLAN热点2576个,4G网络综合覆盖率几乎达100%。截至2017年底,常州家庭宽带平均带宽数位居全省第一,市区非营利性重点公共区域已基本实现免费Wi-Fi全覆盖。由图6-1和图6-2可以看出,2006~2016年常州市宽带网用户数以及互联网用户数快速增长,尤其是市区的增长速度最快,宽带网用户数年均增长率高达24.12%,年末互联网用户数年均增长率高达23.59%,均高于金坛和溧阳。

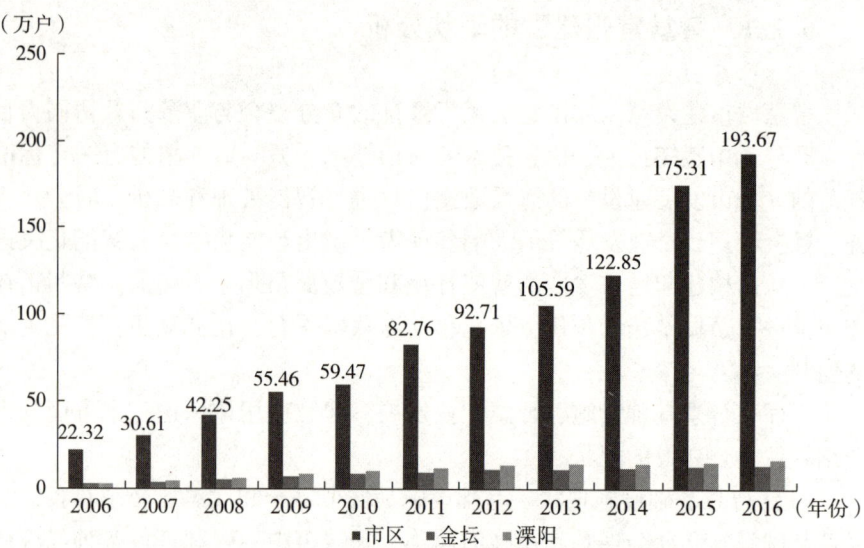

图 6-1　2006~2016 年常州市分区宽带网用户数

资料来源：《常州统计年鉴》（2007~2017 年）。

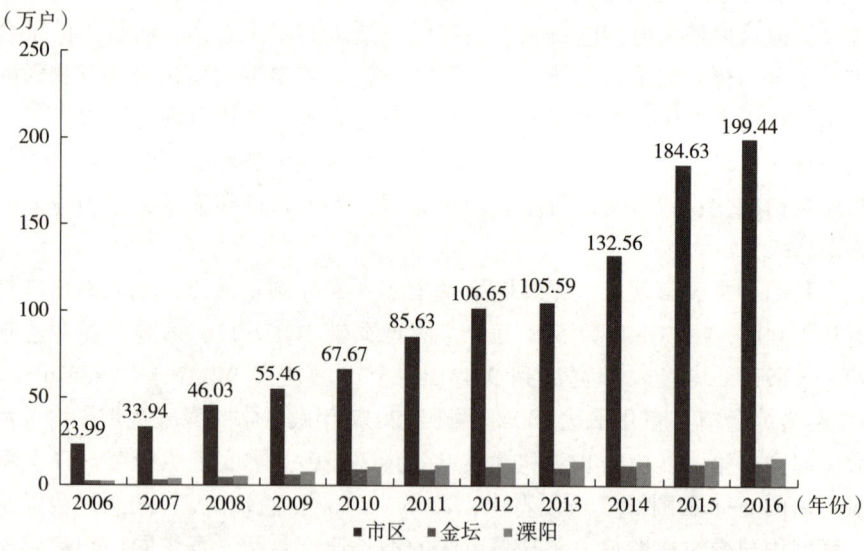

图 6-2　2006~2016 年常州市分区年末互联网用户数

资料来源：《常州统计年鉴》（2007~2017 年）。

第6章 科技创新对智慧城市建设的支撑作用及实现路径

（2）智慧产业发展现状。智慧产业作为城市战略性新兴产业的重要组成部分，它以重大技术突破和重大发展需求为基础，是知识技术密集、物质资源消耗少、成长潜力大、综合效益好的产业。2017年，全市电子信息产业制造业继续保持快速增长态势，整体增幅近15%；同时，常州市积极引导企业加大信息化投入，扶持企业两化融合从关键领域向全流程集成发展，累计培育省级两化融合示范企业36家，试点企业197家。伴随智慧城市建设的逐步推进，必将对城市加快产业转型升级，构建现代产业体系以及经济社会全局和长远发展等产生重大引领带动作用。

十大产业链作为常州市产业结构转型升级的重要抓手，是建设"智慧常州"进程中不可或缺的智慧产业支柱。新一轮十大产业链跟前一轮十大产业链相比，从外延与内涵上都进行了完善和提升。新一轮的产业链由之前的"三车四新三智能"升级为"五新三高两智能"。"五新"是指新能源汽车及汽车核心零部件、新材料、新一代信息技术、新能源产业、新医药及生物技术；"三高"是指高端轨道交通装备、航空装备、节能环保；"两智"是指智能制造装备和智能电网。新十大产业链新增了新一代信息技术和节能环保两个产业；原太阳能光伏扩展为新能源产业，原碳材料扩展为新材料产业；在原新医药产业的基础上，增加了生物农业和生物制造相关产业，剔除医药中间体及部分低端化学药；剔除原汽车及零部件、智能电网、农机和工程机械等部分低端产品，进一步推动常州市产业向高端化、智能化、绿色化方向发展。

2016年，常州各辖区十大产业链总产值较2015年均有所增长，全市十大产业链规模以上企业完成产值4212.7亿元，占全市规模以上工业总量的比重由2013年底的29.4%提高到34.3%（3年提高了近5个百分点），对规模以上工业产值的贡献率达到36.7%。

如图6-3和图6-4所示，常州各个分区的2016年十大产业链总产值存在较大差距，其中武进和新北区的十大产业链总产值比较接近，且遥遥领先其余各区，分别高达1302.09亿元、1280.71亿元。天宁区和溧阳市也比较接近，但是总产值分别只有252.34亿元、294.81亿元；金坛和钟楼的产值则处于中游。但是金坛区的同比增长率却是最高的，接近50%，武进和钟楼的同比增长最低，仅为4%。

（3）智慧应用体系现状。

1）智慧交通。智慧交通典型实践在我国个别城市已经开始投入应用，

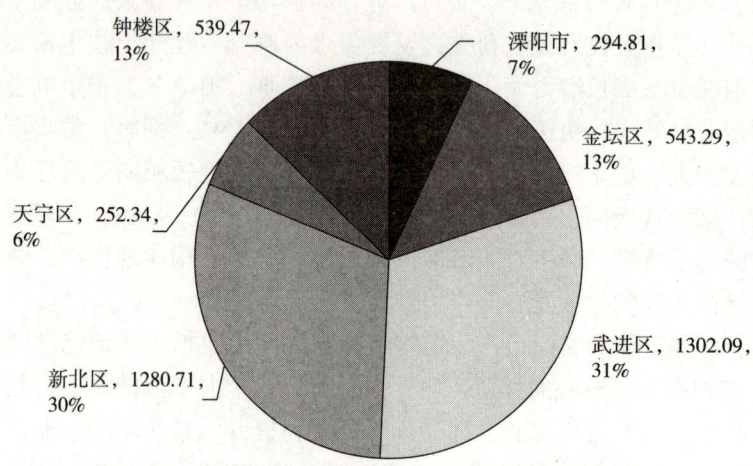

图 6-3　2016 年常州市制造业十大产业链总产值状况

资料来源：《常州统计年鉴》（2017 年）。

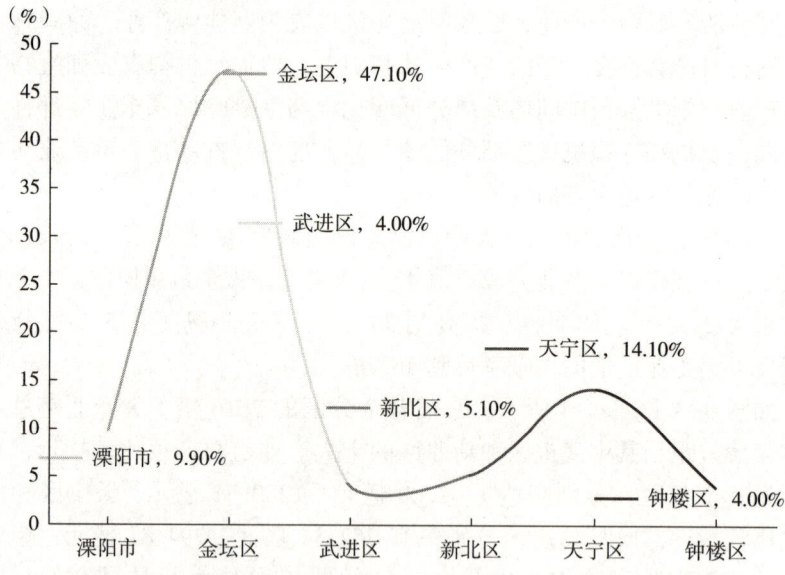

图 6-4　2016 年常州市制造业十大产业链总产值同比增长率

资料来源：《常州统计年鉴》（2017 年）。

第6章 科技创新对智慧城市建设的支撑作用及实现路径

比如百度地图为北京市交管局定制了国内首个城市灯控路口路况监测平台，实现信号灯路口拥堵分钟级发现、实时警报、主动处理、优化城市道路使用效率等；腾讯基于腾讯地图、微信、QQ 等移动大数据，有效掌握路面交通人流的实时情况，并基于机器学习对人流分布进行实时智能预测；ITS 智慧交通链运用物联网、区块链、云计算、人工智能、自动控制、移动互联网等现代科技，从物联网车库、车位流转平台、共享车位三个层面解决停车难问题。常州的智慧交通建设也取得了一系列丰硕的成果。如今，常州公交 B12 线以及所有 BRT 站台已经实现免费 4G 网络覆盖，实现所有公交车车载 Wi-Fi 全覆盖。同时，依托智能调度 ERP 系统建设的"掌上公交"，首次发布三个月下载量就达到 100 万次左右。"常州交通信息资源整合和综合利用系统"，实现交通系统内部跨区域、跨部门的信息资源共享；"六合一"交通信息化管理平台，统筹管理全市 500 个交通信号灯，接入停车场实时信息达 200 组；"常州·行"APP、"掌上公交"APP、"掌上龙城通"APP、96196 热线等交通服务应用为市民出行提供便捷服务，全面提升公众出行体验。通过建设智慧交通工程，市区主干道周期性严重阻塞率仅为 0.3%，高峰时机动车平均时速达 29.2 千米，两项指标均高于全国畅通工程 A 类一等"管理水平"。

2）智慧社区。智慧城市，讲究的是落地与惠民。落地，指的是要接地气；惠民，是要为百姓提供切实的福利。智慧社区是落地惠民的智慧城市典型应用之一，目前常州市的智慧社区建设正如火如荼地展开。新北区民政局在三井街道巢湖社区试点运行的"智慧社区"APP（包括社会工作者版和社区居民版），正是智慧城市重要入口、离市民最近的智慧城市应用，极好地符合了"落地、惠民"两大要素；"城乡社区综合管理和服务信息化平台"，纵向覆盖市、辖市（区）、乡镇（街道）和 1004 个村（社区）四级，横向与民政、计生、综治、残联等 19 个部门的业务系统进行对接；在智能家居、社区医疗、物业管理、家政护理等领域开展智慧化应用建设，服务覆盖 50 多个社区和 20 万户家庭；开展虚拟养老"一键通"工程，已为 2 万位老年人安装智能拨号设备。

3）智慧医疗。智慧医疗是改善医疗服务水平的重要手段。随着远程会诊、电子健康档案、诊间支付等各项技术的完善，常州各级医疗机构正面向市民开启全新的就诊模式。

除了远程会诊更加完善，借助实名制的居民健康卡和职工医保卡，常州患者的就诊效率也大大提高。市民拿着居民健康卡，在自助挂号机上就完成了挂号缴费，不需要去窗口排队。在诊室就诊期间，医生在开药的同时，在卡上完成扣费结算，为其省去了排队缴费的环节。"健康档案浏览器"可整合9家医院的诊疗信息和基层的公卫信息，实时调阅患者在市各医院的历次就诊电子病历、医疗服务记录和慢病管理等信息；"区域卫生信息共享交换平台"连接全市二级以上医院15家、基层医疗机构88家以及部分民营医院，为不同系统间进行信息整合提供有利载体；"卫生综合管理系统"强化HIS系统应用，新增武进区医保刷卡基层医疗机构73家，实现武进医保的即时结报；医疗机构开通官方微信服务号、"医讯通"APP、"掌上常中医"等服务均受到广大市民欢迎。目前，实名制就诊、医疗自助服务，已经在常州部分大医院试点，并逐步铺开。按照"健康常州2030"规划，到2020年，常州将基本实现居民"一人一卡"的目标，电子健康档案、电子病历、健康知识等五大数据库，覆盖全市85%以上的人口。

4）智慧教育。比起传统教育行业，融合人工智能、云计算、区块链等新技术的智慧教育更加注重保护知识产权，对视频、音频、软件等进行确权，为成果提供不可篡改的数字化证明；更加积极推进信用体系建设，基于多层次信用共识与激励机制，不断提升行业存储计算及协同能力；更加满足各类消费者的个性化需求，分布式账本、可编辑性及智能合约可以促进数据信息交互。目前，常州市教育网络体系基本完备，成功实现省、市、辖市（区）、校四级教育网络高速互联互通，取得了众多的智慧教育成果：建成"常州市教育信息化公共服务平台"，为全市中小学生个人学籍档案和教师个人成长档案提供服务，积累资源总量达76605条，访问量达33万人次；数字化教学、在线教育快速发展，研发基础教育"教学新视野"师生服务平台，开设102门职业教育课程，免费部署至每一个学校；"网上自主学习平台《青果在线》"，现有在线课程748个，累计在线学习人数超过11万人次。

5）智慧物流。新技术的融合使物流行业焕然一新，主要有三大改变：利用区块链搭建高度共享的智慧物流平台、基于大数据实现物流个性化服务、运用人工智能创造现代仓储的智慧中枢。目前，智慧物流实践应用已遍地开花，常州也深受裨益。亚马逊在业内率先使用了大数据，利用人工智能和云技术开展仓储物流的管理，创新推出了预测性调拨、跨区域配

第6章 科技创新对智慧城市建设的支撑作用及实现路径

送、跨国境配送等服务，并由此建立了全球跨国境云仓；阿里菜鸟作为物流数据协同平台，运用物流云平台、智能算法、大数据算法预测实现智能分仓、智能分单、智能布货、智能路由规划。通过超级机器人仓群以及大数据算法帮助商家合理备货，提供避免拥堵的调控措施，用数据连接各家物流企业，打通线上线下的供应链渠道，采用多元化末端配送，帮助商家实现一盘货运作；2018年4月，广州智链通科技有限公司创建的全国"一站式物流共享智慧云平台"——智链通"智慧物流共享云平台"，由此开启了"区块链+智慧物流3.0时代"。

6.2.2 智慧常州建设存在的问题

（1）科技创新能力有待进一步加强。目前，常州市拥有自主开发研制新技术产品能力的高新技术企业还较少，且由上述对常州高新技术企业的新技术产品产值状况的分析可知，常州的高新技术企业的新技术产品产值并不是一直呈稳步上升的趋势，尤其在2010年以前上下波动的情况比较明显，近两年的新技术产品产值也还是存在下降的现象。提高企业技术创新能力和动力，带动相关高新技术产业的发展，是提升常州整体经济发展的水平和能力的关键，也是推进智慧常州建设的基石。

（2）智慧基础设施建设水平较低。通信基础设施方面，整体建设水平仍落后于国内一、二线城市，无线网络覆盖的广度与深度仍需提升，家庭实际网络带宽还需进一步提高。例如，由图6-5可以看出，常州在互联网使用普及程度方面与省会城市南京之间还是存在较大差距，虽然互联网使用用户数逐年在增加，但是增长率远不及南京，十年之间南京互联网使用用户数增长了271.7万户，而常州仅增长了186.9万户；政务基础设施方面，现有政府数据机房支撑能力不足，无法满足更多委办局的进驻需求，机房服务器利用率不高，统一运行管理和虚拟化改造亟待加强；政务内网与外网的边界不够明确，政务应用部署缺乏统筹，政务外网与部门专网无法互联互通，影响政务数据传输与共享；信息资源方面，尚未建立统一的基础数据库和标准统一的信息资源共享交换机制，信息资源共享层次较低。

（3）智慧产业与"互联网+"融合不足。目前，常州市的传统产业大而不强，新兴产业尚在培育，互联网与传统产业缺乏融合；物联网和大数

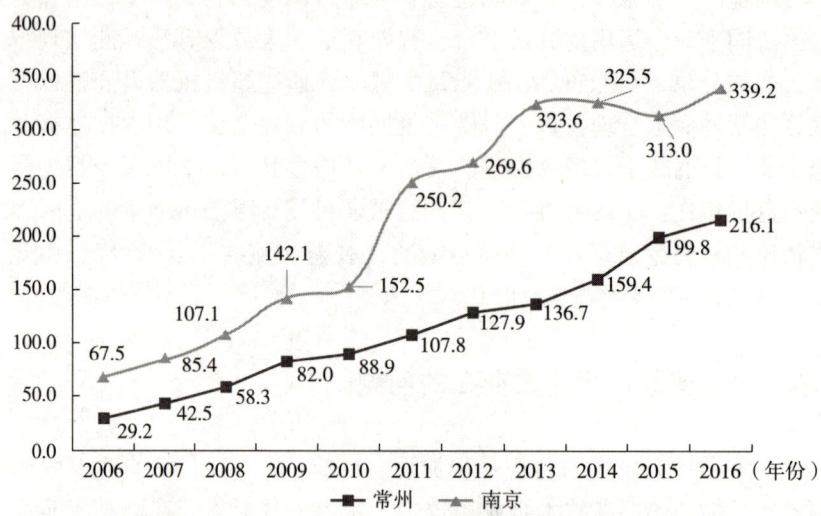

图6-5 2006~2016年常州市与南京市互联网使用户数

资料来源:《常州统计年鉴》(2007~2017年);《南京统计年鉴》(2007~2017年)。

据等信息技术手段在生产、流通、预测、决策过程中尚未深入应用,电子商务等创新的应用模式亟待推广;本地信息产业整体水平偏弱,本地软件服务能力无法有效支撑全市信息化建设需求;园区信息化基础设施与管理服务能力亟待提升,在园区招商、企业一站式服务、宏观经济运行等方面尚未建立有效的信息化支撑手段。

(4)智慧典型应用缺乏联动和互动。目前,常州市各部门之间的信息化建设仍只关注部门本身业务需求;已建成的各种智慧应用系统之间各自独立、缺乏联动,跨部门的业务协同也缺乏相应的信息化手段支撑;各部门对内部数据资源的整合和利用程度尚存在不足,且缺乏跨领域、跨部门的综合利用分析;最后,对于城市运行状况的综合展示、联动处理、决策支持的支撑能力十分欠缺。为此,各部门间必须打破发展壁垒,加强部门间的交流合作,同一产业链上的企业之间必须密切协同、共同发展、各方多赢,形成联动发展,尤其是先进的技术、资金、高级人才等资源要实现共享,从而实现常州整体智慧应用水平提升,进而提高智慧常州建设整体水平。

第6章 科技创新对智慧城市建设的支撑作用及实现路径

6.3 智慧常州建设水平的测算及分析

智慧城市子系统众多，层次结构错综复杂，是一个开放式的复杂系统。为了定量评价智慧城市的建设水平，加强智慧城市建设决策管理，促进新一轮城市化发展，需要建立一套设计合理、可操作性较强的评价指标体系。

6.3.1 智慧常州建设水平评价指标体系设计

智慧城市建设方兴未艾，国内智慧城市评价指标体系的研究也日渐深入，但尚未形成国家层面的统一、科学、完善的智慧城市综合评价指标体系。IBM（2009）在城市智慧程度评估白皮书中指出，"智慧城市"评估应遵循量身定制、统一、全面和具有可比性四项原则。通过对现有文献的分析（何军，2013），综合考虑常州市发展状况，确立智慧常州建设水平评价指标体系的构建应遵循以下几项原则：

(1) 科学性原则。这是智慧城市指标体系构建的最基本原则，要保证指标体系配置的科学性：首先，明确指标体系设计的理论依据和现实依据，既要论证理论预设前见的合理性、可行性，又要根据经济社会、信息化水平发展和创新，对智慧城市的丰富内涵、框架构成、基本特征、目标愿景、层次结构、发展动态、规律趋向等进行科学认知和全面测量；其次，指标的名称、内涵、口径、范围、适用要有精准的界定和目标导向，指标选择与层次划分要合乎自然逻辑和标准尺度，不能有内容重复、标准不一、越界划分、顺序混乱等错误。

(2) 系统性原则。智慧城市是许多要素构成的有机系统，因此，指标体系应遵循系统性构建原则，把相关领域纳入系统整体，正确调适和处理好局部与整体、基层与政府、行动与目标之间的关系，信息量得到充分反映，体现指标群的独立和完善，从各个角度、不同层次彰显被评价对象的特征和实态，而且还要体现对象的发展变化趋势。在智慧城市评估指标体系构建、指标选取、分值赋权上，要抓住智慧城市建设的核心要素，注重各个部分、要素的关联，符合事物发展规律，以保证评价的全面性和可信度。

(3) 导向性原则。智慧城市评价指标体系将全面反映智慧基础设施、智慧规划、智慧人群、智慧政务、智慧治理、智慧民生、智慧产业、智慧家居、智慧意象、智慧生态等方面的内容，从发展的视角集中展示了智慧城市的最新理念、未来愿景、建设目标、内在逻辑、框架体系、感知能力等核心要素，必须具备强大的导向功能和激励力量，能起到指导和牵引中国智慧城市建设、预测智慧城市趋向、推动智慧城市提升的作用。

(4) 可操作性原则。构建智慧城市评价指标体系不仅是一项理论研究课题，而且是一个重要的实践工具，要充分利用其进行实践分析，对现有的智慧城市建设情况进行评价，这才是课题研究的目的所在。因此，指标体系的拟设计要充分考虑在经济和技术上的可行性和可操作性：其一，数据获取的简易性和精确性；其二，数据的可综合性和可分解性；其三，经济成本的低廉性和可承受性；其四，测量手段和工具的明细化和量态化。

(5) 可比性与发展性原则。可比性是构建智慧城市评价指标体系及实际操作中的重要环节，它决定着评价结果的公信力。所以，选用指标时必须注重指标口径的一致性，保证指标体系在历时性和共时性上的比较优势和鉴别品质，同时在指标选取上注重把不可比要素转化成可比要素，并尽量与国际通用的指标相统一，以提高智慧城市评价的国际性。同时，适应区域和区段的特殊性，智慧城市的建设也有其特色和个性，指标体系的设置和赋权也应相应变动、修正和发展。

根据这五项建立原则，考虑到"智慧城市"的特征、建设的基本思路和推进模式，将智慧城市评价指标体系分为两个层次，从基础设施、科技、生活、环境四个方面对智慧城市建设水平进行评价，以这四个部分作为一级指标，在此基础上进行分解得到二级指标。经过频度统计和科学分析论证，本项研究最终确定22个二级指标，从而得到智慧城市评价指标体系的总体框架（见表6-2）。

第6章 科技创新对智慧城市建设的支撑作用及实现路径

表 6-2 智慧常州建设水平评价指标体系

一级指标	二级指标	单位
智慧基础设施	光纤接入覆盖率	%
	公共场所 WLAN 覆盖率	%
	电话用户数	万户
	移动电话用户数	万户
	互联网用户数	万户
	信息基础设施投资总额	亿元
	邮电业务总量	万元
智慧科技	发明专利授权量	个
	R&D 人员占从业人员比重	%
	信息服务业人员占从业人员比重	%
	发表科技论文	篇
	R&D 经费支出占 GDP 比重	%
	网上登记技术合同成交金额	万元
智慧生活	人均 GDP	元
	万人拥有公共交通车辆数	台
	万人拥有医院床位数	张
	公共图书馆图书总藏量	千册
	人均年电力能源消费总量	千瓦时
智慧环境	人均城市绿色开放空间	平方米
	城市绿化覆盖率	%
	交通干线噪声平均值	分贝
	污水处理率	%

（注：表格整体归属于"智慧常州评价指标"）

（1）智慧基础设施指标。智慧基础设施是智慧城市建设的重要支撑，是必不可少的物质保障。基于完善的基础设施，才能够实现智慧城市体系的协调一致，实现智慧政府的高效管理、智慧经济的又好又快发展及市民生活的高效便捷。智慧基础设施下的评价指标包含七个。网络连接情况包括光纤接入覆盖率、公共场所 WLAN 覆盖率指标；硬件设施包括电话用户数、移动电话用户数、互联网用户数；资金运转包括信息基础设施投资总额、邮电业务总量。其中，智慧城市建设的硬件设施指标取值越大，说明城市信息化的普及率越高，利用移动电话尤其是智能机，人们可以实现远程的很多服务，比如电话预约、手机支付等，实现市民生活的高效便捷性；互联网是智慧城市建设的基础，网络是智慧城市建设的媒介，是智慧城市发展必不可少的软指标。

（2）智慧科技指标。科学技术是第一生产力，智慧城市的建设同样离不开新一代信息技术的推动力。智慧城市的建设需要多个领域的科研创新，同时也少不了科技活动人员队伍的发展壮大。本项目从科技创新和科技资金投入两个方面选取指标，科技创新包含专利发明授权量、R&D 人员占从业人员比重和信息服务业从业人员占全社会从业人员比重、发表科技论文量四个二级指标；科技资金投入包含 R&D 经费支出占 GDP 比重、网上登记技术合同成交额两个二级指标。专利发明授权量反映了科技创新对于城市加快产业结构转型，掌握核心技术，提升产业核心竞争力和建设智慧城市目标的推动作用；R&D 人员占及信息服务业占从业人员比重直接反映了智慧产业对城市就业的影响；科技资金投入指标反映智慧产业的知识生产投入。

（3）智慧生活指标。智慧城市建设的初衷就是改善城市居民的居住质量，提升居民的舒适度和便捷度，实现生活更加便捷的可持续发展的城市。因此，从经济发展状况、便利交通、便利医疗、文化生活和日常所需等方面考察市民生活的便捷程度，分别用人均 GDP、万人拥有公共交通车辆数、万人拥有医院床位数、公共图书馆图书总藏量、人均年电力能源消费总量指标来表示。

（4）智慧环境指标。智慧城市的目的之一就是使环境更加友好、资源更加节约，面对日益尖锐的环境问题，人与自然如何和平共处是智慧城市亟须解决的一大问题。智慧城市通过新一代信息技术实时而精确地分析城市的各种数据资源，及时反馈回系统，智能应对各系统的变化，从而减少资源消耗，降低环境污染，最终实现城市的可持续发展。本项目选取了自然环境、资源循环等体现环境发展水平，自然资源包括人均城市绿色开放空间、城市绿化覆盖率、交通干线噪声平均值 3 个指标；资源循环用污水处理率表示。智慧环境侧重评估智慧城市的生存环境，人均城市绿色开放空间、城市绿化覆盖率反映居民生活的环境状况；交通干线噪声平均值评估居住环境的噪声污染状况；污水处理率反映资源的保护情况。充分挖掘利用各种潜在的信息资源，利用生态分析模型、决策支持系统、云计算等实现实时监控和智能处理，营造一个自然清新的居住环境。

6.3.2 智慧常州建设水平的测算分析

评价方法的选择应遵循科学性和客观性原则,因此本项目选取熵值法(李忠宝,2012)对各个指标进行赋权,计算各个指标权重,进而测度智慧常州发展水平,计算步骤如下(其中 i 为年份,m 为指标总数,n 为总年数):

第一,无量纲处理数据以后,计算第 j 个指标、第 i 个样本指标值的比重 p_{ij},公式为:$p_{ij} = x_{ij} / \sum_{i=1}^{m} x_{ij}$;

第二,计算第 j 个指标的熵值,公式为:$e_j = -k \sum_{i=1}^{m} p_{ij} \ln p_{ij}$,其中 $k = 1/\ln m$;

第三,计算第 j 项指标的差异性系数 g_i,公式为:$g_i = 1 - e_j$;

第四,计算第 j 个指标的权重 w_j,公式为:$w_j = g_i / \sum_{j=1}^{m} g_i$;

第五,计算智慧常州发展水平指数 v_i,公式为:$v_i = \sum_{j=1}^{n} w_j p_{ij}$。

熵值法测算出的各个二级指标的权重如表 6-3 所示。

表 6-3 智慧常州建设水平评价指标权重

指标	权重(%)	指标	权重(%)
光纤接入覆盖率	4.4	R&D 经费支出占 GDP 比重	4.1
公共场所 WLAN 覆盖率	4.5	网上登记技术合同成交金额	5.9
电话用户数	4.2	人均 GDP	4.5
移动电话用户数	4.0	万人拥有公共交通车辆数	4.9
互联网用户数	4.4	万人拥有医院床位数	4.6
信息基础设施投资总额	4.4	公共图书馆图书总藏量	5.3
邮电业务总量	4.4	人均年电力能源消费总量	4.6
发明专利授权量	5.4	人均城市绿色开放空间	3.8
R&D 人员占从业人员比重	4.7	城市绿化覆盖率	3.8
信息服务业人员占从业人员比重	5.5	交通干线噪声平均值	4.4
发表科技论文	4.2	污水处理率	3.9

根据计算所得的二级经济指标权重测算出了相联系的一级指标权重，分别为30.4%、29.8%、23.9%、15.9%。每个维度都对智慧常州发展起到重要作用，其中智慧基础设施影响最大，指标体系选取较为合理。根据以上指标权重数据，计算得出智慧常州建设水平指数（见表6-4），并绘制了常州2006~2016年智慧常州发展水平趋势变化图（见图6-6）。

表6-4 2006~2016年智慧常州建设水平指数

年份	智慧常州建设水平指数	年份	智慧常州建设水平指数
2006	0.0182	2012	0.1057
2007	0.0377	2013	0.1284
2008	0.0445	2014	0.1346
2009	0.0613	2015	0.1456
2010	0.0644	2016	0.1751
2011	0.0844	—	—

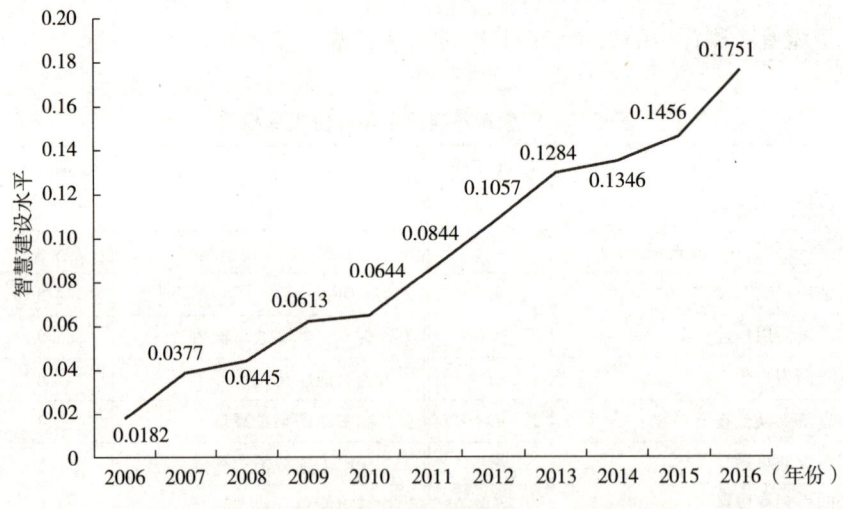

图6-6 2006~2016年智慧常州建设水平趋势变化

由表6-4和图6-6可以看出，2006~2016年智慧常州建设水平明显呈上升趋势，由2006年的0.0182增长至2016年的0.1751，其中，2015~2016年增长幅度最大。研究期间，智慧常州建设发展主要经历了两个阶段：2006~2011年为第一阶段，这一阶段建设水平指数低于0.1，常州智慧城市建设发展水平较低。从2006~2011年的发展状况可以看出，整体发展水平呈上升趋势，这与常州市积极展开产业结构优化举措，加大对高科技产业和战略性新兴产业的扶持力度，坚持可持续发展分不开，但发展速率较为缓慢，原因在于智慧基础设施不够完善，经历了2008年全球金融危机的风暴后，常州市的经济逐步复苏。2012~2016年为第二阶段，这一阶段智慧常州的建设水平显著提高，在此期间，常州市政府发挥着重要的作用，通过了一系列的规范性文件，如《常州"智慧城市"发展规划（2012~2016）》《常州市"智慧社区"建设三年行动计划》等，有力指导了常州智慧城市的建设发展。创新驱动经济发展，产业结构调整力度不断加大，各产业园区建设不断完善，逐步形成产业集聚发展形势，信息化发展不断推动传统产业转型升级，城镇化建设进程不断推进，基础设施建设逐步完善，社会公共领域信息化水平获得较大提升，以集约化为特色的信息基础设施不断完善，信息产业快速发展，居民生活更加便捷化和智能化。

6.4 技术创新支撑智慧常州建设的实证分析

信息化发展是智慧城市建设的重要基础，具有至关重要的意义，而信息化水平在很大程度上受制于地区科技创新能力。城市科技创新能够促进产业结构优化升级，提高城市运行效率，提高政府管理服务效率，从而催生智慧经济、智慧生活、智慧管理，实现智慧城市。而科技创新的实现根本上由研发活动的成果所决定，资金和人力资本又是研发活动中起决定性作用的投入要素。鉴于此，本章节利用广义C-D函数，并加入科技创新指标（科技投入—R&D人员投入、R&D经费投入，科技产出—专利申请量），实证分析常州市科技创新对智慧常州建设的支撑情况，从而为各政府部门制定提升科技创新支撑智慧常州建设水平的政策提供理论依据。

6.4.1　科技创新对智慧常州建设的影响机理

本项研究探讨科技创新的运作机理,主要以科技投入产出为视角,为了能够筛选出更加全面、准确的统计指标,来反映科技创新过程中诸多方面对智慧常州建设的影响及作用。科技与智慧城市建设是互为条件、互相促进的。科技对经济的巨大作用在工业革命中就已经有突出的表现,在目前全球的信息产业浪潮中,科技对智慧城市的巨大作用更是表现得非常明显。科学技术渗透到生产力各要素中,提高了劳动者素质和劳动效率,改进了生产工具,进而促使社会劳动生产率得到全面提升,由此产生了更好的产品和服务,并最终提高了人们的生活水平,促进了经济增长质量发展,实现智慧基础设施、智慧生活。科技的进步,带来了大量的新技术新方法,在解决限制经济发展,影响智慧城市建设的重要因素——新能源开发与能源利用问题上发挥着重大的作用,从而实现智慧科技。科技的发展,带来了更多的环境治理方法和环境保护措施,在改善环境状况方面也发挥着巨大作用,从而实现智慧环境。同时,在智慧常州建设的前提下,其能够对科技创新产生巨大的支持力量,从而带来科技的飞速发展。随着经济社会的发展,科技对智慧城市的巨大推动力越来越得到人们的重视,无论是发达国家还是发展中国家,都纷纷开始加大科技创新力度。而科技的发展必须要有强有力的城市综合实力作为后盾。随着科研工作社会化水平的提高,科研工作者的劳动价值也得到了社会的充分肯定,研究用的试验设备得到更新,科研成果转化为生产力得到更充足的资金保障。

与此同时,城市经济社会应用和管理上的创新,能够促进产业结构优化升级,引导城市经济转型,提升发展的可持续性水平,催生智慧经济;通过新信息技术的开发和应用,促进公共管理体系和服务体系的智能化,提高城市运行效率,增强公众参与智慧城市建设的积极性,同时传播互联网思维,促进传统消费习惯的改变,培养个性化、多元化、品质化的消费需求,提高市民的生活品位和生活质量,催生智慧生活;利用电子政务的实现和全方位社会管理服务体系的建立,打破原有的"碎片化"管理模式,有效整合城市信息资源,对市民需求做到快速反馈、及时处理、整体推进,辅助政府更充分地发挥科学规划引领城市发展的重要作用,提高管理服务效率,催生智慧管理,从而实现智慧城市。

6.4.2 理论模型和数据描述

(1) 模型设定。本项研究采用广义 Cobb-Dauglas 生产函数来测算 2006~2016 年科技创新对智慧常州建设的贡献率。广义的 C-D 生产函数就是在 C-D 生产函数的基础上,将科技创新也作为一个生产要素,即:

$$Y_{i,t} = AK_{i,t}^{\beta_1}L_{i,t}^{\beta_2}R_{i,t}^{\beta_3}e^{\varepsilon_{i,t}} \quad 其中,\beta_1,\beta_2,\beta_3 > 0 \quad (6-1)$$

其中,变量 Y 表示某地区的产出水平,K 表示资本投入,L 表示劳动投入,R 表示科技创新指标。下标 (i,t) 表示第 i 个地区第 t 年的相应指标。$\varepsilon_{i,t}$ 是满足 $E(\varepsilon_{i,t}) = 0$ 和 $var(\varepsilon_{i,t}) = \sigma^2$ 的随机误差项。

C-D 生产函数中的参数具有非常明显的经济意义:参数 β_1 是资本的产出弹性,也就是资本对经济的贡献率,即保持科技、劳动的投入不变,资本投入增加 1% 时产出的改变。β_2 是劳动对产出的贡献率,β_3 是科技进步对产出的贡献率。A 是待定的常数,衡量了广义的技术水平。参数 $\beta_1 + \beta_2 + \beta_3$ 衡量该经济体的生产是否具有规模效应:$\beta_1 + \beta_2 + \beta_3 = 1$,表明生产具有不变的规模报酬;$\beta_1 + \beta_2 + \beta_3 < 1$,表明规模报酬递减;$\beta_1 + \beta_2 + \beta_3 > 1$,表明规模报酬递增。为了便于处理,对式 (6-1) 取对数得到:

$$\begin{aligned} \ln Y_{i,t} &= \ln A + \beta_1 \ln Y_{i,t} + \beta_2 \ln L_{i,t} + \beta_3 \ln R_{i,t} + \varepsilon_{i,t} \\ &= \beta_0 + \beta_1 \ln Y_{i,t} + \beta_2 \ln L_{i,t} + \beta_3 \ln R_{i,t} + \varepsilon_{i,t} \end{aligned} \quad (6-2)$$

(2) 变量选取与数据处理。

本项研究所用样本包含了 2006~2016 年常州市数据,相应的变量及其定义如下:

Y 代表产出——智慧常州建设指数。

K 代表资本投入——常州市固定资产投资额,单位为亿元。

L 代表劳动投入——常州市城乡就业人口数,单位为万人。

R 代表科技创新——常州市的科技创新水平。

为了研究不同科技创新方式对智慧常州建设的影响,分别选取 R&D 人员投入、R&D 经费投入以及专利申请量来反映科技创新水平,并对其进行对数化处理以消除异方差,分别用 lnRDP、lnRDE、lnP 表示,本项研究指标数据来源于《常州统计年鉴》(2007~2017 年)。本项目选择这三种指标分别作为科技进步的指标主要基于以下原因:

R&D 经费投入主要用于一个国家的基础科学研究,因此该变量在很大程度上能够衡量一个国家的基础科学发展水平。然而，基础科学转化为现实的生产力还需要一定的条件，将基础科学的成果用于技术创新就是其中最主要的方式。技术创新包括原始创新、集成创新和消化再创新等多种方式。其中，原始创新更多表现为基础科学研究的成果，与 R&D 经费投入是正相关的。此外，专利（尤其是发明专利）中所包含的科技含量高，往往是新产品和新工艺的核心，因此可以反映一个地区技术创新的能力。本项研究选择专利申请数而没有选择专利授权数，是因为专利申请数和专利授权数本身就具有很强的相关性，但专利授权却受到一些制度因素的限制并且具有时滞。不过即使有了专利发明，也并不表示该技术已经被用于提高生产力，必须要考虑这些技术创新的产业化率，以及对生产力的实际提高。

6.4.3 实证结果分析

本项研究利用 Eviews 计量分析软件进行回归，参数估计结果如表 6-5 所示。

表 6-5 三种科技创新指标对智慧常州建设的影响

自变量	R&D 人员投入	R&D 经费投入	专利申请量
常数项	0.043 ** (2.342)	0.062 *** (3.209)	0.036 ** (2.394)
Log（K）	0.745 *** (22.938)	0.565 *** (19.293)	0.682 *** (21.392)
Log（L）	0.282 *** (13.493)	0.464 *** (14.292)	0.313 *** (14.030)
Log（R）	0.130 *** (3.443)	0.071 *** (8.493)	0.15 *** (6.795)
R^2	0.955	0.963	0.958
校正的 R^2	0.954	0.955	0.957

注：**、*** 分别表示参数估计在 5%、1% 的水平下显著。

第6章 科技创新对智慧城市建设的支撑作用及实现路径

表6-5中的结果表明三种模型对于智慧常州建设都具有很强的解释能力，决定系数均大于0.95。资本、劳动、科技创新三种因素对智慧常州建设均具有显著的影响（在1%的水平上显著）。

（1）资本及劳动力投入对智慧常州建设的影响分析。其中资本（K）对于智慧常州建设水平的贡献率在57%~75%，即保持其他投入不变的前提下，资本投入增加1%，将使产出平均增长0.57%~0.75%。这表明目前智慧常州建设很大程度上仍依赖于投资额的增加。为此，财政部门应加大对常州信息化建设的支持力度，鼓励社会资金对智慧常州建设的投入，对适合社会投资的项目，通过规范的市场运作，吸引社会资金投资信息化建设，提高智慧常州建设速度，同时，要建立和完善适应智慧城市发展的多渠道投融资体制，建立风险投资机制。更要建立专业技术研发团队，提升系统整合能力。

由表6-5可以看出，劳动的产出弹性在0.28~0.31，表明劳动对产出的平均贡献率在28%~32%，即劳动力对智慧常州建设有显著的正向促进作用。然而，随着智慧常州建设的推进，高级专业技术人员缺口也会随之加大，常州市相关政府部门应以高级专业技术人才信息共享平台为依托，以优惠的政策实施人才吸引机制，为组建一支高素质专业技术研发团队奠定坚实的基础，从而提升智慧常州建设水平。

（2）科技创新对智慧常州建设的影响分析。无论选择哪种科技创新指标，回归结果均表明智慧常州发展水平显著地受到科技创新因素的影响。然而，不同的科技创新指标对于智慧常州建设的贡献率也有很大不同：R&D经费投入对产出的贡献率约为7%；R&D人员投入对于产出的贡献率较高，大约在13%；专利申请量对于产出影响最大，约为15%。

1）R&D经费投入对智慧常州建设的影响分析。由于R&D经费投入主要是用于一个国家或地区的基础科学研究，其成果更多地表现为原始创新成果，这样的回归结果说明对于中国这样一个发展中国家而言，基础科学的投入固然可以提高我国的科技进步水平，不过其对智慧常州建设的影响却比不上另外两种科技创新方式。这一方面是因为基础研究投入大、风险大，同时其成果转化为生产力也需要较长的时间。

2）专利申请量对智慧常州建设的影响分析。专利申请量对于智慧常州发展水平的影响在各种科技投入指标中最为显著。特别是发明专利，它的科技含量高，能够在一定程度上反映一个国家、地区或企业的技术开发能力和内在竞争力,从而成为衡量科技产出和进行国际比较的重要指标。事实上,自 2003 年以来,国内发明专利的申请数量已连续三年超过国外,这表明我国实施的专利战略的影响不断增强,自主技术创新能力和技术发展水平已经有了稳定且快速的提高,常州市也是如此。

3) R&D 人员投入对智慧常州建设的影响分析。R&D 人员投入对于智慧常州建设也具有较为明显的影响。科技创新最终的目的就是为了促进社会经济的发展,实现智慧常州建设。从回归分析结果来看,R&D 人员投入的产出弹性 (0.130) 小于一般从业人员的产出弹性 (0.282),目前 R&D 人员投入对智慧常州建设的拉动作用尚不如一般从业人员,可以发现人力资源配置的几个问题:首先,R&D 人员投入的人员数量不足,占从业人员比例小,使科学技术不能在智慧常州建设中发挥第一生产力的主导作用;其次,R&D 人员的素质有待进一步提高,因此常州市应加强 R&D 人员知识和技能培训,提倡科技兴市,充分发挥科技人力资源的利用效率;最后,一般从业人员的弹性系数比较大,说明常州市的劳动密集型产业发展较快,一般劳动力的投入已经达到相当大的规模,表明智慧常州建设对人力资源的依赖性很强,但是常州市必须要提高人力资源的质量,提高人力资源的利用效率,以科技武器促进智慧常州的快速建设。

三个模型中回归系数之和都显著大于 1,即 $\beta_1+\beta_2+\beta_3>1$。这表明平均来看,由于科技创新的原因,常州市的生产具有规模报酬递增的性质。经典的经济学理论告诉我们,各种要素的投入具有边际效应递减的特点。而科技创新则解释了经济为何能够得以持续增长的真正原因。

6.5 强化科技创新支撑智慧常州建设水平的实现路径

智慧城市建设是未来城市发展的方向,其目的是在"以人为本"的发展理念下,在新一代信息技术的支撑下,在基础设施、管理系统、经济投入、社会风险治理水平和可持续发展战略的协同运作下,以政府、企业和公众为主体,破解城市发展困境,构建和谐的城市生活和城市生态,实现人的全面发展,让民众过上幸福的生活。随着智慧城市建设的不断展开,各个城市建设水平和能力参差不齐,如何提升智慧城市建设水平成为智慧城市发展的重要问题。基于上述分析的基础上,根据常州的特点和现状提出智慧常州建设水平提升的路径。

6.5.1 因地制宜,创新智慧城市建设发展模式

选择合理、科学的智慧城市建设发展模式,有助于推进智慧城市的建成和发展。尽管我国智慧城市建设已经取得一定的成果,但是各城市建设水平参差不齐,差距悬殊,结合我国智慧城市地域特色可知,缺乏合理、科学的智慧城市建设发展模式是造成智慧城市建设水平层次不齐、千篇一律的重要原因之一。在智慧城市建设过程中,需要做到因地制宜,城市建设发展需要结合各自经济、地域、社会等具体情况和特点,选择合适的智慧城市建设发展模式,并在常用建设发展模式基础上进行改进和创新。常州作为中小型城市,综合考虑其经济和信息技术水平欠佳,智慧城市建设需要整合、吸收社会各方面资源,可以采用政府、运营商、企业合作,公众参与的模式。政府对智慧城市建设进行统一规划和监管,由运营商和政府进行投资建设,打造信息化服务型政府。同时鼓励企业通过新一代信息技术为城市建设提供基础技术支撑,激活城市经济活力,促使公众参与和消费,通过整合、利用城市中小型城市的各方资源,用城市可负担的投入推进智慧城市的建设和发展。

6.5.2 推进智能技术基础设施建设,提升智慧城市公共服务质量

提升智慧城市建设与服务水平,不仅是智慧城市建设水平提升的客观需要,更是提高这类城市信息化、城镇化和工业化的深度融合与协调发展,增强城市居民的宜居、宜商水平的必然要求。研究发现,通过信息基础设施的优化、大数据等信息技术的应用,城市信息化能够增强城市的协作效应、替代效应、衍生效应和增强效应,并在此基础上对城市的空间结构及演化速度、方式产生影响,推动城市经济发展方式、城市治理模式、居民生活方式的转变与革新(许晶华,2012)。智慧城市建设与优化的重点应从业务、网络和终端等层次有序推进物联网、新一代4G/5G移动宽带

网、新型互联网等信息网络平台的建设。应该逐步加强智能技术基础设施与市政基础设施（排水管网、气管网、路灯、污水处理等）互联互通，即物联网的建设，从而使城市基础设施的智能化程度、城市管理信息数据的共享度、智慧城市建设和运营的效率性都得到进一步的提高。

  智慧城市建设发展的目的是为了提高公众的生活质量，因此提供高效、高质的公共服务是智慧城市建设的首要内容。智慧城市的建设和发展需要从政务、交通、医疗、教育、社会保障等城市功能入手，基于"互联网+"思维，通过移动互联网、大数据、云计算等新一代信息技术，为公众提供便捷、高效、全面的城市公共服务，提升城市居民的幸福感。智慧政务的发展要求政府部门在新一代信息技术的支撑下，精简、优化、重组政府行政职能，为公众提供打破空间、时间等限制的优质、廉洁的政府服务；智慧交通的建设要求实现对城市交通系统的全覆盖监控，做到智能诱导出行、车辆分流、高效处理交通事故、辅助打击犯罪等，有效解决现阶段城市交通拥堵严重的问题；智慧医疗建设旨在解决城市挂号难、检查难等一系列医疗难题，运用云服务等信息共享平台，实现统一电子病历、网上挂号预约、普及社区物联网医院等，避免重复地检查、恶性循环的黄牛卖号等现阶段医疗瓶颈；智慧教育建设要求学校等教育机构逐步实行远程教育，节约社会资源的同时让学生实现自主学习，针对中小学等义务教育，通过错峰上下学、完善教学附属设施（午休场所、餐厅）等缓解由于学生上学时间集中而引起的一系列连带问题；社会保障智慧化要求实现城乡医疗保险的衔接，建立、公开企业诚信档案，建立城市公共服务在线平台，通过互联网和客户端能够实时查询个人社保缴纳情况、企业诚信度，针对老龄化日趋严重的社会问题，普查、统计空巢老人情况，并安装监控、报警按钮防止意外发生，同时建立、规范、优化养老机构，为70岁及以上老人提供专业养老场所（年福华、姚士谋，2002）。

  智慧城市建设发展需要秉承以人为本的理念，通过智慧政务、智慧交通、智慧医疗、智慧教育等应用的建设普及，解决城镇化发展道路中出现的城市病，推动城市科学治理，发扬城市个性，提升智慧城市公共服务水平。在智慧城市建设过程中秉承科学发展观，依托移动互联网等信息技术建设城市公共服务体系，实现大数据背景下的数据资源共享，提供透明、便捷、舒适的公共服务，让城市从数字化、信息化阶段步入智慧化，预先感知、及时应对公众诉求，提升公众对城市的依赖感和幸福感。

6.5.3 优化智慧城市产业体系，推进"互联网+传统产业"的发展

智慧城市产业体系的现代化有助于推进智慧城市产业结构的转型和升级，对城市经济的可持续发展具有重大意义。智慧城市产业是知识、技术密集型产业，主要分为四种产业形态，分别是以物联网、云计算、移动互联网等新一代信息技术为支撑的新兴产业；对农业、工业、制造业等传统产业的转型和升级；智慧金融、智慧能源、智慧商业服务等具体行业的建设发展；智慧园区建设相关产品及系统。通过以上四种形式组成智慧城市产业。

智慧产业如电子商务的发展情况对智慧城市建设水平有较大影响。智慧城市产业体系的现代化、智慧化是提升智慧城市创新力和竞争力的关键要素；是整合、优化城市资源利用，提升城市生态发展环境的有效举措。优化智慧城市产业体系是提升智慧城市建设发展水平的重要内容，智慧城市建设地区具有相对较高的科技信息化水平，在建设发展进程中需要以物联网、云计算、移动互联网等新一代信息技术的发展应用为支撑，加速智慧城市产业结构的转型与升级，随着"互联网+"战略的兴起，"互联网+传统行业"的产业形式使城市各行各业互联互通，形成一个资源共享、信息化集约化的智慧系统，电子商务、网上银行、线上教育、VR旅游等行业都是"互联网+"产业的成果，"互联网+"产业模式拉动了城市经济的发展，不断促进产业现代化发展，提升产业的智慧化水平。

常州要牢牢抓住苏南国家自主创新示范区建设契机，依托"一核两区多园"的产业园区，形成产业集聚发展形势，大力推进高新技术产业和战略性新兴产业的发展，加快产业结构调整。在智慧城市建设发展的过程中，秉承人与自然和谐相处的可持续发展原则，在生态环境友好发展的基础上，构建一个主导智慧产业创新融合的现代化智慧产业体系。

6.5.4 加强智慧城市相关的制度建设，完善智慧城市建设保障措施

智慧城市的建设不单单是智能技术基础设施的建设，良好的制度是智

慧城市健康发展的保障。在智慧城市的建设中,要处理好市场"无形之手"和政府"有形之手"之间的关系,建立市场调节和政府引导共同作用的动力机制,要充分发挥政府在公共资源配置中的引导性作用。这都需要政府制定相对完善的产业政策、财税政策和金融政策,制定有关信息基础设施、电子商务、电子政务、信息安全、个人信息保护、知识产权保护等方面的法律法规,营造健康的智慧城市发展环境。

常州智慧城市建设尚且处于探索阶段,智慧城市建设存在缺规划、缺应用、资源整合率低等问题,为了智慧城市建设的可持续发展,常州在智慧城市建设发展过程中需要着力于完善智慧城市建设保障措施,在"硬件"层面上,注重智慧人才的培养、储备与输送,保证智慧城市具备相应的高科技人才储备;提供充足的财政资金,鼓励政府、企业、社会等多元化投资渠道;注重智慧城市建设基础设施的普及和完善,加大新一代信息技术研发的投入及推广;提升网络信息安全保障水平。在"软件"层面上,深入研究、宣传智慧城市相关理论,为智慧城市建设创造较好的社会氛围和人文环境;加强区域层面上智慧城市建设相关政策体系的完善,推动智慧城市信息化建设地方立法,编制完善规范的建设规划,健全智慧城市建设机制体制;在智慧城市建设进程中明确组织牵头部门,落实责任,做到分工明确,交流合作,整体推进。夯实智慧城市建设所需基础设施,切实完善相关行政法规、保障制度的制定与落实、应用,从技术、要素、认知、组织、技术五方面着手为智慧城市顺利建设发展提供保障。

第7章

科技创新要素市场培育与发展体系建立

7.1 国内外科技创新要素市场培育发展的经验与启示

本节选取了对常州科技创新要素市场培育和发展影响较大的三个科技创新要素市场(资金市场、人力资本市场和技术市场)作为研究对象,深入研究和探讨了国内外培育和发展科技创新要素市场的经验。

7.1.1 国外科技创新要素市场培育与发展经验

(1) 国外资金科技创新要素市场培育与发展经验。

1) 美国的多层次资本市场。作为资金科技创新要素市场的重要组成部分,资本市场的发展对整个科技创新要素市场的发展有着重要的作用。从结构和功能等方面来看,世界上最完善的资本市场当属美国的资本市场。研究发现,美国的纽约证券市场至少是一个半强式有效的资本市场,它甚至还通过了一些强式效率的检验(王龙康、信玉红,2012)。

美国有高度细化的资本市场体系,形成了一个层次分明的"金字塔结构"(李昇,2013)。美国企业和资本能在各个资本市场较好地流动。多层次的市场结构使美国股票市场在组织结构和功能上形成相互递进的市场特征，上市公司在不同层次的市场之间可进行相互转换，充分发挥了证券市场的"优胜劣汰"机制。上市公司通过这种"转板升降机制"可以转升到更高级交易场所，也可以退转至较低级交易场所。

如图7-1所示，如果按照公司的上市标准、上市公司的规模以及市场的开放程度，美国的多层次资本市场结构为：

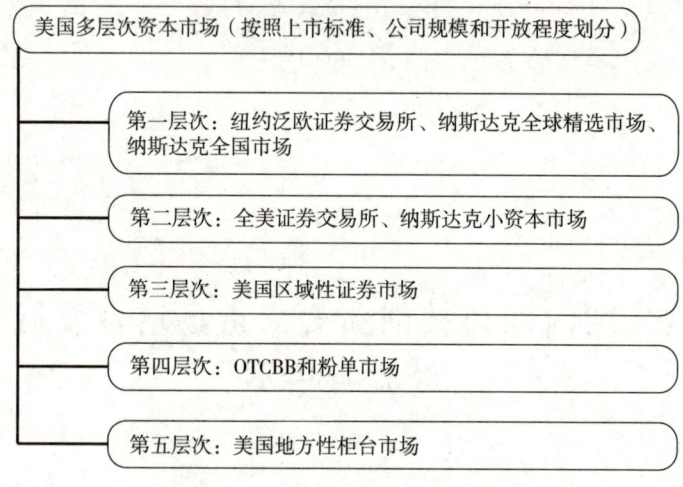

图7-1 美国多层次资本市场结构

第一层次：由纽交所（New York Stock Exchange，NYSE）和纳斯达克全球精选市场（NASDAQ Global Select Market，NASDAQ SM）以及纳斯达克全国市场（CNASDAQ Global Market，NASDAQGM，即原 National Market）组成，上市标准较高，主要是面向超级跨国大企业的全国性市场。

第二层次：由全美证券交易所和纳斯达克小资本市场（The NASDAQ Small-Cap Market，NASDAQ-SC）构成，主要是面向美国的高科技企业和美国中小企业的全国性市场。

俗称"小交易所"（Little Board 或 Curb Board）的全美证券交易所成立于1849年，于1953年正式命名为全美证券交易所。虽然上市公司上市标准、公司市值和股票成交量小于纽交所和 NASDAQ，但它是世界最大的 ETF 股票基金交易所和美国第二大股票期权 warrant 交易所。纳斯达克小资本市场，是专门为美国中小型高成长企业上市的市场，上市要求较低，可以满足以高风险、高成长为特征的创新型企业的上市要求。中国大部分的

第7章 科技创新要素市场培育与发展体系建立

网络科技公司都在该市场上市。

第三层次：由辛辛那提证券交易所、芝加哥证券交易所、费城交易所、波士顿交易所、中西交易所和太平洋交易所等区域性交易所构建，是主要地方性企业证券交易的市场。

第四层次：由美国场外柜台交易系统（Over the Counter Bulletin Board，OTCBB）、粉单市场和属于第三市场和第四市场的灰单市场（Grey Market）组成，是主要面向美国小型公司证券交易的场外市场。

OTCBB 与美国其他主要证券交易所相比，门槛很低，对公司在资产规模或财务盈利上基本没有要求，但是要求公司保持向美国证监会（U.S. Securities and Exchange Commission，SEC）的申报文件，并且有三名以上的做市商（Market Maker）愿为该证券做市，公司证券就可以在 OTCBB 上挂牌交易。据统计，Pink Sheets 市场上挂牌的证券有接近 7000 多只。一般情况下，挂牌公司受到的监管更少，企业不必向 SEC 和美国金融业监管局（The Financial Industry Regulatory Authority，FINRA）披露财务信息和任何报告。2007 年，Pink Sheets 推出 OTCQX 市场，意图提高上市公司的质量标准，与 OTCBB 市场竞争。纳斯达克、全美交易所等上市公司的股票被摘牌后，一般在下一个层级的 OTCBB 继续交易；反过来，OTCBB 上市的公司发展不错，如果符合纳斯达克、全美交易所等市场的挂牌条件，也可以升级到更高层级的主板市场进行交易。这就是所说的无缝连接的美国多层次证券市场，而这正是中国正在构建的多层次资本市场缺乏的机制。

第五层次：由地方性场外交易（Over the Counter，OTC）市场构成。在美国大约有 10000 余家小型公司的证券在各州发行，并在地方性 OTC 柜台交易。

美国的多层次资本市场体系，形成了一种无缝隙的市场结构，调动所有资本市场参与者的热情，促进了资金市场的培育和发展。对企业而言，它不仅能为不同规模、行业、经营状况、盈利水平和发展阶段的企业提供强大的融资需求，而且保证了公司质量，从而奠定了证券市场健康发展的制度基础，是企业成长名副其实的助推器。对于投资者来说，不同市场的上市标准不同，可以使投资者非常直观地判断不同市场的风险状况，便于其投资决策。

2）新加坡的绩优股市。新加坡政治经济基础稳定、商业和法规环境亲商，作为国际知名的基金管理中心，新加坡证券市场交易所成为亚太区公认的领先股市。外国公司在新交所上市公司总市值中占了40%，使新交所成为亚洲最国际化的交易所和亚太区首选的上市地之一（卓启航，2007）。

在新加坡股市上市的优点明显：一是上市标准灵活。新加坡证券市场分主板、自动报价与交易系统两种。1999年，为满足新加坡经济发展的需要，新加坡主板市场的上市标准增设为三项，公司只需符合其中一项即可上市，增设的这些标准体现出较大的灵活性。二是上市速度快和费用相对低。新加坡本地上市公司发行融资只需半年时间，比在美国纽约、中国香港或中国内地A股上市要快得多。新加坡投资者比较欢迎中国内地的公司到新加坡上市，而且在新加坡上市的费用比纽约和中国香港低，为融资额的1.5%~3.5%。三是后续融资能力强。企业上市6个月即可融资，配股和增发时间短，为2~4周。四是持续融资能力强。

新加坡股市是独立开放的公开市场，上市条件明确。新加坡没有外汇及资金流动管制，发行新股及出售旧股所募集的资金可自由流入、流出新加坡，这也加快了新加坡的资金市场内部的流动，促进了其快速发展。新加坡拥有来自几乎全世界所有国家的金融机构800余家，是世界知名的国际金融中心，它为来此上市企业提供了国际化融资渠道及交易平台。新加坡证券市场大型企业较少，中小型企业较多，交易量之大，市盈率高。新加坡投资者非常认同外国股票，是一个名副其实的国际交易市场。新加坡无外汇及资金流动管制，发行新股及出售旧股所募资金可以自由流出、流入。新加坡证券市场采用了最先进的计算机交易系统。中国企业到新加坡上市遵循的是国际准则，其程序简单，手续规范，免除了中国相关部门繁杂的审批手续，企业上市后第二次、第三次发行新股，也都不需中国政府审批，这大大节省了中国企业的人力、物力和时间。另外，上市费用约100万美元，操作时间为8~11个月，均远低于中国内地以及中国香港。

综上所述，美国的多层次资本市场体系，充分地调动了资本市场各层次主体的积极性；新加坡通过创新产品和服务，促进了新加坡股市的流通。两者采取不同的措施或创新机制，促进了资金市场的发展。

(2) 国外人力资本科技创新要素市场培育与发展经验。

1) 成熟的美国人力资本市场。美国是市场机制比较完善的国家，人力资本市场发育尤其成熟。美国在人力资本市场培育上最重要的经验有以下几点：

①政府补充和完善人力资源的市场机制。为了在人才供求上双方建立

第7章 科技创新要素市场培育与发展体系建立

有效的联系,美国政府成立了许多就业辅导机构促进就业和提供就业资助。此外,美国政府松动的就业政策为美国员工在国内市场上高度流动打下了基础。美国人力资源开发及管理的社会化程度很高,人才不依附于企业,可以在人力资本市场上自由流动。政府建立了完善的社会保障体系,雇员伤残或解雇时的保障由政府承担。政府在帮助企业安排裁员方面发挥着重要的作用,遇到企业大规模裁员,政府进行必要的安置和救济,从而保持社会的稳定。

②开放的移民政策促进了人才的引进。美国是一个移民国家,其多元、开放、包容的社会文化氛围,优越的工作环境和生活条件,以及与人力资源开发相关的政策、比较健全的法规,为其吸纳和引进别国的人才奠定了基础。再加上确立了一系列富有成效的人才引进战略,使美国成为世界上吸纳外国人才最多的国家。美国的人才引进策略中最关键的是政府从立法上对引进人才给予高度重视。美国多次修改移民法,规定只要是专业精英,可不考虑国籍、资历和年龄,一律允许优先进入美国。移民弥补了美国经济活动、科学技术活动人口的不足,对美国经济的发展做出了巨大的贡献。美国政府也通过留学生教育政策使留学生大量进入美国,进一步充实了美国"人才储备库"。

③人力资源管理的专业化。在美国,企业要求人力资源管理人员必须具有较高的专业水准。这种专业化体现在管理人员的职业化和管理工作的制度化两个方面。从业人员不仅需要具备相关的教育水平、从业经验,还要经过人力资源证书考试,考试合格者可获得人力资源专业人员或人力资源高级专业人员证书。人力资源管理专业人员的管理与认证机构对美国人力资源管理的发展起了很大的促进作用(张未知,2006)。

此外,企业对人力资源管理的规章制度非常健全,对个人素质、技术要求和工作职责,对每一个人的分工、职责、权利,对突发性问题的处理程序和政策等都有具体的规章,这是美国企业在人力资源管理上的最大特点。这种细腻的职务分工提高了美国企业的管理效率,降低了管理成本,为美国公司高度的专业化打下了基石。

④政府对高等教育目标的宏观调控。美国是"人力资源理论"的发祥地,美国卡内基小组的研究表明,美国的经济实力有50%是从它的教育制度中获得的。1990年,"获取必要技能部长委员会"(SCANS)对20世纪八九十年代的美国教育现状和21世纪美国社会对人才素质的需求,进行了

全面的调查和深入的研究，发表了《21世纪美国对学校的要求》的调查报告。报告从提升人力资源的需要出发，提出人才培养的"五大能力"和"三大基础"目标。这一理论的提出，引起了美国各级学校尤其是高等学校的高度重视，并对21世纪初的美国人力资源的培养培训工作产生了重要影响。

不仅如此，美国政府还用科研项目引导美国高等学校的科研方向，而一些大公司则为大学的实验室提供研究经费，资助研究开发。这也有利于大学和国家实验室向企业转让技术，大大激发了大学科研人员的创造潜能，促进了产学研的密切结合，推动了高校科技成果的产业化。

⑤政府建立全方位的人力资源信息服务、评估及素质测评体系。美国政府部门提供的人力资源交流服务方式主要是计算机信息交流，由美国人事署下属的联邦政府工作信息中心提供。类似这样的子中心，散布在全国各地，其统计数据及人口普查所获得的信息都可以充分利用。联邦政府的法律规定这些信息中心免费为社会公布招聘信息。人事署相关部门每天把需求信息及求职信息发布到网络，为寻找工作的人提供参考。

美国人力素质测评是由专门的机构承担的，有政府的，也有民间的。测评中心主要服务于用人单位对本单位人员素质的分析及人力资源的开发，其突出的特点是测评项目和标准是由测评中心根据用人单位的要求与高层次管理人员协商确定，测评中心只对客户负责，因而其测试过程是科学的，测试结果符合用人单位高层的主观要求，因而针对性也很强。

2）独具特色的日本式人力资源管理模式。第一次世界大战后，日本工业倒闭，整个国民经济呈现出一派萧条景象。不可思议的是，这个缺少资源的岛国却奇迹般地实现了经济的高速增长，成为世界经济强国。究其原因，日本在人力资源管理方面的做法引人深思。他们在考虑日本的实际情况、传统的心理因素和所谓的日本共同体思想的基础上，结合欧美以讲求效率为前提的管理思想，形成了独具特色的日本式人力资源管理模式，促进了本国人力资源市场的发展。

日本独特的人力资源管理模式的形成归因于对儒家文化的功利性改造，使之与本民族的文化以及西方科学的管理思想有机地融合在一起。正是这种独特的人力资源管理模式创造了令世人震惊的神话。总体来说，日本企业的人力资源管理模式主要有以下特征：

①终身雇佣制。终身雇佣制是指求职者一经企业正式录用，在达到预

定的退休年龄之前，不用担心失业，企业也绝对不会解雇任何一个员工（曾湘泉、苏中兴，2009）。它有利于增强从业人员对所隶属单位的归属意识，特别是有利于调动职工全力以赴确保企业利益，有效地解决了工人流动性大的难题，维持了员工对企业的忠诚。

②年功序列工资制。年功序列工资制，是指根据职工的学历和工龄长短确定其工资水平的做法，工龄越长，工资也越高，职务晋升的可能性也越大。如果学历、能力和贡献不相上下，工龄就是决定职务晋升的重要根据。这增强了企业对职工的吸引力，保持了雇佣关系的稳定，防止个人随意"跳槽"，有利于巩固长期雇佣制度和维持激励机制。

③企业内工会。企业内工会是日本所特有的，也是日本企业人力资源管理的重要特征之一。所谓企业内工会，是以企业为单位组织的工会，一般由公司所有正式雇员组成，直到部门经理助理级别。它把企业和员工牢牢地结合在一起，协调企业内部劳资双方的关系，避免因双方对抗而造成两败俱伤的局面。

④员工参与管理。日本企业很注重员工参与企业管理，他们认为这样可以提高员工的积极性。当需要做出重大决策时，企业往往会将广大员工召集在一起，群体决策，提高公司决策质量。参与管理进一步增强了员工奉献和忠诚于公司的信念。

3) 体现个性的新加坡人力资本市场。完善的人力资源政策、素质优良的人力资源队伍以及较完善的人力资本市场在新加坡的经济腾飞中起到了重要作用。"新加坡国父"李光耀认为，"最宝贵的资源是人才资源，最痛心的浪费是人才的浪费"。新加坡人力资源市场的建立过程既反映了成功实现经济转型国家的共性，同时又体现了新加坡自身的个性特征。

①注重人力资本市场参与者的品行，强调儒家伦理的重要性。李光耀认为，"要不是新加坡大部分的人民都受过儒家价值观的熏陶，我们是无法克服那些困难和挫折的"，可见儒家思想对新加坡人力资本市场的构建和发展意义重大。

第一，通过儒家伦理教育，使青年人继承上代坚强不屈、谦和通达、自力更生的精神。新加坡通过儒家伦理教育，改善人力资本市场的人事管理方法与市场参与者的工作态度。儒家以礼待人，主张上司对下属应宽厚谦和，而下属则应忠于职守，这种强调上下合作的精神，合乎现代管理原则。第二，新加坡对儒家文化的内容进行了适应时代需求和自身特点的改造,强调并合理吸收其中关于个人道德修养的合理内核。这有助于培养和造就成千上万的品学兼优的"正人君子"充实到人力资本市场中去。

②注重人力资本市场的动态发展,强调人力资源的开发。新加坡政府认为,人是最重要的资源,因而对人力资源不仅是管理,更重要的是开发。第一,利用人口政策优化人口结构。政府实行计划生育与优生优育相结合的人口政策。一方面严格控制人口增长,另一方面鼓励高素质人口群体多生育人口。第二,利用人事政策鼓励人才脱颖而出。新加坡政府实行开明的人事政策,十分重视人才的合理使用。第三,利用移民政策引进国外优秀人才。新加坡对外来人才实行宽大的移民政策,为各国人才进入新加坡敞开大门。

③政府指导型的价格机制。新加坡政府通过灵活工资制来调节收入分配的差距,在这种工资制度下,工资高低的决定因素不是年龄,而是工作态度、技术水平与个人素质。此外,政府还采取税收、补贴等方式,使收入差距不至于太大。但总的来说,劳动力价格在工资刚性的作用下,能上不能下,能多不能少,缺乏弹性,这在一定程度上导致新加坡人力资源价格偏高,影响其国际竞争力的提升。

④有序的竞争机制。为确保人力资本市场的有序竞争,新加坡政府采取一系列措施推进人才之间、企业之间、人才与企业之间的合理竞争。新加坡实行的是政府指导下的开放式市场经济,基本政策是自由兴办企业和自由贸易,没有物价控制和外汇控制,并对国内外企业一视同仁,让其自主经营、自负盈亏和自由竞争。政府还采用普遍股份制和投资入股的方式来引导企业投资方向,通过税务奖励等优惠办法来鼓励企业增强对人才的吸引力。新加坡政府对本国劳动力设置监督服务机制,保障高效廉洁。社会各界共同参与社会系列的职业指导服务,以确保服务项目和服务内容的丰富多样。

⑤均衡的供求机制。教育经费是新加坡政府财政支出中仅次于国防的最大部分,并以每年30%左右的速度递增。巨额的政府教育投资,为新加坡的人力资源开发和教育事业发展提供了物质基础。与此同时,新加坡进行了适应现代科学技术和生产的教育改革,促进人力资源需求的持续增长。

综上所述,美国、日本和新加坡都在积极调动人力资本市场中政府、科研机构、企业等主体的能动性,充分发挥它们在市场上的积极作用,完善了人力资本市场,促进了科技创新要素市场的培育和发展。

(3) 国外科技创新要素市场培育与发展经验。

1) 美国政府对技术市场的政策支持。近年来,美国一直在技术创新方面不懈努力,促进技术市场更好更快发展。

①美国技术创新的政府补贴政策。"二战"以后,美国政府逐渐取代本国的工业资本家,成为科学研究的主要资助者。20世纪50年代,美国政府用于研究开发的经费增长速度惊人,比私人企业快1.5倍以上。从20世纪60年代开始,由联邦政府支出的科研经费占美国国内总科研经费的一半以上。美国政府为此先后推出"先进技术计划(ATP)""高性能计算和通信计划(HPCC)""制造技术推广伙伴计划(MEP)"等一系列支持技术创新的国家计划(吕亚军,2011)。

此外,美国还大力扶持中小企业技术创新。在1983~2003年的21年时间里,美国政府通过这些计划给予小企业的资金约达154亿美元,总共资助超过76000个项目。而"二战"后的半个世纪里,美国政府财政拨款对小企业技术创新活动进行的资金扶持已累计超过2700亿美元。世界知名的国际商业机器IBM公司、惠普(HP)公司、微软(Microsoft)公司以及雅虎(Yahoo)公司等均是在这样的政府资助下获得企业发展初期所需的资金,从而进入成长期和高速发展期。

②美国技术创新的税收优惠政策。美国政府对于技术创新活动的税收优惠政策可以追溯到20世纪50年代。1954年,美国《内部收益法典》(*Internal Revenue Code*)允许企业在缴纳税款时扣除当年的研究开发费用。《内部收益法典》还规定企业为公共利益资助教育和科学研究可以免于征税。1981年,美国政府实施《经济复兴税法》(*Economic Recovery Tax Act*),为研究开发活动制定了更为全面的税收优惠政策,比如研究开发支出可以从应缴税款中全部扣除、所有研究开发设备在三年内完成折旧等。此后,美国政府基本延续这些政策。

③美国技术创新的风险投资政策。美国风险投资企业主要投资于信息技术和生命科学等高科技产业,英特尔公司、微软公司、苹果(Apple)电脑公司、戴尔(Dell)公司等一批知名企业均得益于风险投资。美国尤其是硅谷的经验表明,风险资本对迅速发展的高技术企业非常重要。近年来风险资本资助的高技术产业出现爆炸式的发展,事实上,全部风险资本的85%以上都流入了技术密集型产业领域。风险资本对美国的技术创新活动产生了重大影响,许多小型高技术企业都依靠风险资本发展起来。这些

企业通过企业内部的研究开发活动保证企业处于新技术的前沿，推进了技术创新浪潮的不断出现。在这个过程中，风险资本积极参与同企业、大学、科研机构和金融机构的合作，在技术创新过程中起了重要作用，扩大了技术创新网络。

2）日本的"技术立国"。"技术立国"始终是日本经济发展的主线。尽管此提法在20世纪80年代才见诸官方文件，但从实际进程来看，从20世纪50年代开始，由于外资法的制定而日益活跃的技术引进及相应的研究开发就已经表明，日本引进外国先进技术来提高自身竞争能力的技术发展战略已经开始（曾湘泉、苏中兴，2009）。

①日本技术创新模式。从战后经济恢复到赶超的实现，日本的技术创新模式经历了从简单模仿到自主创新的动态演进过程：随着社会、政治、经济等环境因素的变化，围绕不同时期战略目标的调整，日本技术引进、创新活动的重点也发生了相应的变化。

日本战后的技术创新模式的发展是一个演进的过程，带有强烈的赶超型。总的来说，日本技术创新模式的特征可以概括为：日本采用的是引进与开发相结合的混合模式，即技术创新的技术扩散以及技术应用和二次开发相结合。一直处于技术创新赶超阶段的日本形成的"吸收型"的技术发展战略形成了"引进—消化吸收—再引进—改良创新"的迅速吸收国外新技术的良性循环，并且日本从欧美地区引进的技术在国内二次创新后还会有机会进行技术出口至亚洲国家，完成其技术贸易中的出口环节。

②日本技术创新的政府支持政策。

a. 政府补贴政策。第二次世界大战后，日本为了尽快从几近瘫痪的经济中恢复，政府加大力度支持科学研究，主要是应用技术研究。政府不仅对技术创新活动进行直接投资，而且联合有关机构设立了大量的研究开发补助金。"二战"后初期，日本政府实施了"重要技术研究开发费补助金制度"，主要对在产业政策方面亟须开发的重要技术、对技术和产业领域产生巨大影响的核心技术以及可能提高研究开发效率的技术开发活动给予重点高额补助。1965年以前，重要技术研究开发补助金超过当年日本研究开发支出总额的15%，个别年份超过40%。从1972年起，增加了生产过程无公害技术等多项技术，使补助项目涉及产业技术的各个方面。

b. 税收优惠政策。战后至20世纪70年代中期，税收优惠政策作为日本政府鼓励企业进行技术创新活动最重要的政策工具，一直受到日本政府的重视。日本政府先后制定了《增加试验研究费税额扣除制度》《促进基础技术研究开发税则》《关于加强中小企业技术基础的税制》等税收优惠政策支持企业的技术创新。

c. 风险投资政策。20世纪80年代，日本风险投资的发展较为缓慢，最初只有九家风险投资企业，拥有资本金5000万美元。为此，日本政府开始放宽风险投资的条件，增加风险投资企业的灵活度和可操控资金，加强政府对风险投资的信用担保，并建立新的风险投资企业，逐渐改善了风险投资在80年代初的窘境。

日本的风险投资有两种形式，一种是分散式的，比如风险投资企业利用自己的剩余资金投资高技术企业的股票或证券。另一种是基金式的，由风险投资企业连同银行、证券和保险企业汇集一部分资金形成"风险投资基金"，由风险投资企业进行管理，获得的收益由出资方按比例分配。日本的风险资本主要流向前景广阔和风险较高的高技术企业，尤其是尚处于技术创新早期阶段的高技术中小企业。风险资本还用于发展由企业、科研机构和政府以及个人组成的技术创新网络以支持技术创新企业的发展。

从上述政策可以看出，美国和日本政府通过立法、税收优惠、风险投资等全方面地支持技术创新，其对技术创新的支持力度是非常大的，这也有效地促进了技术市场的发展。

7.1.2 国内科技创新要素市场现状——以重庆为例

近年来，重庆市深入贯彻《重庆市技术市场条例》《重庆市技术市场管理办法》和落实税收优惠政策，极大地调动了技术市场卖方的积极性，促进了技术交易的繁荣，使技术市场交易规模不断扩大，技术市场发展加快，有力促进了区域技术创新与发展（宿沛然，2007）。

（1）技术市场现状。

1）市场交易规模不断扩大。统计数据显示，2014年重庆市技术合同成交额达175.35亿元，与2013年相比增长了4.4%，技术成交合同4072项，在全国排第11位，在西部排第2位。这些数据充分说明重庆市技术市场交易规模不断扩大，对重庆市经济建设、社会发展和科技进步的贡献力增加。

2）技术创新能力不断提升。据国家科技部《全国科技进步统计监测报告》数据显示，重庆市科技进步在全国总位次已由 1997 年的第 17 位上升到 2014 年的第 10 位。2014 年，在高新技术产业化指数的排序中，重庆位列第 4 位，比 2013 年上升 1 位，高于全国平均水平（全国高新技术产业化指数为 53.58%）。这进一步说明科技创新已成为加快重庆市经济发展方式转变的核心任务，依靠创新驱动、内生增长，科技研发与创新能力不断增强，支撑了技术交易的蓬勃发展。

3) 技术消化吸收能力增强。据全国技术市场统计年度报告数据显示，2014 年重庆输出技术合同成交额 156.2 亿元，比 2013 年增长了 73%；2014 年重庆吸纳技术合同成交额为 191.16 亿元，比 2013 年增长了 17.6%。这进一步说明重庆市通过技术市场引进和消化吸收技术的能力逐步增强。

4) 技术市场运作更加规范。市场经济需要用法律来规范和调整，技术市场也不例外，相关政策法规的陆续出台，促进了技术市场运作的规范化和法制化。目前，重庆市出台的相关办法，将新时期发展科学技术的目标、方针、战略上升为法律，对技术市场有了更多更全面的描述，一个比较完整的市场法规体系已初步形成，使技术市场的管理有法可依，工作更加有序，运作更加规范。

(2) 存在的问题。

1) 技术市场流通渠道不畅。重庆技术市场在发展中还存在流通不畅等问题，主要表现在技术需求不足、技术供给有限、技术流通渠道不畅等方面。在技术需求方面，存在区域经济发展不平衡、产业结构不合理、重短期效益轻长远效益、经济发展中重工轻农等问题；技术有效供给不足表现在高端人才严重缺乏，市场创新能力、手段和方式较弱，政府对知识产权重视不够，企业知识产权保护意识薄弱等；流通环节则存在技术中介发挥作用有限、缺乏完善的社会信用体系、市场法规不够健全完善等问题。这些问题在一定程度上制约了重庆市技术市场的健康快速发展。

2) 法制不完善、监督不力。以知识产权法律制度为基础的法制体系不健全、监督不力会降低技术市场和交易平台的公平性，严重影响到科技创新者对先进技术的创造积极性。尽管国家、重庆市也先后出台了相关管理办法，但在实施过程中由于法律规定不完善、监督不到位、保障不得力，造成场外交易屡禁不止，而场外交易由于无法解决成果评估、交易价格、交易信用等问题，从而降低了技术交易的成功率。

3) 政府服务功能严重缺位。重庆市政府部门没有形成一个统一、有效的宏观管理体制，政府在技术市场交易中的主导地位和服务功能没有充分发挥，颁布的政策跟不上技术市场发展的速度，致使先进技术推广不得力甚至推广不下去而无法普及。同时，政府相关部门也没有很好地综合运用金融、财政、产业政策来规范和引导技术市场发展的方向，从而无法抓住重庆市产业结构的劣势，后发制人，促进发展。

4) 中介机构作用发挥欠缺。中介机构作为面向社会开展技术扩散、技术评估和管理咨询等专业化服务的机构，它为技术交易活动的顺利进行提供了支撑性服务，在有效降低技术引进风险、加速技术的产业化进程等方面发挥着不可替代的作用。但是，由于重庆市科技中介机构发育时间不长，服务能力与技术市场发展的要求还有很大的距离，不同程度上存在着一些问题，导致其功能发挥不充分。

5) 市场配置资源能力有限。缺乏适合重庆市技术市场的管理运行机制、成果评估机制、信用认证机制和监督保障机制，导致市场中存在各种不合理的垄断行为、不正当竞争和假冒伪劣行为。要素市场资源配置不合理，投资主体单一化、科技投入资本市场不全面、研发人力资源配置不合理、产学研合作不紧密、信息市场不完善、政策法制不健全，使重庆市的技术交易活动缺乏强有力的资源支持。

7.1.3 国内外科技创新要素市场培育发展对常州的启示

美国、新加坡、中国重庆等建设科技创新要素市场的成功经验和存在问题，对推进常州科技创新要素市场培育与发展有特别重要的启示。

7.1.3.1 对常州资金要素市场的启示

（1）建设并完善多层次资本市场。美国有着较完善和成熟的多层次资本市场，其资本市场具有完备的法律服务体系，企业进行产权交易、更换交易地点都可以找律师咨询、策划。同时美国具有技术含量较高的电子报价系统，能够及时、有效地达成交易，增强了资本和企业在不同市场的流动性。美国场外交易市场中的做市商制度，为企业产权流通起到了较好的中介服务作用。这极大地完善了其资金要素市场。因此，常州应借鉴其发展经验，针对不同企业需要，建立细化的多层次的资本市场。比如美国场外交易市场，从 NASDAQ、OTCBB 到 Pink Sheets 市场上市的条件逐一降低，企业可以根据自身的规模、时效性需要来自由选择交易市场，增强资本与企业的流动性。同时，还要实现各级市场的有机整合，构建不同层级市场连接的桥梁，完善多层次资本市场。

（2）发挥政府职能，建设制度和配套服务的支撑体系。根据国内外经验，政府在建立和培育资金要素市场上有着不可替代的作用。因此，常州应强化政府引导，赋予政府职能部门在具体推动资金要素工作、营造资金要素环境、完善风险防范机制方面的重要职责。注重运用市场手段，引入战略合作伙伴和竞争淘汰机制，加快资金要素市场发展。尽快出台相关促进资金要素市场建设的规章制度，加快信用体系和支付体系建设，提高金融执法水平和效率，大力发展会计审计、法律服务、资产评估、投资咨询等中介服务机构，不断提升金融产业承载服务能力。

（3）稳步推进市场创新，丰富金融产品和服务。新加坡之所以股市绩优，与其秉持的创新发展理念分不开。同样，上海在积极创建国内金融中心时，也十分重视金融创新。因此，常州应稳步推进市场创新，处理好创新与监管、创新与风险管理的关系，积极营造良好的市场创新氛围，支持市场主体以服务实体经济为导向，开展创新实践，增强常州区域经济、金融发展的活力。

（4）积极拓展直接融资，逐步优化融资结构。结合重庆资金要素市场发展经验，可以看出重庆在积极融资下，资金要素市场规模不断扩大，市场逐渐完善。因此常州应根据经济发展战略和产业发展规划，采取有效措施，加快拟上市资源的培育工作。协调发展股票融资和债券融资，探索推动市内中小企业发行高收益债券。进一步发挥并购重组在促进产业结构调整升级中的作用。加强科技创新与资金要素市场的对接，为不同规模、不同类型、不同成长阶段的企业提供差异化的融资服务，发挥资金要素市场在各类主体创新创业活动中的引导、示范、规范和催化作用。

（5）提高资金要素市场资源配置效率。美国资本市场的资产价格由市场充分竞争决定，美国企业上市完全由市场机制决定，资源配置是按市场规则进行。此外，美国资本市场严格、规范的信息披露制度也保证了资源配置的效率。这些使美国拥有最高效配置的资本市场。因此常州应充分吸收其经验，提高市场上的资源配置效率，使有限的资本总能流向高效率企业，也时刻要求企业经营者将其治理效率最大化。

(6) 积极建立资金要素市场的监控体系。美国具有发达的市场监控体系,然而我国对这方面还没有形成高度的重视。因此,在以后资金要素市场的发展上,常州应改进监管优化服务,建立完善的资金要素市场监控体系,为资金要素市场服务实体经济发展提供良好的市场环境。比如,坚持"加强监管、放松管制"的原则,不断提升常规监管的规范化、精细化水平。落实行政审批制度改革,强化常规监管、过程监督和事后问责。加大对内幕交易、市场操纵、虚假披露等违法违规行为的行政、刑事追责力度。深入推进打击非法证券活动。深化投资者保护和教育工作,重视投资者信访事项处理。强化市场和从业人员诚信体系建设。发挥行业自律组织功能,促进有序良性竞争。

7.1.3.2 对常州人力资本要素市场的启示

(1) 加快人力资源开发与管理,促进人力资源管理专业化。常州市人力资源管理职业化的发展起步较晚,人力资源管理观念较为淡薄,企业虽然也成立了人力资源管理部门,但其所从事的还是过去人事管理的工作,如发放工资、管理档案等。有些企业的这部分职能则由行政部门担当,对于人力资源从业者的自身专业素质要求较低。这就造成常州人力资源从业者队伍人员素质良莠不齐,亟须提高素质和壮大队伍。因此,常州市应重视对人力资源的教育和培训,加快人力资源开发与管理,促进人力资源管理专业化,从机制上促进对人才的开发利用。

(2) 加快高校人才队伍建设。高等学校既是培养高级专门人才的地方,也是高层次专门人才聚集的地方,美国等发达国家非常重视高校对人力资源的培养与开发。因此常州必须借鉴发达国家人力资源开发和管理经验,做好高校师资队伍建设工作。当前,要大力实施人才强校战略,以培养高层次人才和学术创新团队为重点,加快高校人才队伍建设。要改变高校当前还普遍存在的小作坊、子弟兵、单干户这样的科技力量分散问题,组建一批多学科集成的创新团队和创新群体,凝练学科方向,汇聚学科队伍,构筑学科基地,使之成为攀登世界科技高峰、解决重大理论和实践问题、带动相应学科领域发展的重要基地,成为组织科研攻关、进行创新人才培养的公共平台,成为学术带头人和学术大师成长的肥沃土壤,通过学术大师和创新团队的培养,带动高校教师队伍整体素质的提高。

(3) 充分发挥政府的主导作用,逐渐完善人力资本市场机制。综合国内外经验可以发现,在推动人力资本市场发展时,特别重视发挥政府的作用和职能。因此在建设和完善人力资本市场上,常州政府应尽快出台与现代市场经济相适应的人力资源开发的教育与培训、人才开发等方面的政策和法律规章,并在实践过程中逐步修改和完善。政府在立法、资金投入和教育制度改革方面应该发挥主导作用,这是人力资本市场健康发展的制度保证。

(4) 树立以人为本的基本理念。日本企业人力资源管理模式的主要特征是以人为本,它真正地做到了以员工的利益为出发点,尊重人、依靠人、发展人。它为"二战"后日本经济恢复与发展提供了强有力的支撑,创造了世界经济发展史上的神话。近年来,以人为本的管理理念在我国不断渗透,但以人为本的人力资源管理观念流于形式,对人力资源这种特殊资产的保值增值意识淡漠,轻视或忽视人力资源的开发和利用,未建立起有效的人力资本的投资与保障体系。以权力为中心,以行政调配任命和员工无条件服从为前提,从而导致员工与组织的目标只停留在表面,难以达到深层次的高度统一。因此,常州应充分重视将以人为本的管理理念深入渗透到实践中去。

(5) 加强人力资源培训。培训是人力资本之源。长期以来,与发达国家相比,我国对劳动力的技术培训关注不足、投入不够。受各种因素影响,企业的劳动力培训也往往得不到足够的重视,不少企业没有职前培训和职间培训,或者职业培训过于形式化。而劳动者个人由于受经济条件限制或者没有相应的意识,对职业培训的关注度也不高。常州政府、企业、社会和个人应加大对人力资源培训的资金投入,重视人力资源技能水平的提高,促进常州人力资本总体水平的提高。

(6) 完善城乡社会保障制度,促进人才自由流动。从上述可以看出,美国政府通过移民政策等积极推进人才在市场上的自由流动,这极大地促进了人力资本市场的发展。然而,目前常州人力资本市场呈城乡分割的现状,人才不能在市场上自由流动,因此常州应不断完善社会保障制度,积极推进城乡社会保障建设的协调发展,促进人才自由流动。一个完善的、协调的、公平的、连接充分的城乡社会保障体系对于统一规范的人力资本市场的形成极为重要,并将极大地提高就业的公平性。

7.1.3.3 对常州技术要素市场的启示

目前,常州高新技术市场成果转化率不高,成果价值评估体系不健

第 7 章 科技创新要素市场培育与发展体系建立

全,产学研协作体制不健全。这既有客观原因,如技术市场撮合交易比较难,技术成果表现形式单一,难以引起投资者的兴趣等。也有主观上的因素,如市场中介机构受经纪模式的束缚,没有放开,又缺乏专业人员初估等。根据国内外发展和培育技术市场的经验,得到以下启示。

(1) 加大政府对技术创新的投入力度。从美国和日本的经验可以看出,发达国家的研究开发投入占 GDP 的比例往往在 2%以上,政府对技术创新的支持力度很大。我国的技术创新投入不仅数量少,而且增长速度也很缓慢,赶不上国内生产总值的增长速度,占国内生产总值的比例逐年下降。如果一个国家不能立足于自主科研成果,将不能在技术创新领域有所作为,更会缺乏国际竞争力。因此,常州应进一步加大对基础研究的投资力度,尤其是加大对市场失效或低效领域的投入力度;根据不同研究开发项目的风险程度制定更详细的优惠条款,且要在重点优惠的同时考虑一般优惠;制定一系列的政策法规,完善风险投资的法律环境。

(2) 重视技术引进与开发相结合。"日本模式"的成功说明"吸收型"的技术创新战略是可行的。因此,常州应汲取日本的成功经验,实行技术引进与开发相结合的模式,特别要注重模仿创新中技术引进后的"二次开发",使技术创新具有生命力。

(3) 组建区域性科技项目交易服务市场和技术转移中心。上海技术交易所、联合产权交易所的技术产权部分、高校技术市场、联合国南南技术产权交易所合并成上海科技项目交易服务的大市场和上海国际技术转移中心,实施两块牌子一套班子,统筹运作。这样可以组建统一的大平台,有利于吸引国内外技术项目转移机构和技术市场落户。因此,常州应该根据其自身实际,组建区域性科技项目交易服务市场和技术转移中心,加快发展和培育常州技术市场。

(4) 健全技术市场法制体系,加强技术市场的运作规范。从重庆的技术市场发展看,加强技术市场的运作规范是非常必要的。目前常州技术市场法制体系不够完善,运作也不够规范,导致技术市场规模较小。因此常州应根据其现状,充分发挥政府和市场的作用,设置一套行业管理办法,出台相应的法律法规、规章制度,健全技术市场法制体系,使其规范运作。

(5) 构建科学的、专业的成果价值评估体系。长三角是我国最大的技术集聚中心,有万项科技成果,占全国的 20%,目前每年有一半左右的科技成果找不到合适的"婆家",另有70%的创业投资基金找不到合适的项目和技术进行投资,使大量的科技成果沉淀在高校和科研机构中。因此,基于现状,常州应发挥区域优势,积极通过科技中介联盟,加强长三角技术中介联盟合作,构建科学的、专业的成果价值评估体系,提高科技成果转化率。

(6) 形成产学研合作的技术创新机制。技术创新、技术市场的发展离不开产学研的合作和促进。因此常州应实施全方位的"产学研"合作,形成以企业为主体、市场为导向、产学研合作的技术创新机制。比如,设立长年开放、产学研合作的公共服务平台,内设展示平台、信息平台、洽谈平台以及服务平台,有专门部门负责落实,还要组织具有市场眼光的专家和有科技眼光的企业家结合参与平台,推进产学研合作服务,努力形成以企业为主体、市场为导向、产学研合作的技术创新机制。

7.2 科技创新要素市场的特征

由于不同国家或地区的发展情况不同,科技创新要素市场会存在不同的发展模式,因此也会有不同的特征。考虑到科技创新要素市场运行的一般规律以及常州市科技创新要素发展的实际情况,常州市科技创新要素市场应该具有以下特征。

(1) 统一管理。常州市科技创新要素市场必须有一个统一的部门来管理、监督和指导市场发展。在市场建设规划上,统一布局安排;在市场规则秩序上,统一原则和基准。科技创新要素市场覆盖全社会,既不允许各市场分割,也不允许非市场机制来干扰。各科技创新要素市场相互衔接配套,协调运行。

(2) 开放流通。常州科技创新要素市场内各主体、各分市场以及与其他地区科技创新要素市场之间是连接、贯通的。科技创新要素可以由市场流入企业,也可以由企业反馈给市场;既可以由城市进入乡村,也可以由乡村进入城市;既可以由本地市场流入国内、国际市场,也可以由国内、国际市场引入当地。这样就可以加快科技创新要素的自由流动,满足科技创新要素的市场需求,也可使科技创新要素紧跟国内国际先进水平。

(3) 绿色高效。绿色环保已经成为当下经济发展的一个重要议题，常州市科技创新要素市场的发展必须要注重绿色高效。在科技创新要素市场的培育与发展过程中，各市场内部以及市场之间要加强沟通合作，合理配置资源，提高资源利用效率；还要注重对环境的保护，多使用清洁能源和环保产品，做到可持续发展。

(4) 协同发展。协同发展应该成为常州科技创新要素市场最关键的特征。科技创新要素市场运行的协同机制应该包括两个方面，即市场要素内部运行的协同机制以及各要素市场间运行的协同机制。科技创新要素市场是由相互关联、相互制约的市场要素组成的有机统一体，这些要素必须要协同发展，才能带动该科技创新要素市场的发展；各要素市场要进行全面协同创新，使系统实现各要素市场单独所无法实现的全面协同效应，发挥科技创新要素市场体系的整体功能，促进科技创新要素市场水平的提升。

7.3 科技创新要素市场培育与发展需处理的关系

科技创新要素市场的培育与发展过程就是建立或协调与各市场主体以及其他市场之间的联系的过程，因此会涉及方方面面的关系，只有处理好这些关系，市场体系才能建立并完善。其中最主要的就是处理好以下关系。

(1) 与政府的关系。科技创新要素市场的培育与发展离不开政府的引导，其引导作用主要体现在以下几个方面：①培育市场经营主体。对于国有大中型企业来说，经营机制的转换，主体地位的确立，大都取决于政府。②为科技创新要素市场的顺利发展提供必要的配套条件。如交通、通信等基础设施，政府应根据产业政策以及其他措施来加以引导，使社会更多的资金与物资向科技创新要素市场倾斜和流动。③市场发展有其规律性，政府应当运用其规律，对市场体系发展加以科学的规划和布局，防止盲目建设、重复建设而造成的财力和物力的浪费。④打破行业分割，地区封锁，建设地区统一的大市场，只能依靠各级政府和各个部门的力量。⑤依法对市场进行监督，防止各种非法交易，维护市场交易秩序。⑥制定统一的市场管理法规以及市场交易规则，推动金融体制、社会福利保障制度、科技管理体制、人才管理体制等的改革，规范市场的运行。因此，在常州科技创新要素市场培育与发展的过程中,要正确处理好市场与政府之间的关系,有效发挥政府的指导监督作用,防止"政府失灵"或"全能型政府"出现。

(2) 与企业的关系。首先,科技创新要素市场决定企业科技创新要素的配置。企业创新离不开一定的科技创新要素,如果没有充足的资金、人力及技术等科技创新要素投入,企业创新便成为无源之水、无本之木。市场机制的基本功能是通过分工与协作促进科技创新要素资源的有机整合和有效配置。因而,发挥企业创新中的市场决定性作用,其实质就是充分释放市场配置创新资源的决定性作用,即通过建立公平的市场规则,充分依靠和发挥市场供求、价格和竞争等机制作用,推动创新资源在不同企业之间有效流动,最大限度地实现科技创新要素的优化配置,从而最大限度地提高企业创新的效率和效益。其次,企业创新效果评价由市场决定。企业创新是以企业为主体,以市场为导向,为获取经济效益和社会效益而对企业经营理念、科技发展、产品开发、制度安排及其生产要素组合等进行创新的过程和行为。以一定的创新资源投入最大限度地获取创新产出(包括经济、科技、社会等收益),则是企业创新的主要目的和动因。因此,为了全面、真实地反映企业的创新活动及其效果,有必要建立相应的创新效果评价制度,通过科学评估企业和员工的创新绩效,对企业和员工的持续创新进行激励。企业创新效果取决于是否最大限度地满足市场消费者需求,最大限度地提升企业市场竞争力、实现企业利润最大化。因此,企业的创新效果的评价要由市场来决定,若企业创新效果的评价不由市场来决定,企业的创新动力就会丧失,企业的创新活动就难以持续,最终就难以培养和发展创新导向型企业。所以常州科技创新要素市场的建立要充分考虑并处理好与企业的关系。

(3) 与中介组织的关系。在市场运行中,有些职能既不宜由企业来承担,也不应由政府履行;还有些市场活动,单个企业去做交易成本会很大,如果社会化、专业化地去做,交易成本会大大降低。因此,科技创新要素市场的培育与发展要借助于大量的中介组织。这些中介组织作为政府、市场、企业联系的纽带,一方面,可以沟通科技创新要素市场中各方的联系,以公正合理的原则,保护各方的利益;另一方面,为进入市场的企业、经营者、消费者提供必要的服务,如投资咨询、产品开发、质量检测、海外商务、人员培训等。它们随着市场的发展应运而生,而发达的市场中介组织又是市场体系成熟和市场经济发达的重要表现。可以说，没有中介组织发挥媒介、传导、服务、监督等作用，科技创新要素市场难以畅通、高效、有序地运行。

同时，科技创新要素的市场培育与发展也必然会推动中介组织的发展。这样，科技创新要素市场培育与中介组织发展之间是一种相辅相成、相互促进的关系，因此要加快中介组织的发展。

（4）与商品市场的关系。科技创新要素市场的培育与发展要注重与商品市场发展的协同。如果只注重培育商品市场而忽视科技创新要素市场，那么，不但运用市场机制引导科技创新要素流动的作用难以发挥，而且，会因为科技创新要素的非市场配置反过来对资源的市场配置产生十分不利的影响，使运用市场机制实现产业结构优化，提高整体经济效益的设想成为泡影。反之，如果只注重培育科技创新要素市场而忽视商品市场，那么科技创新要素市场的发展就不会得到更多的资源，而没有足够资源支撑，科技创新要素市场的发展也会陷入深渊。总而言之，必须要依靠发展商品市场和培育科技创新要素市场，让市场机制在国家宏观调控下加强资源和科技创新要素的流动，通过市场把有限的资源和科技创新要素配置到效益较好的企业中去。因此，常州市需要加强科技创新要素市场与商品市场的协同发展。

7.4 科技创新要素市场体系的建立

常州市科技创新要素市场体系主要包括三部分内容：科技创新要素主体的培育、要素市场环境的培育以及要素市场的运行机制，在图7-1中则分别表现为内环系统、内环与外环之间的系统以及外环系统。

内环体现主体对要素市场的培育与发展有决定性作用，主体主要包括政府、金融机构、企业、科研机构、中介组织五类。主体都需履行各自的职能，政府主要负责要素市场的管理和监督；金融机构主要为创新提供资金支持；企业主导并决定着创新活动；科研机构主要负责科技创新要素的孵化；中介组织则为其他主体提供服务，加强合作沟通。

在内环与外环之间则是科技创新要素市场发展所需的环境支持。科技创新要素市场的建设对环境有着较高的要求,不仅需要有良好的政策环境以及牢固的制度保障来鼓励、支持创新活动的开展,也要有健全的基础设施以及鼓励创新的文化氛围。

外环体现出科技创新要素市场的运行机制,即市场要素内部运行的协同机制以及各要素市场间运行的协同机制。市场要素内部运行的协同机制表现为:资金市场中,银行、担保机构、借贷公司以及政府科技拨款等要素之间的协同发展;人力资本市场中,人事局、企业、高校以及海归创业园等主体之间的协同;技术市场中,高新企业、高校、技术交易所以及科教城等的协同发展;其他科技创新要素市场中各要素的协同。各要素市场间运行的协同机制主要体现在资金市场、人力资本市场、技术市场以及其他要素市场之间的协同发展,形成一种全面协同效应,发挥出市场体系的整体功能,具体如图7-2所示。

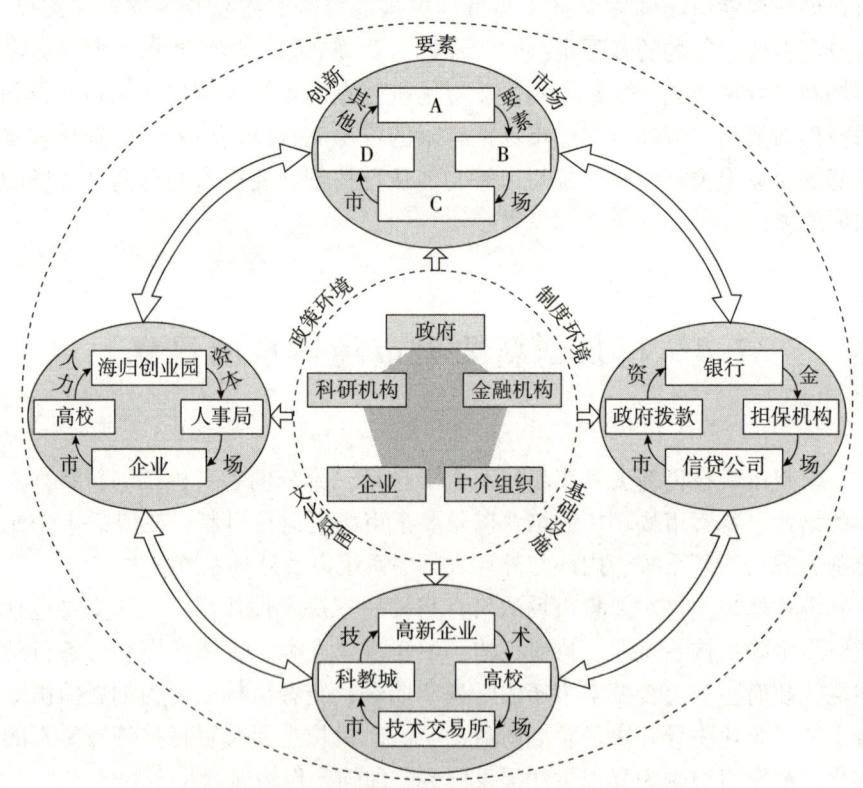

图7-2 常州市科技创新要素市场培育与发展体系

7.4.1 常州科技创新市场主体的培育

众多经验表明,创新主体的成长对科技创新要素市场培育与发展的进程起着决定性作用。如果创新主体成长过于滞后,科技创新要素市场的发展也不会有多大起色。因此,培育和发展科技创新要素市场,要注重促进创新主体的成长。一般来说,创新主体包括政府、金融机构、企业、科研机构、中介组织五类。

(1) 政府。常州各级政府相关部门要改善和加强对市场的管理和监督,做好市场的导向、协调、监督和服务等工作,建立起正常的市场秩序。市场监督的目的是维护党和国家确定的有关科技创新要素市场发展的法律、法令、方针、政策以及社会主义的市场伦理道德和公正原则,预防、发现、纠正科技创新要素市场上一些不合法的活动,以保证科技创新要素按客观规律的要求顺利发展。这就需要建立有权威的市场执法和监督机构,加强对科技创新要素市场的管理,发挥社会舆论对科技创新要素市场的监督作用,保证科技创新要素市场体系的健康发展,并逐步走向繁荣。

(2) 金融机构。资金是开展创新活动的重要保障,是创新活动持续进行的支持力量。而这些资金除了政策性的政府科技拨款外,最主要的来源还是各类金融机构。其中起主导作用的是银行,银行通过科技贷款对科技型企业进行资金支持,对市场的基础设施建设提供贷款。另外,一些非银行金融机构,如金融租赁公司、证券公司、信托公司、资信评估投资基金管理公司、保险公司等,也在不断发挥作为市场主体的作用,努力吸收各种社会基金参与资金要素活动。

(3) 企业。企业是国民经济的细胞,是实现经济发展的关键力量。作为创新主体,企业主导和自主决定创新活动。创新的发展目标、发展方向和路线选择等,都应由企业自主决策;创新资源的筹措、投入和分配使用等,都应由企业自主管理;创新成果的应用、交易和收益分配等,也都应由企业自主决定。企业还是联系市场和创新的纽带,能够敏锐发现、捕捉和准确把握市场对创新的需求,能够及时发现、掌握和利用创新规律。

科技创新要素市场中的企业既可以是已经拥有自主知识产权、自主品牌的创新型企业,也可以是暂时还没有自主知识产权、自主品牌的非创新型企业；既可以是老牌企业，也可以是新办企业；既可以是大型企业，也可以是中小企业，但它们都是平等的市场利益主体，只有当不同企业能够平等地参与市场竞争，才能最大限度地发挥市场有效配置资源功能，才能最大限度地激发企业创新动力和活力。

（4）科研机构。科研机构是科技创新要素孵化的主要力量，不断集聚科技创新要素，同时也是创新水平提升的主导力量。科研机构主要包括大学、政府以及企业创办的科研机构。通过对各类科技创新要素的集中与整合，尤其是高科技人才的招募，使得科技创新成果不断涌现。

（5）中介组织。发展市场中介组织的目的是发挥其服务、沟通、公证、监督作用。在科技创新要素市场培育与发展过程中，难免会出现一些因市场组织不完善、市场法规不健全带来的种种混乱。处理这类问题更多地依靠各类创新主体之间达成契约，并在此基础上形成各类相应的中介组织。中介组织是企业决策的参谋机构和咨询者，又受政府的指导，遵循国家法律，对企业实行服务、协调、监督。这类组织大体上有会计师事务所、律师事务所、公证事务所、专利事务所、商品检验所、市场公正交易委员会、消费者协会等。这些中介组织是联系各类创新主体的桥梁，是建立科技创新要素市场必不可少的组成部分。

7.4.2 常州科技创新市场培育的环境支持

科技创新要素市场的培育与发展需要良好的市场环境，既要有法律政策制度的软环境支持，又要有基础设施的硬环境支持，更需要广泛的文化宣传环境促进广大群众共同参与科技创新要素市场的培育与建设。

（1）加快市场立法的步伐，改善创新的政策环境。市场经济本质上是法制经济，它要求建立完善的法律法规体系。加快市场立法，建立统一的市场法规，既是建立科技创新要素市场的重要条件，也是市场交易规范化和市场管理法制化的重要前提。因此要逐步健全科技创新要素市场管理的各项法规和制度，将比较成熟的经济关系和交易形式尽快用地方法规的形式确定下来，并在实践中加以完善，逐步形成适合多种类、多形式、多功能和不同层次需要的市场法规体系。

建立科技创新要素市场规则，是建设创新型城市的基本要求。其实际就是根据各种法律法规惯例来规范市场各方的行为准则，从而决定各方的

第7章 科技创新要素市场培育与发展体系建立

利益形态或财产转移的程序,保证公正、公开和公平的实现,使平等竞争中的各利益主体在严格的法律约束和自觉的自我约束之前提下,用正当的手段,最大限度地追逐利益,从而推动经济发展和社会进步。

当前,常州在科技创新要素市场管理的法制建设方面,要尽快制定和完善一些基本的法律法规,如《公平竞争法》;培养懂法守法的企业经营者阶层,使其在从事经营活动时既最大限度地追逐利益,又自觉自愿地采用合法的经营手段,不侵犯他人的利益。

(2) 建立和完善市场的管理监督体系,牢固创新的制度保障。加强科技创新要素市场建设的统一领导和宏观调控,由政府设立市场体系建设协调机构,积极探索各种适应市场经济要求的市场调控手段和方式,市场的类型、什么地方建、建多少、规模多大,要由政府组织有关部门在科学分析、充分论证的基础上,提出大体规划和合理布局的方案。规划一经通过就要严格遵守,以保证市场建设有序发展合理布局,防止盲目重复建设,避免资源浪费。积极制定各类市场发展规划和管理法规,加强法制管理,健全市场法律体系,使科技创新要素市场的发展尽快步入法制化的轨道。

工商行政、审计、统计等经济监控部门,要逐步独立于行政序列和行政监控权力,与法院、检察院相互配合,相互制约,形成一个有效的、强有力的经济法规监督执行系统。并根据科技创新要素市场发展的需要对已有的法规进行补充完善,最终促进科技创新要素市场充满生机而又规范有序地运行。

(3) 建设科技创新要素市场的基础设施。

1) 加强资金服务平台建设。设立产业金融引导基金、科技小额贷款公司、小额贷款公司、融资租赁公司、消费金融公司和科技融资担保公司等专门服务科技型企业的金融机构,通过天使投资、科技信贷、风险补偿等形式,引导社会资本投向科技创新领域。扩大股权融资规模,探索开展定向融资、私募债、小额贷等新型融资模式。做好民间金融监管及服务工作,拓宽民间资本参与技术创新和产业转型升级的渠道,推动民间金融集聚发展。

2) 加强科技合作平台建设。常州市加强与"两院两校"、国防科工委系统和长三角地区高校的全面合作,积极引进大院名校来常设立研发分支机构,不断创新合作机制,扩大合作领域,深化合作内涵,以更大的力度吸引高科技成果来常州市转化。资助企业引进科研成果,开展联合攻关,奖励已取得重大阶段性成果的产学研合作项目。加大与国家有关部门的合作力度,努力吸引国家"863"和"973"等重大科技项目落户并产业化。大力支持在常高校院所与本市企业开展产学研合作,充分发挥在常高校院所在人才培养、技术开发、成果转化等方面的服务作用。

3)建设高水平的科技创新要素孵化器。常州市积极创办各类科技孵化器,坚持政府引导、企业经营、市场运作,全面创新科技孵化器的发展模式,实现科技企业孵化器由政府主导向多元产权组织形式转变,积极引导社会资金创办各种类型、各具特色的科技孵化器,形成综合性与专业性、公益性与营利性相结合,竞相发展、功能互补、信息共享的开放型科技企业孵化体系。加快科技创业中心、软件产业园、留学人员创业园等重点科技企业孵化器的建设。设立科教城建设与发展专项资金,努力使科教城成为国内一流、国际先进的国家级示范性高等职业教育园区、高层次人才的教育培养园区和常州高科技产业发展、科技自主创新的集聚区。

(4)营造创新的文化氛围。创新资源的多寡并不是一个地区创新成败的关键,因为在市场经济条件下,资金、人才、技术等都是可以自由流动的,关键在于一个地区有无创新的文化氛围。

首先,一个地区想要通过创新来推动经济发展,就必须要有改革的思想,改革是一个民族、一个地区不断前进的动力。目前,常州市开展创新的首要问题是通过改革形成有利于创新资源聚集和发挥作用的环境条件。通过用人制度的改革,形成人才自由流动的机制;通过分配制度的改革,激发科技人员和企业家创新、创造的活力;通过要素市场的改革,使得企业得以按照市场规律便捷地配置创新资源;通过投融资制度的改革,形成完善的创新、创业资金链。要培育人们的改革思想,可以通过电视宣传、海报宣传、专题活动以及课堂讲解,要让人们期待改革,拥护改革,为改革献计献策。

其次,要有创新的精神,要善于培养人们的创新精神。创新产业的发展,需要有较强的创新动力。创新动力与一个城市整体的创新意识和创新精神密切相关,包括企业家的创新意识、公众对创新的认同、科技人员对创新的执着、投资者对创新活动的信心等共同构成的文化氛围。因此,常州市要大力弘扬"三创"精神,加强创新文化的传播,让创新的思维、创新的活动、创新的人充分活跃起来,引导和推动科技人员树立创业的精神、拓宽创业的眼界、增强创新的胆识,积极主动地融入创新创业的大潮。要培育城市创新新文化。在全社会广泛宣传常州传统文化中具有创新价值的元素，构建富有常州特色、时代风采的创新文化。也要提高全民科技素质。在全社会培育创新意识、传播科学知识、弘扬科学精神、提升公众科学素养。重视开展群众性的技术革新活动，深入开展学习型城市创建活动，完善终身教育体系。

最后，要有开放的心态，创新不是关起门来搞研究，闭门造车肯定是行不通的。强调坚持自主创新，并不排斥集聚吸纳、借力发展。事实上，整合现有技术集成创新，引进消化吸收再创新，都是创新的重要方面和重要途径。抓住当前经济全球化、高新技术加速转移的时机，大力引进先进适用技术；抓住大量外资涌入长三角的时机，提高利用外资质量，选择引进高精尖技术或研发机构，在更高层次推进自主创新；坚持以开放的心态和眼光，充分利用各类科技资源，形成广泛的多层次的创新合作机制；全力抢抓政策机遇，积极向上争取，力求更多重大科技成果和科技项目在常州转化为现实生产力。

7.4.3 常州科技创新市场的运行机制

（1）常州市主要科技创新要素的协同发展研究。

1）资金、人力与技术要素协同度模型构建。为了探讨资金要素、人力资本要素、技术要素协同发展的趋势和程度，本书参考孟庆松、韩文秀的复合系统协同度模型，将三者视为一个复合系统，通过构建此复合系统的协同度模型来测量三者之间的协同作用水平。

单个科技创新要素对经济增长的贡献是有限的，只有各科技创新要素协同发展，从而使系统实现各要素单独所无法实现的全面协同效应，发挥科技创新要素协同后的整体功能，才会产生强大的生产力，促进经济发展。因此，本书首先来分析一下常州市各科技创新要素的协同发展情况。

①功效函数。

设各子系统为 S_J，$J\in[1,3]$，即资金要素为 S_1，人力资本要素为 S_2，技术要素为 S_3。设子系统在发展过程中的序参量为 $e_j=(e_{j1},e_{j2},\cdots,e_{jm})$，$m\geq 1$，$\beta_{ji}\leq e_{ji}\leq \alpha_{ji}$，$i\in[1,m]$。假定 e_{j1}，e_{j2}，$\cdots$，e_{jl} 为正项指标，即其取值越大，系统的有序度程度就越高；假定 e_{jl+1}，e_{jl+2}，$\cdots$，e_{jm} 为逆

向指标，即其取值越大，系统的有序程度就越低。

$$\mu_J(e_{ji}) = \begin{cases} \dfrac{e_{ji}-\beta_{ji}}{\alpha_{ji}-\beta_{ji}}, & i \in [1, l] \\ \dfrac{\alpha_{ji}-e_{ji}}{\alpha_{ji}-\beta_{ji}}, & i \in [l+1, m] \end{cases} \quad (7-1)$$

其中，α_{ji} 和 β_{ji} 分别是系统稳定临界点上序参量分量 e_{ji} 的上限和下限，由式（7-1）可知，$\mu_J(e_{ji}) \in [0, 1]$，其值越大，e_{ji} 对子系统有序的"贡献"越大。

②协同度模型。

a. 子系统 S_J 的序参量 e_j 的有序度。

$$\mu_J(e_j) = \lambda_j \mu_J(e_{ji}), \quad \lambda_j \geq 0, \quad \sum_{j=1}^{n} \lambda_j = 1 \quad (7-2)$$

式（7-2）中，$\mu_J(e_j) \in [0, 1]$，其值越大，表明 e_j 对子系统 S_J 有序的"贡献"越大，子系统的有序程度就越高，其中权重 λ_j 代表 e_{ji} 在保持系统有序运行过程中所处的地位。

b. 子系统 S_J 的有序度。

$$\mu_J = \sum_{j=1}^{n} \mu_J(e_j) \quad (7-3)$$

由式（7-3）可知，子系统的有序度为其各序参量有序度的和，$\mu_J \in [0, 1]$，其值越大，表明子系统对复合系统的有序程度越高。

假设在初始时刻 t_0，各子系统的有序度为 μ_J^0，而当整个复合系统发展到时刻 t_1，各子系统的有序度为 μ_J^1，则复合系统的协同度为

$$\begin{aligned} C &= \theta \cdot \sqrt[3]{\prod_{J=1}^{3} |\mu_J^1 - \mu_J^0|} \\ &= \theta \cdot \sqrt[3]{|\mu_1^1 - \mu_1^0| \times |\mu_2^1 - \mu_2^0| \times |\mu_3^1 - \mu_3^0|} \end{aligned} \quad (7-4)$$

其中 $\theta = \begin{cases} 1, & \mu_1^1 - \mu_1^0 > 0, \ \mu_2^1 - \mu_2^0 > 0 \ 且 \ \mu_3^1 - \mu_3^0 > 0 \\ -1, & 其他 \end{cases}$

由式（7-4）可看出，$C \in [-1, 1]$，其取值越大，复合系统的协同度越高，反之则越低。另外，整个复合系统的协同度是由所有子系统共同决定的，如有一个子系统的有序程度越大，而另外子系统的有序度较小，则

第7章 科技创新要素市场培育与发展体系建立

整个复合系统的协同度就不高。

③指标体系构建。指标体系的构建应遵循系统性、科学性、层次性、动态性、实用性、可比性和导向性的原则，具体为：

a. 系统性原则。科技创新要素协同发展是一个综合性、系统性的概念。设计指标体系时，应尽可能全面、系统地反映其内涵以及地区科技创新要素协同发展的特征。所以指标体系应能体现系统性特点，将总体目标层层分解，体现系统的层次性，再进行综合。

b. 科学性原则。评价指标体系应能够反映科技创新要素协同发展的含义和实现程度，具有现实意义；并立足于一定阶段一定区域的实际情况，科学、客观地反映不同阶段的科技创新要素协同发展水平。

c. 层次性原则。评价指标体系应不仅能够全面反映科技创新要素协同发展的总体情况，也能反映不同类型、各单项的情况。

d. 动态性原则。评价指标体系不是固有不变的，应随时间推移和区域的变动，根据实际情况进行改进，适应不同时期和区域的评价需要。

e. 实用性原则。评价指标体系应易于理解和具有可操作性，便于收集和计算分析。指标的数据采集应在原有统计的基础上，以尽量小的投入获得尽可能多的信息量。

f. 可比性原则。要求不同地区的结果在不同时间上可比，起到横向比较和动态监测的作用。

g. 导向性原则。建立科技创新要素协同发展的评价指标体系目的在于对社会整体的资金要素系统、人力资本要素系统以及技术要素系统和谐发展状况进行评价，从而为政府部门提供管理手段。因此，评价指标体系须具有一定的导向性，能够引导科技创新要素的有序发展。

基于以上原则来构建资金要素、人力资本要素、技术要素协同度测度指标体系（见表7-1）。指标体系包含三个序参量，即资金要素、人力资本要素、技术要素。

表7-1 资金、人力资本、技术要素复合系统协同度测度指标体系

科技创新要素	指标
资金要素	大中型工业企业R&D经费支出 a1
	政府科技拨款 a2

续表

科技创新要素	指标
人力资本要素	大中型工业企业 R&D 人员数 b1
	在校大学生人数 b2
技术要素	有效发明专利数 c1
	新产品销售收入占产品销售总收入的比重 c2
	高新技术产业产值占工业总产值比重 c3

④指标体系权重计算方法。由于熵值法是通过对原始数据进行测算分析指标权重，一定程度上避免了人为因素的干扰，具有很强的客观性，因此本书选取熵值法来测算各个指标的权重。

a. 对序参量作比重变换：$P_{ji} = \dfrac{\mu_J(e_{ji})}{\sum_{i=1}^{m}\mu_J(e_{ji})}$ (7-5)

b. 计算第 j 个序参量的熵值：$M_j = -k\sum_{i=1}^{m}P_{ji}\ln P_{ji}$，$k = \dfrac{1}{\ln m}$ (7-6)

c. 计算第 j 个序参量的差异系数：$T_j = 1 - M_j$ (7-7)

d. 计算第 j 个序参量的权重：$\lambda_j = \dfrac{T_j}{\sum_{j=1}^{n}T_j}$ (7-8)

资金、人力资本、技术要素协同度测度指标权重如表 7-2 所示。

表 7-2　资金、人力资本、技术要素协同度测度指标权重

资金要素		人力资本要素		技术要素		
a1	a2	b1	b2	c1	c2	c3
0.16	0.19	0.11	0.06	0.25	0.18	0.05

2）常州市资金、人力资本与技术要素协同度分析。

①数据来源。根据协同度测度指标体系，研究采用的数据样本为常州市资金要素、人力资本要素以及技术要素 2006~2016 年的年度数据，其中各科技创新要素指标数据采用直接查找的方式，数据来源为《常州统计年鉴》（2007~2017 年）。

②实证结果分析。

a. 子系统有序度研究。依据式（7-2）和式（7-3）求出资金要素子系统、人力资本要素子系统、技术要素子系统的有序度，结果如表7-3所示。由表7-3可看出，资金要素子系统和人力资源要素子系统的有序度一直在缓慢上升；技术要素子系统的有序度在2010年之前波动比较大，从2011年开始有序度一直在上升。2010年之前，资金要素子系统的有序度要低于其他两个要素子系统的有序度，但从2012年往后，资金要素子系统的有序度要高于其他两个要素子系统的有序度。

表7-3　资金、人力资本、技术要素子系统有序度

年份	资金要素有序度	人力资本要素有序度	技术要素有序度
2006	0	0	0.164
2007	0.020	0.041	0.096
2008	0.031	0.060	0.089
2009	0.054	0.075	0.054
2010	0.073	0.096	0.081
2011	0.100	0.113	0.034
2012	0.129	0.121	0.077
2013	0.151	0.126	0.101
2014	0.237	0.141	0.160
2015	0.290	0.158	0.240
2016	0.347	0.181	0.314

b. 复合系统协同度研究。依据式（7-4）求出资金要素、人力资本要素、技术要素复合系统的协同度，结果如表7-4所示。由表7-4可看出，2006~2016年复合系统的协同度普遍偏低，在[-0.03，0.05]区间内振荡。协同度最低值和最高值分别出现在2011年和2016年，协同度分别为-0.03和0.05。总体而言，这种协同水平是比较低的，表明常州市资金要素、人力资本要素、技术要素的协同发展机制还不成熟。

表 7-4 资金、人力资本、技术要素复合系统协同度

年份	2006	2007	2008	2009	2010	2011	2012	2013	2014	2015	2016
协同度	-0.01	-0.01	-0.01	-0.02	0.02	-0.03	0.02	0.01	0.04	0.04	0.05

图 7-3 显示出资金要素、人力资本要素、技术要素复合系统协同度波动幅度较大，变化趋势不明显。其中，从 2006 年之后呈现出波动上升的趋势，这与 2006 年颁布的《国家中长期科学和技术发展规划纲要（2006~2020）》有关，此纲要的实施加强了对科技创新要素的协同发展。2008~2009 年，复合系统的协同度达到最低值，这可能与 2008 年爆发的全球性资金要素危机有关，资金要素危机对江苏省的资金要素市场产生了巨大的冲击，也波及了人力资本要素、技术要素市场的活动，这就对资金要素、人力资本要素以及技术要素的协同发展产生了负面影响。

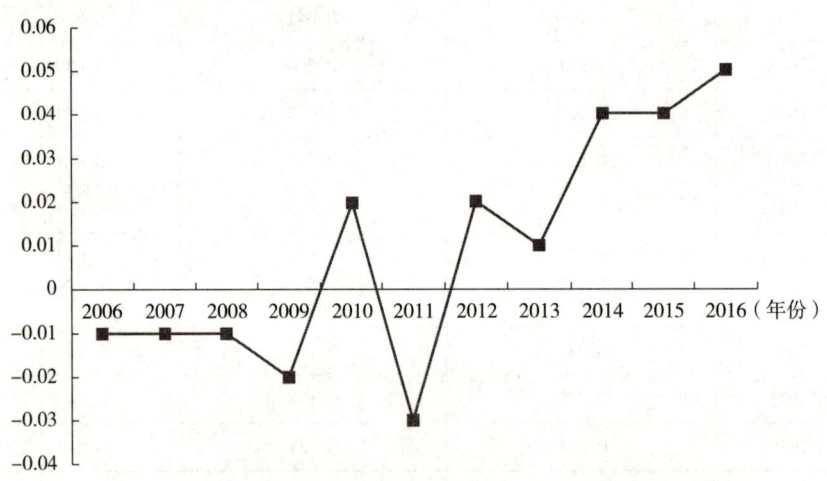

图 7-3 资金、人力资本、技术要素复合系统协同度的发展趋势

从以上的分析可以看出，常州市各科技创新要素的协同发展水平很低，并没有形成整体的协同发展效应，这就解释了为什么常州市主要科技创新要素对经济增长的作用较小，所以要加快常州市各科技创新要素的协同发展，但科技创新要素的协同发展离不开科技创新要素市场的作用，所以建立常州市科技创新要素市场培育与发展体系已经变得越来越紧迫了。

（2）常州市科技创新要素市场运行的协同机制。在经济新常态背景下，常州市欲实现产业转型，建设创新型城市，就必须要靠多层次的、绿色的、高效运行的科技创新要素市场培育与发展体系来支撑。而在这个体系中，科技创新要素市场的协同发展无疑是最重要的环节。科技创新要素市场运行的协同机制主要包括两个方面，即各市场要素内部运行的协同机制以及各要素市场间运行的协同机制，这两个协同发展都至关重要，缺一不可。

1）各市场要素内部运行的协同机制。根据图7-1，每个科技创新要素市场都是一个由相互关联、相互制约的主体组成的有机统一体，这些主体必须要协同发展，才能带动该科技创新要素市场的发展，从而带动整个科技创新要素市场体系的协同发展。

资金市场中，组织网络主要包括银行、担保机构、信贷公司以及政府拨款。银行是主要的资金要素机构，也应是企业主要的融资渠道；担保机构是将科技与保险相结合，应当为处于创业初期的企业提供更多的保障，从而支持中小科技企业的成长壮大；信贷公司要减少贷款限制，如对抵押物的要求降低，这样就能为科技企业提供更多的资金支持，从而起到完善资金要素体系的作用；政府拨款要照顾到创业初期的企业，且拨款及时到位。资金市场中各要素要建立彼此之间的联系，促进交流机制的形成，加强协同发展。

人力资本市场中，组织网络主要包括人事局、海归创业园、企业以及高校。人事局主要负责根据常州市实际情况拟定人才政策，以及从宏观上组织全市的人才流动等工作；海归创业园则是海归人才的聚集地，海归人才拥有较高的技术水平以及创新能力，对常州市创新型产业的发展影响颇大；企业对人才的需求是特别大的，尤其是具有较强科研能力的创新型人才，高水平人才的引进会促进企业生产力的提升，也会带动企业一大批人才的成长；高校有众多的教育资源，在科研上更是人才济济，每年也不断向社会输送优秀的毕业生。常州市必须要加强产学研合作，改进人才的合作交流机制，使人才可以自由流动，具体为：人事局要统筹人才规划，制定合理的人才政策；海归创业园要加强与企业以及高校的联系，寻找创业方向；企业、高校也可以到海归创业园挖掘优秀的海归人才，提升内部的科研实力；企业与高校要合作办学，共同培养实用的专业型人才，以便毕业后与企业无缝对接。

技术市场中，组织网络主要包括科教城、高校、高新企业以及技术交易所。其中科教城是技术创新的主体，是科研成果和人才培育的基地，要集中高校、高新企业的技术骨干进行技术专攻，做好"产学研"互动；高校是技术创新的重要来源，这里不仅有先进的科研设备，还有众多的科研人才以及大量的自然科学项目，创新能力较强，科研成果显著，要根据高新企业的技术需求，发挥科技资源充足的优势，与企业的研发机构一道努力，研发出适合企业发展的实用性技术；高新企业也是技术创新重要参与者，进行的创新活动主要面向市场需求，产生了许多实用性创新成果，另外，高新企业也对人才、资金等有着较大的需求；技术交易所是进行技术交易的主要场所，是引进国内国际前沿技术的通道，对技术交流、技术更新有着重要的作用，要努力将企业的科研成果产业化，加强技术的交流，引进国内国际前沿技术，收集最新的科技信息，并将其反馈给其他科研单位。这些机构都是技术创新的重要参与者，掌握着技术创新市场的命脉，因此这些机构必须要加强合作与沟通，形成协同发展，促进技术科技创新要素的自由流动，最终促进常州市技术创新市场的飞快发展。

2）各要素市场间运行的协同机制。科技创新要素市场是由各类市场在相互关联、相互制约的共生关系中所形成的有机统一体，所以各科技创新要素市场（即资金市场、人力资本市场、技术市场）要进行全面协同创新，从而使系统实现各要素市场单独所无法实现的全面协同效应，发挥科技创新要素市场体系的整体功能，促进科技创新要素市场水平的提升。

应积极探索以政府投入、资金要素贷款、企业投入、社会集资和引进外资等多种形式的风险投资机制，积极发展民营、官办或官民结合的风险投资公司以及技术市场发展基金、科技开发保险等，形成多元的科技投入体系。加快筹建以政府科技拨款为基础，以广泛吸收科技企业投入为主体，并建立风险保证金制度的科技信用社。待试点取得经验后逐步推开。组建专门的科技开发银行以强化资本市场对于高新技术企业潜力的识别与支持。科技部门与保险公司积极探索建立科技保险新机制。强化资金投入，着重增加对技术成果向生产力转化环节的投入，重点用于公共实验室和重点科研基地的建设。同时，一个强大的资金市场不仅要有完善的服务功能，还要有足够的承受能力。因此资金市场需要进一步提升技术能级，促进交易系统技术能级提升，推动交易数量、交易品种、交易效率的提升，高校、企业、科研机构等技术部门要积极探索促进资金市场更好地服务其他要素市场的机制，研发出更好的资金要素产品，设置更便捷的贷款渠道以及服务平台。

企业要努力招聘优秀的人才，尤其是高科技人才。高新技术企业以及一些正在努力发展成为高新技术企业的中小企业，需要借助人力资本市场引进相关领域内的领衔人才，带领企业走上创新道路。对那些人才严重缺乏、技术力量严重不足的单位，应列入人才市场的服务重点。把各种类型、各种层次的专业技术人员纳入人才市场调节的轨道。不仅要搞好国内专业技术人员的社会调节工作，还要做好吸引留学生回国和回国留学人员的服务工作，把吸引国内人才与国外人才紧密地结合起来；要把人才交流与智力交流结合起来，促进人才市场与技术市场的相互融通。同时，技术市场也要鼓励更多的科研人才在人力资本市场上找到合适自己的岗位，使具有专业技术职称的人员、高校毕业生、社会闲散技术人才、管理人员和技术工人找到合适的工作。加快高水平大学的建设，围绕高等学校重点学科和人才团队，建设一批国家级省级工程技术研究中心、重点实验室、协同创新中心、博士和硕士学位授予点，使高等学校成为人才集聚、人才培养和科技创新的重要平台。

随着科技竞争的日益加剧，资金市场应该提供更多的资金去引进高端人才，政府相应的拨款需要增加，银行等金融机构的信贷金额也要增加，从而引进大批优秀人才，增强人力资本市场的厚度。同时，人力资本市场要合理配置人才资源，将人才资源安放到适合其发展的岗位上，充分挖掘人才的潜力，培育出更多的专业型人才，使他们在科研上做出更多的成果，并将金融、经济等方面科技成果反馈给资金市场，从而提升资金市场的总体水平。

7.5　科技创新要素市场培育与发展的政策建议

7.5.1　加强常州科技创新要素市场体系建设

常州科技创新要素市场培育与发展体系是由一些具体体系组成，包括信用监管体系、人才培养体系、网络市场体系以及成果评估体系，只有不断建设完善这些体系，才能保证常州科技创新要素市场的健康发展。

（1）完善科技创新要素市场信用监管体系。

1）信用监管体系建设。优化信用体系建设，不断改进监管服务，增强科技创新要素市场的开放度，逐步形成政府监管、社会监督、行业自律和企业内控四位一体的信用监管体系。以开放思维打造开放市场，提高常州资本市场的弹性和包容度，支持全国优质证券公司、期货公司和其他中介机构等来常州开展业务，深入挖掘、培育常州市场，加强对经济薄弱环节的支持力度。强化监管部门与市级部门、区县政府的协作，共同推动企业上市、机构引进、风险化解等工作，创造良好的市场发展环境，及时为市场主体提供发展指导。

2）信用认证体系建设。建议常州市采用国际上使用较为普遍的独立、公开、公正的 BU 认证体系，对市场交易主体、营利或非营利中介机构、个人、商品、服务品质等进行信誉认证，以便为技术商品成功交易提供强有力的支撑。①非营利组织从内部治理、公益业绩、社会评价建立评价指标。②营利组织从经济发展、社会发展、环境发展建立评价指标。③个人从个人信用、社会责任、社会评价建立指标。④商品从质量、外观、经济效应、市场价值、社会效用建立指标。⑤服务品质从服务质量、服务方式、经济效应、市场价值、社会效用等建立指标。同时，建立市场声誉约束机制，可以有效地预防道德风险的发生。市场声誉包括：技术交易的历史记录，技术交易定期或不定期审查及同行的评价等。

3）建立专业监督管理机构。整合资源，建立常州市科技创新要素市场专业监督管理机构，对常州区域内所有从事金融、技术等交易的机构实行统一监管。进一步完善合同登记制度，强化法制监督机制，规范交易行为，加强知识产权保护，维护交易当事人的合法权益，严厉打击违法违规行为，对以非法手段侵害知识产权、科技成果权和以假冒伪劣技术欺骗社会弱势群体的行为进行重点整治。

（2）完善人才培养体系建设，提升科技创新要素市场软实力。

1）延揽高端人才，抓好人才队伍建设。大力培养和积极引进高端人才，把高端人才引进纳入全市高端人才引进计划，在家属安置工作、子女就学等方面提供优惠。

第 7 章　科技创新要素市场培育与发展体系建立

2）建设人才服务团队。人才服务团队的服务质量、服务水平、服务能力和服务态度是科技成果转化的关键。目前，鉴于常州科技创新要素市场服务团队人才严重不足，亟须造就一支懂技术、懂法律、懂管理、懂经营的高素质复合型人才队伍。

3）建立和完善高等教育人才培养质量保障体系。与世界先进水平相比，我国人力资源开发和利用的水平还相当低，高等教育教学质量不适应提高人力资源水平的要求，尤其经过连续多年的大发展，教育经费短缺、师资力量不足、教学图书设备缺乏、管理相对滞后等矛盾逐步显现。因此，现阶段的任务是在保持高等教育规模平稳扩大的同时，着力提高教育教学质量，提高人才质量。政府部门要加强对高等教育质量的监管力度，建立和完善高等教育质量保障体系。实行优胜劣汰机制，通过评估使高等学校建立起自己的声誉，确保高等教育教学质量，为确保评估工作的公平公正性，当前尤其要加强高等教育质量的社会评估工作，重视用人单位对学校毕业生的评价。

4）逐步建立和完善科技创新要素市场人才考核、资质认证机制，对那些为常州科技创新要素市场发展做出突出贡献的人才进行表彰奖励。

(3) 促进网络市场体系建设。

网上技术市场通过文字、声音、图像、数据等多种表现形式，使信息实现一对一、一对多或多对多的交互传递，增加了交易机会，降低了洽谈成本，提高了成交率，因而备受市场交易双方喜爱。常州应建立一个具有权威性、规范性、标准化的科技创新要素市场信息网。①政府应扶持网站建设，使之逐步做到自我积累、自我完善，最终实现市场化经营的模式。②要建立科技信息网络体系，动态和静态有机结合，静态为主，动态为辅。③网站建设要从长远考虑，提前做好发展规划。④网站要具有基于Web 动态信息收集与处理、整理与发布、网上商务洽谈室、产品在线展示厅等先进的在线交流环境和综合电子服务。⑤建立强大的信息网络系统和数据库，包含供求信息、技术信息、专家信息，以及信用认证系统、评估系统、核算系统、企业管理与咨询服务系统等。

(4) 完善成果评估体系建设。

成果评估综合评价体系建设主要考虑科技创新要素的先进性、可行性、连续性、风险性，经济效益、社会效益和生态效益以及文化价值几方面。①必须以社会整体利益为根本出发点。②考虑多重效益,如技术价值和社会文化价值等。③要有针对性和具体目标,要处理好合理性、经济性与可能产生的社会、文化后果之间的辩证关系,正确解决眼前利益与长远影响、明显与潜在的利弊、物质与精神心理的影响等矛盾关系。评估应遵循系统性、需要性、预测性、可行性及动态性等原则。

7.5.2 促进常州科技创新要素市场培育与发展的具体措施

(1) 强化政府引导,完善法制机制,营造良好的发展环境。

①完善法治环境,制定地方性法规。借鉴国际惯例,结合实际情况,逐步建立系统的、配套的法律法规体系,明确各类机构的法律地位、权利义务、组织制度和发展模式,理顺政府与科技创新要素市场、中介服务机构之间的关系,形成法律定位明确、政策扶持到位、法制保障完善的科技创新要素市场发展环境。②合理运用财政手段。可采取的方法有:税收优惠、利差补贴、提供低息和无息贷款资金、提供信用担保等,还可以在建立贷款担保体系等方面发挥作用。贴息必须直接针对特定贫困者的投资项目。③建立健全投资管理、运行体系,强化对投资的调控和监管能力,在重视市场基础性调节的同时,利用发展规划、产业政策和政府掌握的财政体系进行干预,使整个科技创新要素市场符合常州的战略发展规划。

(2) 促进市场创新,推动科技创新要素市场的转型升级。

1) 加快金融产品和服务创新。①建立合理的激励机制来调动金融机构创新的积极性,引导民间资本参与要素市场交易。鼓励金融机构利用先进的科技手段,大力开发和推广新的业务品种,满足各类组织多层次、多样化的需求。加强银行、证券、保险与要素交易平台的合作经营,加强信息共享和实质性合作,不断创新融资方式和服务模式。②加强基础性资金要素产品的创新。现在金融业的竞争主要集中在金融衍生产品的竞争上,而金融衍生产品必须依赖于期权期货等基础性资金融产品的不断普及和深化。因此,基础性金融产品的创新会大大加快金融效率,促进金融衍生产品的长足发展。③充分利用区位优势,与上海等周边金融发达城市一起,积极参与推进人民币产品的创新。④推动资金市场产品创新,在规范已推出金融产品的同时,加大债券市场产品和金融衍生产品的开发力度,强化开展资产支持证券、债券借贷业务、利率互换、金融衍生产品等新产品的基础性研究，并解决好创新产品的后续发展问题。

2）加大对技术创新的政府支持政策。①政府补贴应逐步增加对高科技产业的投入力度。市财政每年增加高科技产业发展专项拨款，实行部分拨款、部分低息有偿使用，专项用于重大高新技术成果商品化和产业化启动期的投入；提供与高风险投资相配套的低利息长期优惠贷款。部分可用于风险损失补贴、贷款贴息和奖励。在专项拨款的基础上，逐步向设立专门的高技术发展基金过渡。②技术创新的税收优惠政策要技术创新的税收优惠政策应永久化，以期有利于技术创新体系的完善和社会的进步。今后，常州市技术创新的税收优惠政策的侧重点应多放在税基式优惠方面，如采取加速折旧、税前扣除、投资抵免、税收抵免等方式。③建立风险投资基金。这可以避免因投资单个高新技术项目而存在的风险。为了鼓励技术创新，可以直接向社会发行公开上市流通的风险投资基金。同时，可以联合外资设立中外合资的风险投资基金，不仅有利于引进国外风险投资的现金管理模式，也有利于风险投资与国际接轨，增强技术创新企业的竞争力。

3）高度重视科研机构的科技创新，建立科技成果转化机制。高校和科研院所承担的各类科技课题或产业化项目，凡是国家公费投入的都规定必须将其研究成果进入科技市场，实现成果转让。据有关数据显示，近十年来国内高校承担的各类科技课题27.2万项，申请专利4.1万件，获得专利授权仅1.9万件，再分析高校每年取得科研成果在6000~8000项，但真正实现转化与产业化项目的不到10%，问题背后有多方面的原因，其中有的研究成果只是课题报告交了就完事，有些项目由专家自行处理，出现了科研项目流失的情况。为此，必须建立有效的科技研究成果转化机制，使科技成果进入科技大市场，实现成果转让。

4）加大对企业自主创新能力的培养。常州政府应在高度重视科研机构研发的同时，也应加大对企业自主创新能力的培养。①建立联合攻关的科技创新联盟，实现科技资源共享和分工合作。②慎重选择需引进的技术，重视消化吸收之后的再次创新。③拓宽融资渠道，促使科技创新联盟发挥巨大的创新动力和活力。④通过给政策、给项目、给资金、给待遇、给奖励，进一步挖掘各类高端人才自主创新的积极性和主动性。同时，还要重视对人才的继续培养，形成合理的人才梯队。⑤加快高新技术推广服务方式的转变，使高新技术推广主动积极地面向常州经济主战场，尽快创造社会经济效益。

(3) 强化中介支撑能力。

要打破中介服务机构的部门所有或行业垄断的局限，鼓励建立多形式、多层次、多种所有制共存的技术中介服务组织，增强其面向市场、优质服务的活力和动力，实现社会效益和自身效益的统一与可持续发展。①政府、社会、群团或个人应建立多元化的投入机制，加大对中介组织的投入力度，同时规范资金投入方式和使用办法。②中介机构应当积极采取"走出去"学习、"请进来"授道的模式，加强与国内外行业组织间的交流与合作。③运作模式应多元化、公司化、市场化。将政府经营或挂靠性质的中介机构实行企业化改制，实现独立经营、自负盈亏；对必须保留的部分公益性科技中介机构，也应实行企业式的经营管理机制，以提高其服务的效率与水平。④完善中介服务机构的运行机制、成果评估机制、信用认证机制和管理监督机制。

(4) 促进科技创新要素市场协同发展，提高协同度。

由上述分析可知，常州市资金、人力和技术复合系统的协同度不高，这严重制约了科技创新要素市场的发展。常州市科技创新要素市场培育与发展体系应该是市场要素内部协同发展以及各要素市场间协同发展，以发达的市场经营网点为基础，与国内其他市场以及国际市场相联系的统一管理、开放流通、绿色高效、协同发展的市场体系。

针对此，这方面的措施是：①建立市场合作机制。注重资源和市场的联合开发，探索促进市场整合的相关政策。②推动公共服务共享。一是推动就业和社会保障一体化。开展就业服务合作，实现就业信息共享、就业失业登记证互认和无差别的就业专项服务，逐步实现就业资金扶持一体化。二是推动信息、通信一体化。建立常州科技创新要素数据信息管理平台，实现互联互通，为科技创新要素市场的信息交流、人才流动等公共服务合作提供保障。③加强科技创新要素之间的联系和互动。科技创新要素之间的关联、互动是创新集群的根本标志。特定企业的地理空间集聚和相互共生依存形成了产业集群现象，但随着集群外部环境的快速变化，现实中有很多产业集群逐步演化成一个相对封闭稳定的系统，囿于原先的部分优势而逐渐丧失了持续创新的动力，进而陷入衰退，甚至衰亡。在此背景下，创新集群便产生了。创新集群的要素集聚并不是简单的相加，而是叠

第 7 章 科技创新要素市场培育与发展体系建立

加,它是各类创新主体要素所构成的系统,并在一定创新环境要素的作用下,相互之间通过良好的互动,形成创新资源要素快速畅通的流动渠道,从而更有效地激发创新行为,并进一步正向作用于该创新集群系统,形成循环累积效应。

参考文献

[1] Amidon D. M. Innovation Strategy for the Knowledge Economy: The Ken Awakening [M]. London: Rout Ledge, 1997.

[2] Andersen P., Petersen N. C. Procedure for Ranking Efficient Units in Data Envelopment Analysis [J]. Management Science, 1993, 39 (10): 1261-1264.

[3] Banker R. D., Charnes A., Cooper W. W. Some Models for Estimating Technical and Scale Inefficiencies in Data Envelopment Analysis [J]. Management Science, 1984, 30 (9): 1078-1092.

[4] Charnes A., Cooper W. W., Lewin A. Y., et al. Extensions to DEA Models [M] //Data Envelopment Analysis: Theory, Methodology, and Applications. Springer Netherlands, 1994.

[5] Charnes A., Cooper W. W., Rhodes E. Measuring the Efficiency of DMU [J]. European Journal of Operational Research, 1978, 2 (6): 429-444.

[6] Charnes A., Cooper W. W. The Non-archimedean CCR Ratio for Efficiency Analysis: A Rejoinder to Boyd and Färe [J]. European Journal of Operational Research, 1984, 15 (3): 333-334.

[7] Diana M. Liverman, Mark E. Hanson, Becky J. Brown, Robert W. Merideth Jr. Global Sustainability: Toward Measurement [J]. Environmental Management, 1988, 12 (2): 133-143.

[8] Drucker P. F. 创新与企业家精神 [M]. 蔡文燕译. 北京: 机械工业出版社, 2007.

[9] European Environment Agency. Europe's Environment: The Second Asseasment [R]. Oxford: Elsevier Science Ltd., 1998.

参考文献

[10] Freeman C. Technology Policy and Economic Performance: Lessons from Japan [M]. London: Frances Printer Publishers, 1987.

[11] Griliches S. Issue in Assessing the Contribution of R&D to Productivity Growth [J]. Bell Journal of Economics, 1979 (10): 92-116.

[12] Luxembourg M. Innovative Hot Spots in Europe: Policies to Promote Trans-border Clusters of Creative Activity [J]. Trend Chart Policy Workshop, Background Paper on Methods for Cluster Analysis, 2003 (5): 5-6.

[13] Porter M., Stern S. National Innovative Capacity [J]. Research Policy, 2002, 31 (6): 899-933.

[14] Rapport D., Friend A. Towards a Comprehensive Framework for Environmental Statistics: A Stress-respons Approach [M]. Ottawa: Statistics Canada Cataogue, 1979.

[15] United Nation's Sustainable Development Commission. Proceedings of First Seassion on Agenda 21 [R]. New York, 1997.

[16] 埃弗雷特·罗杰斯. 创新的扩散 [M]. 北京: 中央编译出版社, 2002.

[17] 陈柯. 高新技术产业布局优化研究 [J]. 山东社会科学, 2015 (2): 153-158.

[18] 《辞海》编辑委员会. 辞海 (第六版) [M]. 上海: 上海辞书出版社, 2009.

[19] 戴布拉·艾米顿. 创新高速公路: 构建知识创新与知识共享的平台 [M]. 陈劲, 朱朝辉译. 北京: 水利水电出版社, 2005.

[20] 丁镇棠, 程书萍等. 大型公共工程环境审计研究 [J]. 审计研究, 2011 (6): 51-58.

[21] 范仲淹. 范仲淹全集 [M]. 成都: 四川大学出版社, 2002.

[22] 高丽娜, 蒋伏心. 科技创新要素集聚与扩散的经济增长效应分析——以江苏宁镇扬地区为例 [J]. 南京社会科学, 2011 (10): 47-55.

[23] 官建成, 钟蜀明. 技术创新绩效的产业分布与演变 [J]. 中国科技论坛, 2007 (9): 26-32.

[24] 郭立伟, 沈满洪. 基于区位熵和NESS模型的新能源产业集群水平识别与评价 [J]. 科学学与科学技术管理, 2013, 34 (5): 70-79.

[25] 郭显光. 改进的熵值法及其在经济效益评价中的应用 [J]. 系统

工程理论与实践，1998，18（12）：98-102.

［26］郭衍伟. 基于PSR概念框架的水资源绩效审计评价指标体系构建与应用研究［D］. 云南：云南财经大学，2016.

［27］郝寿义. 区域经济学（第二版）［M］. 北京：经济科学出版社，2004.

［28］何军. 智慧城市顶层设计与推进举措研究——以智慧南京顶层设计主要思路及发展策略为例［J］. 城市发展研究，2013，20（7）：72-76.

［29］胡佛. 区域经济学导论［M］. 王翼龙译. 北京：商务印书馆，1990.

［30］贾亚男. 关于区域创新环境的理论初探［J］. 地域研究与开发，2001，20（1）：5-8.

［31］冷崇总. 构建经济发展质量评价指标体系［J］. 宏观经济管理，2008（4）.

［32］李娟伟，任保平. 重庆市经济增长质量评价与分析［J］. 重庆大学学报（社会科学版），2014（3）：30-34.

［33］李俊华. 新常态下我国产业发展模式的转换路径与优化方向［J］. 现代经济探讨，2015（2）：10-15.

［34］李昇. 美国多层次资本市场的结构及其借鉴作用［J］. 经济视角，2013（2）：81-83.

［35］李延寿. 北史（卷23）［M］. 北京：中华书局，1974.

［36］李忠宝. 空间技术支持智慧城市建设与发展的思考［J］. 卫星应用，2012（2）：9-16.

［37］李子豪，刘辉煌. 中国工业行业碳排放绩效及影响因素——基于FDI技术溢出效应的分析［J］. 山西财经大学学报，2012（9）：65-73.

［38］廖重斌. 环境与经济协调发展的定量评判及其分类体系［J］. 热带地理，1999，19（2）：171-177.

［39］刘秉镰，林坦，刘玉海. 规模和所有权视角下的中国钢铁企业动态效率研究——基于Malmquist指数［J］. 中国软科学，2010（1）：150-157.

［40］刘定惠，杨永春. 区域经济—旅游—生态环境耦合协调度研究——以安徽省为例［J］. 长江流域资源与环境，2011，20（7）：892-896.

［41］刘东丽. 北京科技创新效率研究［J］. 中国市场，2014（42）：

64-70, 74.

[42] 路正南, 王志诚. 我国工业碳排放效率的行业差异及动态演进研究 [J]. 科技管理研究, 2015 (6): 230-235.

[43] 吕亚军. 新加坡人力资源市场的现状、特征及发展趋势 [J]. 重庆教育学院学报, 2011, 24 (1): 45-48.

[44] 伦德瓦尔. 国家创新系统——建构创新和交互学习的理论 [M]. 李正凤, 高璐等译. 北京: 知识产权出版社, 2016.

[45] 孟庆松, 韩文秀. 复合系统协调度模型研究 [J]. 天津大学学报（自然科学与工程技术版）, 2000, 33 (4): 444-446.

[46] 年福华, 姚士谋. 信息化与城市空间发展趋势 [J]. 世界地理研究, 2002 (1): 72-76.

[47] 钱明辉, 黎炜祎. 国内外智慧城市实践模式的政策启示 [J]. 烟台大学学报（哲学社会科学版）, 2016, 29 (1): 99-106.

[48] 钱学森. 现代科学与技术政策 [M]. 北京: 中共中央党校出版社, 1991.

[49] 申技红. 金融要素市场培育研究——以郑州区域为例 [J]. 长沙大学学报, 2011, 25 (6): 42-43.

[50] 世宗宪皇帝朱批谕旨文渊阁四库全书本 [M]. 台北: 台湾商务印书馆, 1983.

[51] 宿沛然. 美日技术创新支持政策比较分析 [D]. 吉林: 吉林大学硕士学位论文, 2007.

[52] 孙才志, 杨羽頔, 邹玮. 海洋经济调整优化背景下的环渤海海洋产业布局研究 [J]. 中国软科学, 2013 (10): 83-95.

[53] 唐双福, 史思茹, 黄永东等. 重庆技术市场发展现状、存在问题及建设对策 [J]. 南方农业, 2013, 7 (3): 42-45.

[54] 宛玲. 优化结构、加速布局, 全力推进宣城高新技术产业发展 [J]. 安徽科技, 2015 (12): 9-10.

[55] 万勇. 创新要素、空间格局与经济增长 [J]. 社会科学, 2014 (10): 47-55.

[56] 万勇. 科技创新要素、空间格局与经济增长 [J]. 社会科学, 2014 (10): 47-55.

[57] 万勇. 空间视角的创新投入产出差异及其布局调整 [J]. 工业技

术经济，2015（4）：3-12.

[58] 王龙康，信玉红. 美国资本市场及对我国公司治理的启示［J］. 中国经贸导刊，2012（10）：59-61.

[59] 王群伟，周德群，张柳婷. 基于DEA方法的全要素电力消费效率分析［J］. 工业技术经济，2008，27（3）：53-55.

[60] 王文博. 经济增长质量统计指标体系研究［J］. 统计与信息论坛，2011（44）：10-13.

[61] 魏权龄. 数据包络分析（DEA）［J］. 科学通报，2000，45（17）：1793-1808.

[62] 魏收. 魏书（卷62）［M］. 北京：中华书局，1974.

[63] 吴大进等. 协同学原理和应用［M］. 武汉：华中理工大学出版社，1990.

[64] 武春友，吴琦. 基于超效率DEA的能源效率评价模型研究［J］. 管理学报，2009，6（11）：1460-1465.

[65] 熊彼特. 经济发展理论［M］. 北京：商务印书馆，1990.

[66] 徐国泉，刘则渊. 1998~2005年中国八大经济区域全要素能源效率——基于省际面板数据的分析［J］. 中国科技论坛，2007（7）：68-72.

[67] 许晶华. 我国智慧城市建设的现状和类型比较研究［J］. 城市观察，2012（4）：5-18.

[68] 杨林，滕晓娜. 海洋高技术产业空间布局优化的动力机制：设计与实施［J］. 产业经济评论，2014（7）：39-47.

[69] 于秀林，任雪松. 多元统计分析［M］. 北京：中国统计出版社，1999.

[70] 曾湘泉，苏中兴. 日本人力资源管理模式在中国环境下的挑战与变迁——以日本在华企业为例［J］. 经济理论与经济管理，2009（9）：69-75.

[71] 张未知. 美国人力资源开发与管理经验对我国高等教育的启示［J］. 现代教育科学，2006（4）：59-61.

[72] 张延平，李明生. 我国区域人才结构优化与产业结构升级的协调适配度评价研究［J］. 中国软科学，2011（3）：177-192.

[73] 赵建生. 技术经济学［M］. 河南：河南科学技术出版社，2001.

[74] 中国科技发展战略研究小组. 中国区域创新能力报告（2005~

2006）[M]. 北京：科学出版社，2006.

[75] 卓启航. 异军突起的新加坡资本市场 [J]. 决策与信息，2007，27（3）：64-65.

[76] 邹乐乐，伏虎，皮磊. 海外创新型城市构建中的治理转型及对我国的启示 [J]. 中国软科学，2013（10）：15-19.